Fitmacher *für Ihr* Kind

Fitmacher *für Ihr* Kind

Gesunde Rezepte, die schmecken

Michael van Straten
& Barbara Griggs

DK

Inhalt

DK
Dorling Kindersley

Dieses Buch ist Jason und Ninka gewidmet.

Leitung Bildlektorat Lynne Brown
Projektbetreuung Janice Anderson
Bildbetreuung Glenda Fisher
Gestaltung Bernhard Koppmeyer
Food-Fotos Simon Smith, Trish Gant
Fotos Vanessa Davies
DTP-Design Karen Constanti
Herstellung Melissa Allsopp

Die Deutsche Bibliothek – CIP-Einheitsaufnahme

Ein Titeldatensatz für diese Publikation ist bei Der deutschen Bibliothek erhältlich.

Titel der englischen Originalausgabe:
Superfoods for Children

Übersetzung Susanne Haeger
Redaktion und Satz Kölner Grafik Büro

ISBN 3-8310-0209-6
Printed and bound in Italy

Besuchen Sie uns im Internet
www.dk.com

Essen ohne Zahlenwerte

»Was gibt's zum **Essen**, Mama?«
»Eine reichhaltige **Eiweiß-** und **Energiequelle** mit einer Portion **Vitamin C, Kalzium** und **essenziellen Fettsäuren** sowie etwas **Jod** und einigen wertvollen **B-Vitaminen.**«

Das klingt eigentlich gar nicht nach einem leckeren Fischauflauf. Aber genau so sollten wir über unser Essen denken und sprechen, wenn es nach vielen Ernährungswissenschaftlern, Diätassistenten und anderen Experten ginge.

Kinder nehmen Fette, Kohlenhydrate, Vitamine und Mineralstoffe nicht bewusst zu sich — sie essen einfach darauf los. Doch die Zahlenwert-Argumentation ist für viele Nahrungsmittelkonzerne höchst einträglich. Sie können so eigentlich minderwertigen Lebensmitteln ein paar billige Nährstoffe zusetzen und uns dann suggerieren, das Produkt sei gut für unsere Kinder.

Weingummi, das zu 72% aus Zucker besteht, enthalte, so die Aufschrift, »Fruchtsaft und wertvolle Vitamine«. Von einem Sahne-Obstquark heißt es, zu seinen Inhaltsstoffen gehörten Kalzium, Proteine und B-Vitamine. Man muss schon selbst herausfinden, dass er zu gut 15% aus Zucker besteht. Eine beliebte Cerealiensorte mit Schokoladengeschmack liefert »Kalzium, Eisen, Folsäure« und soll »für eine gute Entwicklung« sorgen. Die Zähne schädigt das Produkt jedoch mit 40% Zucker.

Die Begriffe »fettarm« und »fettfrei« sind ein weiterer Beweis für die Wortgewandtheit der Lebensmittelkonzerne. Die Hersteller reden uns ein, die größte Gefahr für die Gesundheit sei ein übermäßiger Verzehr von Fett, da dieses für das stetig steigende Übergewicht verantwortlich sei. Dies entspricht jedoch nicht den Tatsachen. In den USA ging der Fettkonsum zwischen 1980 und 1991 um fast 5% zurück, während die Zahl der stark übergewichtigen Erwachsenen um fast 8% stieg. Der Verzehr von Zucker ist dagegen in die Höhe geschossen: Der durchschnittliche Tageskonsum liegt in den USA bei geradezu unglaublichen 35 Teelöffeln.

Die Kombination aus Junk Food und zu wenig Bewegung führt derzeit auch in England und Australien zu einer Welle von Fettleibigkeit. Einer erschreckenden Studie von 1999 zufolge leiden 10% der englischen Kinder bereits im Alter von 6 Jahren unter Übergewicht. Diese Zahl steigt unter den 15-Jährigen sogar auf 17% an. Im australischen Queensland sind es laut Studienergebnissen fast 10% der Schulkinder. In den dort heimischen Familien wird ein Drittel der Essenskosten für Fast Food ausgegeben.

Wahrheit contra Slogans

Die Bezeichnung »fettarm« bzw. »light« ist oft irreführend. Light-Chips enthalten immer noch 20% Fett, während Joghurt an sich schon fettarm ist. Allzu oft sollen diese Angaben von den ungesunden Zutaten ablenken, die in solchen Produkten enthaltensind, wie z. B. bei einem Joghurt mit Fruchtgeschmack, der keine Früchte, dafür aber reichlich Zucker und E-Stoffe enthält. »Zuckerfrei« ist ein weiterer beliebter Begriff der Lebensmittelindustrie. Er bedeutet, dass der Zucker durch Süßstoffe ersetzt wurde, deren Unbedenklichkeit immer noch in Frage steht (siehe »Bedenkliche Lebensmittel«, S. 66–69).

Der Zahlentrick mit den Nährwerten ist auch bei Fast-Food-Ketten sehr beliebt. Durch Hervorhebung von ein oder zwei wertvollen Nährstoffen lenken sie von dem enormen Fett-, Salz- und Zuckergehalt ihrer Speisen ab. Sie wollen uns so allen Ernstes einreden, ein Hamburger mit Pommes frites und Cola seien eine gesunde Mahlzeit für ein heranwachsendes Kind.

Es heißt oft, in den fünfziger Jahren des letzten Jahrhunderts wären Kinder trotz Rationierung und Knappheit gesünder ernährt worden als die Kinder von heute. Das liegt nicht daran, dass sich die Mütter von damals besonders gut mit Nährwerten auskannten. Die meisten von ihnen dürften nicht gewusst haben, dass ein gegrilltes Lammkotelett 28 g Eiweiß, 12 mg Fett, 2 mg Eisen und 0,22 mg Vitamin B_6 liefert. Sie wussten aber sehr wohl, dass ein gegrilltes Lammkotelett mit Kartoffeln und Gemüse eine nahrhafte Mahlzeit für ihre Familie ergab.

Kinderernährung heute

Wir wissen heute zwar ebenso wie früher unsere Großeltern, was am besten für uns und unsere Kinder ist — doch leben wir in einer weitaus komplexeren und stressigeren Welt.

Viele Kinder haben zwei berufstätige Eltern. Einkaufen verkümmert zum Pflichtbesuch im Supermarkt, bei dem alle Lebensmittel für die nächsten sieben Tage besorgt werden. Deren Haltbarkeit wird zu einem ganz wesentlichen Kriterium.

Einer der am schnellsten wachsenden Bereiche in modernen Supermärkten ist die Fertiggerichtabteilung. Diese Schnellgerichte, die sich wochenlang halten und noch länger tiefkühlen lassen, scheinen ein Segen für überlastete Hausfrauen und eine wunderbare Reserve für Notfälle zu sein. Sie können jedoch weder kulinarisch noch aus Nährwertsicht ein frisch zubereitetes Essen ersetzen. Kinder haben außerhalb ihres Zuhauses nahezu uneingeschränkten Zugang zu einer Fülle minderwertiger Lebensmittel — Eltern können wenig dagegen tun. Einer aktuellen Studie zufolge geben britische Kinder auf dem Schulweg ca. 550 Mio. Euro im Jahr für Süßigkeiten, Chips, Snacks und Erfrischungsgetränke aus. Zusätzlich locken Schnellimbisse und Hamburger-Ketten — beliebte Treffpunkte von Teenagern mit genügend Taschengeld.

Selbstgekochtes ohne Stress

Eltern müssen zwar heutzutage besondere Anstrengungen unternehmen, damit ihre Kinder regelmäßig etwas Nahrhaftes zu sich nehmen, doch die verbesserten Einkaufsmöglichkeiten sind eine echte Hilfe. Supermärkte und manche Gemüsehändler haben abends länger oder auch schon frühmorgens geöffnet. Vielerorts gibt es Wochenmärkte und Lieferdienste für Bioprodukte — nicht zu vergessen das ständig wachsende Angebot per Internet.

Selbst für viel beschäftigte Eltern hält sich der Aufwand in Grenzen, wenn sie auf dem Nachhauseweg kurz anhalten, um Hähnchenbrustfilets und frisches Gemüse für ein Pfannengericht zu besorgen oder um Eier, frische Kräuter, neue Kartoffeln und knackigen Salat für ein Omelett bzw. ein Stück Gouda und Vollwertbrot für ein überbackenes Käsesandwich einzukaufen. All diese Zutaten sind echte Fitmacher und tun dem Wohlbefinden und der Gesundheit Ihrer Kinder gut. Sie werden hier im Buch ausführlich beschrieben, und der Rezeptteil erläutert viele ebenso köstliche wie einfache Zubereitungen.

Viele Eltern empfinden das Kochen nur noch als lästige Pflicht. Und ganz so schnell wie Fertiggerichte in der Mikrowelle lassen sich die Gerichte in diesem Buch auch tatsächlich nicht zubereiten. Doch die Rezepte erfordern meist nur wenig Kochkenntnisse und eine relativ kurze Zubereitungszeit. Sie müssen selbst wissen, ob Sie diesen geringen Anteil Ihrer Zeit opfern — oder sogar genießen — möchten, um Ihren Kindern auf diese Weise einen optimalen Start in ein langes und gesundes Leben zu ermöglichen.

Dieses Buch kehrt zu den traditionellen Grundsätzen selbstgekochter Mahlzeiten zurück, die gut aussehen, gut schmecken und Ihnen und Ihren Kindern garantiert gut tun werden.

Gesundes muss nicht teuer sein

Eine ausgewogene Ernährung für Ihre Familie braucht nicht zwangsläufig mehr zu kosten als ein unzuträglicher Speiseplan aus Hamburgern, Pommes frites, Tiefkühlpizza usw.

Selbst Produkte wie Fleisch, Geflügel, Eier, Obst, Gemüse, Brot und Reis aus ökologischem Landbau, die in den Anfangszeiten der Biokost noch sehr viel teurer waren als das normale Angebot, sind mittlerweile erschwinglich geworden.

Massenprodukte kosten zwar oft weniger, sind aber nicht wirklich »preis-wert«. Die Gewinne der großen Lebensmittelkonzerne werden wiederum für Werbung im großen Stil ausgegeben — als Kaufanreiz für Produkte, die die Gesundheit Ihres Kindes keineswegs fördern.

Denn diese Gewinne werden durch Verwendung von billigen Zutaten erzielt, wie etwa raffiniertes Weißmehl, Weißzucker, ungesunde Margarine und

Pflanzenöle oder minderwertiges Fleisch. Geschmack und Farbe werden mit chemischen Zusatzstoffen aufgebessert. Mit viel Zucker und Fett versucht man kindliche Vorlieben anzusprechen.

Wenn Sie z. B. eine Tüte Chips kaufen, bezahlen Sie deutlich mehr als für ein ganzes Pfund Kartoffeln bei Ihrem Gemüsehändler. Die Chips bestehen zu über einem Drittel aus Fett, sind sehr salzig und wurden sicher nicht aus qualitativ hochwertigen Kartoffeln hergestellt. Für die Hälfte des Geldes können Sie schon neue Kartoffeln oder leckere Ofenkartoffeln mit echter Butter auf den Tisch bringen.

Man kann davon ausgehen, dass das Fleisch in Hähnchen-Nuggets und Tiefkühl-Burgern aus Massenzuchtbetrieben stammt, dass das Mehl in Keksen und Kuchen billigstes Weißmehl ist, dass der Inhalt von Fischfrikadellen vermutlich aus Fischabfällen stammt und dass ein Fruchtsaftgetränk kaum mehr als 10% echten Fruchtsaft enthält. Mindestens zwei Zutaten werden dagegen in üppigen Mengen verarbeitet: Zucker und Salz — jeder Konsument weiß, wie billig diese beiden Würzmittel sind.

Kosten senken

Das so genannte Junk Food ist meist nicht Teil der Hauptmahlzeiten, sondern es handelt sich dabei um die Extras zwischendurch: die Süßigkeiten und Chips auf dem Nachhauseweg, das Eis und die Cola bei Familienausflügen und die gezuckerten Erfrischungsgetränke, die leider in so vielen Familien das gesunde Mineralwasser verdrängt haben.

Reduziert man diese Extras, kann man viel Geld für gute Zutaten für die Hauptmahlzeiten sparen. Und die Kinder verderben sich darüber hinaus nicht schon vor dem Essen den Appetit.

Auch regionale und saisonale Lebensmittel helfen sparen. Weintrauben, Erdbeeren, grüne Bohnen und Kartoffeln, die aus Ländern importiert werden müssen, wo es früher Sommer wird bzw. das ganze Jahr über warm ist, sind immer teurer als heimisches Obst und Gemüse der Saison. Außerdem verschlechtert sich durch lange Transportwege die Nährwertqualität der Nahrungsmittel.

Sofern Sie sich nicht vegetarisch ernähren, sind Fleisch und Fisch stets die teuersten Posten auf dem wöchentlichen Haushaltsplan. Doch Fleisch ist erst in jüngster Zeit und nur in den wohlhabenden westlichen Ländern zum Mittelpunkt der Mahlzeit geworden, Gemüse zum schmückenden Beiwerk verkommen. Millionen Menschen in aller Welt führen ein langes und gesundes Leben mit einer Ernährung, die vor allem auf Getreide und Hülsenfrüchten basiert und nur geringe Mengen Fleisch oder Fisch zur geschmacklichen Verbesserung verwendet. In China und Indien, im Mittelmeerraum und in weiten Teilen Lateinamerikas handelt es sich dabei um die typische Ernährungsweise. Selbst bei Fleischgerichten, wie Schmortöpfen, Gulasch oder Lasagne kann man immer einen Teil des Fleisches durch Gemüse ersetzen, manchmal sogar die ganze Portion.

Erzeugnisse aus ökologischem Landbau sind merklich teurer als konventionell erzeugte Produkte. Doch mit der wachsenden Anzahl von Biobauern beginnen die Preise langsam zu fallen. Bioprodukte sind inzwischen auch in vielen Supermärkten, auf Wochenmärkten und über Lieferdienste von sog. »Bio-Kisten«, die oftmals ein gutes Preis-Leistungsverhältnis bieten, erhältlich. Außerdem finden Sie im Internet Angebote von Öko-Händlern. Sehen Sie sich nach den besten Angeboten um (siehe »Adressen«, S. 214–215).

Gemüse und Kräuter selbst ziehen

Wenn Sie einen Garten haben, und sei er auch noch so klein, können Sie zumindest einen Teil des benötigten Gemüses selbst ökologisch anbauen. Ziehen Sie Rucola für Salate sowie Sauerampfer für Suppen und Spinat. Diese Gemüsesorten wachsen schnell und sind sehr pflegeleicht.

Stellen Sie Ihren Kindern ein kleines Beet zur Verfügung, in dem sie selbst Gemüse ziehen können — sie essen die Radieschen und Frühlingszwiebeln zweifellos viel lieber, wenn sie diese voller Stolz selbst angebaut haben. Auch wenn Sie nur einen Hinterhof, einen Balkon oder eine Fensterbank haben, können Sie dort viele der Kräuter wachsen lassen, die den täglichen Mahlzeiten unerlässliche Nährstoffe und wunderbare Aromen verleihen: Thymian, Minze, Schnittlauch, Petersilie, Basilikum, Oregano und Rosmarin.

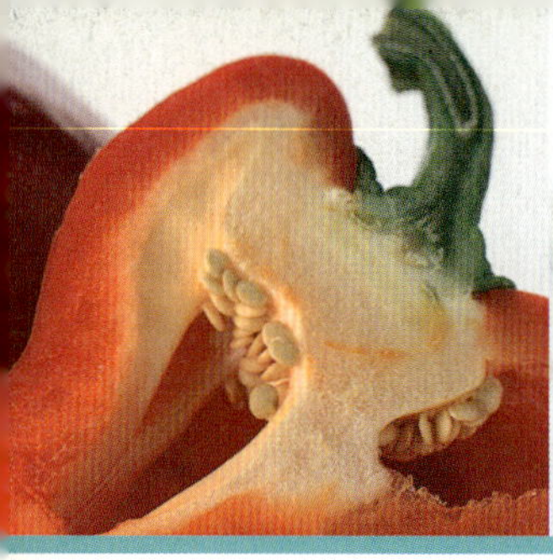

Nährwert konkret

Kleine Körper brauchen eine ausgewogene Ernährung, um ihr aktives Tagesprogramm zu meistern. Doch noch hungriger als die Körper der Kinder sind ihre Gehirne,

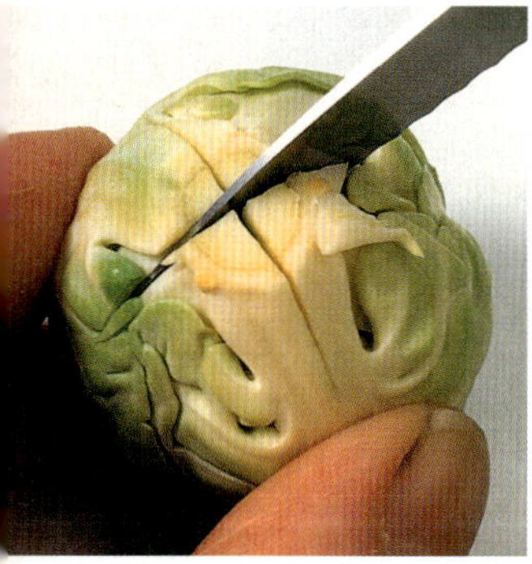

die große Mengen an Sauerstoff, Energie und Nährstoffen benötigen. Im Folgenden werden die Nahrungsmittel beschrieben, die diese lebensnotwendigen Bedürfnisse am besten abdecken.

Gesunde Ernährung

Folgen Sie einfach den unkomplizierten Richtlinien unseres **Ernährungstellers**, und schon können Sie sicher sein, dass Ihre Familie die **Fitmacher** erhält, die für eine gute Gesundheit erforderlich sind. Der Teller besteht aus **fünf** Teilen, die Sie stets bei der **Mahlzeitenplanung** vor Augen haben sollten.

Sobald Ihre Kinder dem Säuglingsalter entwachsen sind, profitieren sie von einer möglichst bunt gemischten Kost, wie unser Ernährungsteller zeigt.

Ein Drittel des Tellers ist mit Lebensmitteln gefüllt, die für Vitalität sorgen: alle Sorten Obst, Gemüse und Salat. Das zweite Drittel ist für Energie spendende Lebensmittel bestimmt: kohlenhydratreiche Speisen wie Kartoffeln, Nudeln, Vollkornbrot, Naturreis, Haferflocken und Mais. Das letzte Drittel ist in zwei größere und ein kleineres Stück unterteilt. Eines der beiden größeren Teile enthält Lebensmittel mit viel Eiweiß, die dem Körperaufbau dienen: mageres Fleisch, Fisch, Geflügel, Eier, Bohnen, Linsen, Nüsse und Samen. Das andere Stück enthält Milchprodukte, die zum Körper- und Knochenaufbau beitragen: Milch, Joghurt und Käse.

Das kleinste Stück ist für Fett, Oliven- und andere Pflanzenöle sowie für weniger gesunde Extras bestimmt, wie z. B. Butter, Sahne, Schokolade, Eis oder das Weißmehl in Croissants, Nudeln und Pizza.

Das richtige Gleichgewicht

Das Verhältnis der verschiedenen Lebensmittelsorten auf diesem Teller verdeutlicht die ideale Aufteilung für eine ausgewogene Ernährung. Wenn Sie dieses Verhältnis als Richtlinie nutzen, erhalten Ihre Kinder stets genug kohlenhydratreiche Lebensmittel als Energiequelle, genug Eiweiß fürs Wachstum, Obst und Gemüse zur Vitalitätssteigerung und Kalzium für starke Knochen. Dabei wird die Menge an Fett, Öl und Milchprodukten in herzverträglichen Grenzen gehalten. Und es bleibt immer noch Spielraum für Ausnahmen.

Sie brauchen dies nur mit den Mahlzeiten zu vergleichen, die Ihre Kinder erhalten, um zu wissen, ob Sie richtig liegen. Eine Schale Tomatensuppe mit einem Brötchen und einem Glas Milch, eine selbst gemachte Frikadelle mit Backfrites, Erbsen und Karotten und ein Obstsalat mit Sahne bekommen ein »sehr gut«, denn diese Gerichte enthalten viele Vitalität und Energie spendende Lebensmittel, genug Eiweiß und etwas Sahne als Extra. Ein Cheeseburger und Pommes frites mit einem Milchshake, einer Apfeltasche und einer Cola erreicht dagegen nur ein »schwach befriedigend«. Die Mahlzeit enthält ausreichend Eiweiß, aber auch viel Fett und Salz, Unmengen Zucker und ein einziges müdes Salatblättchen.

Sie brauchen die vorgegebenen Prozentzahlen nicht strikt zu befolgen — halten Sie sich nur im Großen und Ganzen an das allgemeine Verhältnis. Wenn Ihre Kinder viel Obst und Gemüse, viele kohlenhydratreiche Lebensmittel, ausreichend Eiweiß und Milchprodukte sowie wenig gesunde Öle verzehren, können Sie Nährwerte und Prozente getrost vergessen. Ihre Kinder erhalten dann automatisch alle erforderlichen Vitamine und Mineralstoffe, Spurenelemente und essenziellen Fettsäuren, Kohlenhydrat-, Eiweiß- und Fettmengen sowie Ballaststoffe.

Ernährungsteller

Wenn Sie das Essen Ihrer Kinder entsprechend dem Verhältnis auf diesem Teller zusammenstellen, ist eine ausgewogene Ernährung garantiert.

- Vitalitätsspender: Obst, Gemüse und Salate füllen ein Drittel des Tellers.
- Energiespender: Kohlenhydratreiche Lebensmittel, Kartoffeln, Nudeln, Vollkornbrot, Naturreis und Haferflocken auf einem weiteren Drittel.
- Körperaufbauende Lebensmittel: Mageres Fleisch, Fisch, Eier, Hülsenfrüchte und Nüsse machen 15% aus.
- Milchprodukte auf 15% des Tellers.
- Fett einschließlich Butter, Sahne und Öl sowie Zucker, Weißmehlprodukte und Extras sollten nicht mehr als 3% der Tellerfläche einnehmen.

Kohlenhydrate

Kohlenhydrate sind in Früchten zu finden, in Getreidesorten wie Weizen oder Reis, in Hülsenfrüchten wie Erbsen, Bohnen oder Linsen, in stärkehaltigen Gemüsesorten wie Kartoffeln oder Karotten, in Milch sowie in Zucker und Honig. Kohlenhydratreiche Lebensmittel sind Energiespender, und Kinder brauchen viel davon — nicht nur, weil sie viel Energie verbrauchen, sondern auch zum Wachsen.

Die besten Kohlenhydratspender — Vollkornbrot, Naturreis, Haferflocken, Bohnen, Linsen und Obst — enthalten auch wichtige Nährstoffe und sind reich an Ballaststoffen, die für eine gute Verdauung sorgen. Werden diese Lebensmittel raffiniert bzw. stark verarbeitet, wie z. B. bei Weißbrot, verlieren sie nicht nur einen Großteil der lebenswichtigen Nährstoffe, sondern auch die meisten Ballaststoffe.

Weißmehl enthält im Vergleich zu Vollkornmehl sehr viel weniger Zink, das Kinder zur Stärkung der Abwehrkräfte und für die Hirntätigkeit benötigen. Es liefert weniger Magnesium, das für das Nervensystem sowie für die Aufnahme von knochenstärkendem Kalzium unerlässlich ist. Außerdem enthält es erheblich weniger Eiweiß. Bei der Verarbeitung zu Brot werden zwar symbolische Mengen wichtiger Nährstoffe wieder zugefügt, doch bei anderen Produkten ist das nicht der Fall. Ähnliche Nährwertverluste treten auch bei der Raffinierung von Reis und Mais auf. Weißer Raffinadezucker besitzt absolut keinen Nährwert. Brauner Zucker und Honig enthalten dagegen zumindest Spuren einiger Nährstoffe.

Kohlenhydrate und Glukose

Stark raffinierte Kohlenhydratprodukte haben noch einen weiteren Nachteil. Der in ihnen enthaltene Zucker wird bei der Verdauung in Glukose abgebaut. Glukose (oder auch Blutzucker) ist der »Kraftstoff« unseres Körpers. Nach einer Kohlenhydratmahlzeit zirkuliert die Glukose in unserem Blut und wird zur sofortigen Nutzung an die Zellen weitergegeben. Ein eventueller Überschuss wird in Glykogen umgewandelt und als Kraftstoffvorrat in der Leber gespeichert, der bei Bedarf schnell mobilisiert werden kann. Für diese Speicherung ist das Hormon Insulin zuständig, das von der Bauchspeicheldrüse gebildet wird.

Isst man eine Scheibe Vollkornbrot, ein Linsengericht oder einige reife Aprikosen, wird der Zucker darin recht langsam in Glukose abgebaut. Verzehrt man dagegen ein paar Kekse, eine Schale Cornflakes oder einen Schokoriegel (alles so genannte »hochglykämische« Lebensmittel, da sie rasch vom Körper aufgenommen werden), wird der enthaltene Zucker sehr schnell in Glukose umgewandelt und der Blutzuckerspiegel schießt in die Höhe. Die Bauchspeicheldrüse reagiert auf diese unnatürliche Situation durch zusätzliche Insulinausschüttung, worauf der Blutzuckerspiegel steil abfällt. Man leidet dann — wenn auch nur vorübergehend — an Hypoglykämie bzw. einem zu niedrigen Blutzuckerspiegel. Bei Kindern, die zum Frühstück eine Schüssel zuckerhaltiger Cerealien essen, macht sich dieser Blutzuckerabfall oft einige Stunden später bemerkbar: Sie sind unruhig, können sich nicht konzentrieren und verlangen nach einer kleinen Zuckerration.

Diese extremen Schwankungen im Blutzuckerspiegel können bei Erwachsenen langfristig für Bluthochdruck, Übergewicht, Diabetes und Herzerkrankungen verantwortlich sein. Bei Kindern gelten sie als mögliche Ursache für Verhaltensstörungen, Hyperaktivität und Konzentrationsschwäche. Eines der häufigsten Symptome bei niedrigem Blutzuckerspiegel ist Müdigkeit. Dies könnte den Zustand permanenter Erschöpfung erklären, in dem heute so viele Teenager zu leben scheinen.

Forscher haben jüngst eine weitere Folge der ständigen Insulinspitzen entdeckt, die durch einen stark schwankenden Blutzuckerspiegel ausgelöst werden: Insulin stimuliert ein Enzym namens Lipoproteinlipase, das die Fettsäuren nicht in normale Zellen schickt, wo sie von den Mitochondrien in Energie umgewandelt werden, sondern zur Speicherung in Fettzellen weiterleitet, was Gewichtszunahme zur Folge hat. Kinder, die zwischendurch ständig Kekse, Chips, Kuchen, Eis und Süßigkeiten essen, neigen zu bedenklichem Übergewicht.

Abwechslung

Bieten Sie Ihren Kindern üblicherweise Vollkornbrot, Naturreis und Haferflocken an und heben Sie die Brötchen, Kekse und Pizzas für Ausnahmefälle auf. Die nahrhafteren Speisen sind übrigens auch sättigender und halten länger vor, so dass die Kinder nicht ständig nach Snacks verlangen. Zucker muss nicht unbedingt generell verbannt werden, aber verwenden Sie Rohr- statt Weißzucker — auch diesen nur sparsam. Honig ist oft ein guter Ersatz für Zucker, allerdings auf keinen Fall für Babys unter einem Jahr, da darin enthaltene Bakterien in seltenen Fällen Vergiftungen (Botulismus) verursachen können.

Variieren Sie die Kohlenhydrate in den Mahlzeiten Ihrer Kinder. Die Ernährung in vielen westlichen Ländern ist heute zu einseitig auf einige wenige Grundnahrungsmittel ausgerichtet, vor allem auf weizenbasierte Produkte. Toast zum Frühstück, Nudeln oder Pizza zum Mittag, nachmittags Kuchen oder Kekse und abends belegte Brote summieren sich zu einer Riesenportion identischer Kohlenhydrate. Immer mehr Kinder leiden an Lebensmittelunverträglichkeiten, die ernsthafte Verdauungsstörungen und andere Probleme zur Folge haben können. Ganz oben auf der Liste der Problemzutaten steht Weizen, dicht gefolgt von Milchprodukten und Orangensaft, dem nach der Milch ersten Getränk, das viele Babys erhalten. (Im Kapitel »Spezielle Probleme« auf S. 200–213 finden Sie mehr zu potenziellen Problemzutaten.)

Eiweiß

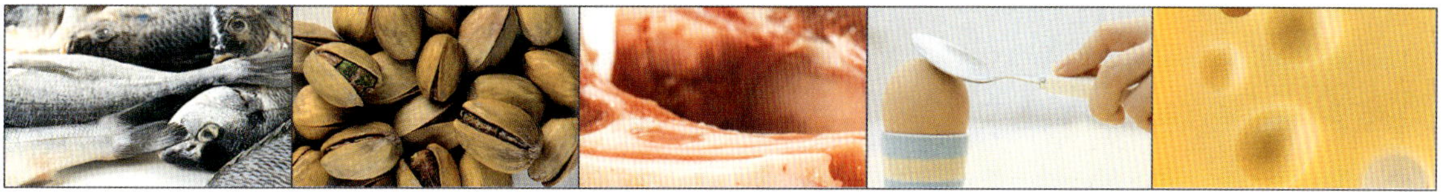

Eiweiß kommt in einer Vielzahl von Lebensmitteln vor, u. a. in allen Produkten, die aus Getreide wie Weizen oder Hafer hergestellt werden, in Reis, Eiern, Käse, Fisch, Geflügel, Fleisch, Nüssen und Samen sowie in allen Arten von Bohnen, Erbsen und Linsen. Eiweiß aus tierischen Quellen ist im Allgemeinen schon für sich genommen komplett, während man bei pflanzlichen Quellen (mit Ausnahme von Sojabohnen) Getreide mit Hülsenfrüchten kombinieren muss, um seinen Eiweißbedarf umfassend zu decken. In bestimmten Kulturen ist dies weit verbreitet, wie z. B. die Kombination von Reis mit Bohnen auf den Westindischen Inseln oder Chapati (Fladenbrot) mit Dal (Hülsenfruchteintopf) in Indien.

Eiweiß ist unerlässlich für den Aufbau der Körperzellen und wird kontinuierlich verarbeitet. Da Kinder und Teenager schnell wachsen, benötigen sie im Verhältnis zu ihrem Körpergewicht mehr Eiweiß als Erwachsene. Auch Schwangere haben wegen der Zellbildung im Fötus einen erhöhten Eiweißbedarf.

Eiweißmangel ist bei Erwachsenen der westlichen Welt äußerst selten. Bei Kindern ist dagegen häufiger eine zu geringe Eiweißzufuhr zu beobachten, denn Kinder neigen dazu, sich einseitig zu ernähren und vorübergehend auf einzelne Speisen fixiert zu sein. Seien Sie jedoch nicht allzu besorgt, wenn Ihr Kind nur Ravioli in Tomatensauce, Chips oder Pommes frites akzeptiert. 100 g davon enthalten immerhin noch 3 g, 5,5 g bzw. 4,2 g Eiweiß — und solche Phasen gehen vorbei.

Der Eiweißbedarf von Kindern ist von ihrem jeweiligen Alter abhängig. Bis zu 10 Jahren haben Jungen und Mädchen denselben Tagesbedarf, danach gehen die benötigten Mengen auseinander, wie die nebenstehende Tabelle zeigt. Gemüse enthält 5% oder weniger Eiweiß, und Obst enthält nur sehr geringe Mengen. Eier, Käse, Fisch, Fleisch, Geflügel, Erdnüsse, Bohnen, Linsen, Getreideprodukte und Brot enthalten zwischen 10% und 30% Eiweiß. Diese Lebensmittel decken normalerweise über 80% des täglichen Eiweißbedarfs von Kindern.

Die folgende Liste, die den Eiweißgehalt einer durchschnittlichen Portion angibt, zeigt, wie viel Eiweiß Ihr Kind mit seiner Mahlzeit zu sich nimmt:

- 100 g magerer Fisch enthält 18 g Eiweiß,
- 300 ml Vollmilch enthält 10 g,
- 2 gekochte Eier enthalten 14 g,
- 200 g Ravioli in Tomatensauce enthalten 6 g,
- 1 Scheibe Vollkornbrot enthält 3 g,
- 60 g Erdnüsse enthalten 14 g,
- 1 streichholzschachtelgroßes Stück Cheddar enthält 12 g,
- 1 durchschnittliche Frikadelle enthält 10 g,
- 1 Fischstäbchen enthält 4 g.

Die enthaltene Eiweißmenge wird durch Tiefkühlen oder Kochen kaum beeinträchtigt, doch Kochen kann andere Veränderungen zur Folge haben. Leicht gekochtes Eiweiß ist besser verdaulich als rohes, wohingegen bei rotem Fleisch, das zu lange gebraten und zäh wird, das Eiweiß für den Körper erst später verfügbar ist, da die Verdauungssäfte Schwierig-

Täglicher Eiweißbedarf von Kindern

Altersgruppe	Jungen	Mädchen
0-3 Monate	12,5 g	12,5 g
7-9 Monate	13,7 g	13,7 g
10-12 Monate	14,9 g	14,9 g
4-6 Jahre	19,7 g	19,7 g
7-10 Jahre	28,3 g	28,3 g
11-14 Jahre	42,0 g	41,2 g
15-18 Jahre	55,2 g	45,0 g

keiten mit der Aufspaltung haben. Eiweiß kann vom Körper nicht gespeichert werden. Nimmt man zu viel Eiweiß zu sich, wird es in Zucker und Fett umgewandelt. Kindern statt kohlenhydratreichen Speisen viel Eiweiß zu essen zu geben (weil dies weniger dick macht), ist falsch und potenziell gesundheitsschädlich. Insbesondere Säuglinge (bis zu einem Alter von 9–12 Monaten) dürfen keine zu eiweißreiche Kost erhalten, da ihre noch nicht voll ausgebildeten Nieren die Abbauprodukte, die sich im Blut ansammeln, nicht bewältigen können.

Man kann ein Kind problemlos vegetarisch ernähren und trotzdem eine angemessene Eiweißaufnahme gewährleisten. Wichtiger ist es, auf die Deckung des Eisen- und Vitamin-B_{12}-Bedarfs zu achten. Die Zufuhr von genügend pflanzlichem Eiweiß für ein normales Wachstum ist keine so große Herausforderung (siehe »Vegetarische Ernährung«, S. 104–107).

Fett

Mittlerweile konnte ein Zusammenhang zwischen dem Auftreten von Herzerkrankungen bzw. Brustkrebs und einem hohem Konsum tierischer Fette nachgewiesen werden. Viele westliche Regierungen verfolgen deshalb das Ziel, den Anteil der Kalorien, die in Form von Fett von der Bevölkerung aufgenommen werden, zu senken. Der angestrebte Wert in Großbritannien liegt bei 35% (statt bisher 40% bzw. dem aktuellen Durchschnittsverzehr von 100 g Fett pro Tag). In Deutschland wird nicht mehr als 25–30% empfohlen, was 60–70 g Fett in der täglichen Nahrung entspricht. Ab dieser Menge scheint die Häufigkeit von Herzerkrankungen und Brustkrebs zuzunehmen.

Es ist nie zu früh, Kindern Essgewohnheiten nahe zu bringen, die den Verzehr von Fett und besonders von gesättigten Fettsäuren in Grenzen halten.

Gesättigte, mehrfach ungesättigte und einfach ungesättigte Fettsäuren, Transfettsäuren, Cholesterin, Omega-3 und Omega-6 — eine verwirrende Menge an Fetten. Kinder brauchen sie durchaus, denn Heranwachsende müssen einen relativ hohen Anteil ihres Energiebedarfs über Fett decken — 50% im ersten Lebensjahr und danach noch 35%. Einige Fette sind lebensnotwendig, da der Körper sonst die fettlöslichen Vitamine A, D, E und K nicht aufnehmen kann. Entscheidend ist, die verschiedenen Arten von Fett und ihre Bedeutung für die Ernährung zu kennen.

Gesättigte Fettsäuren sind fast ausschließlich tierische Fette: Butter, Schmalz, das Fett in Fleisch, Käse, Sahne und Milch. Einige Pflanzen produzieren ebenfalls gesättigte Fettsäuren, insbesondere die Kokospalme. Da der Körper gesättigte Fettsäuren selbst bilden kann, braucht man sie eigentlich nicht zu verzehren.

Mehrfach ungesättigte Fettsäuren

kommen vor allem in Pflanzenölen wie Soja-, Mais-, Sonnenblumen- und Distelöl vor. Sie sind außerdem in fettem Fisch zu finden. Sie sind äußerst wichtig und sollten regelmäßiger Bestandteil jeder kindlichen Ernährung sein.

Einfach ungesättigte Fettsäuren

kommen hauptsächlich in Olivenöl, Nüssen und Samen sowie in Rapsöl vor. Sie sind wegen ihrer Schutzwirkung für das Herz von großer Bedeutung.

Essenzielle Fettsäuren umfassen u. a. die Omega-6- und Omega-3-Fettsäuren, die wesentliche Zellbausteine sind, insbesondere für das Gewebe des

Gehirns und des zentralen Nervensystems. Ein Mangel während der Schwangerschaft oder in der frühen Kindheit kann negative Auswirkungen auf die Entwicklung des Gehirns haben. Omega-6-Fettsäuren sind in Distel-, Soja- und Sonnenblumenöl zu finden. Omega-3-Fettsäuren kommen reichlich in fettem Fisch sowie Soja-, Raps- und Walnussöl vor.

Cholesterin Es ist allgemein anerkannt, dass der Cholesterinspiegel im Blut ein wesentliches Kennzeichen für das Herzinfarktrisiko einer Person ist. Cholesterin ist aber auch ein wichtiger Bestandteil jeder Körperzelle. Da es in ausreichendem Maß von der Leber gebildet wird, braucht man Cholesterin nicht über die Nahrung zuzuführen.

Transfettsäuren, die durch die starke Erhitzung oder Härtung von Fett bei industrieller Herstellung entstehen, wirken am schädlichsten auf den Organismus. Sie kommen vor allem in Margarine vor — sehr viele Margarinesorten enthalten Transfettsäuren, die für das Herz noch gefährlicher sind als gesättigte Fettsäuren.

Kalorienüberwachung

Kalorien sind ein entscheidender Grund, warum man den Fettkonsum von Kindern sehr wachsam im Auge haben sollte. Fett enthält von allen Bausteinen in der Nahrung die meisten Kalorien pro Gewichtseinheit. Alle Fette (außer Halbfettprodukten) — ob nun gesättigt, ungesättigt oder essenziell — weisen pro 100 g einen fast identischen Kaloriengehalt auf, nämlich doppelt so viel wie bei kohlenhydratreichen Lebensmitteln. 100 g gekochte Kartoffeln enthalten z. B. nur 76 Kalorien. Verarbeitet man sie jedoch mit Fett zu Pommes frites, liefern sie 253 Kalorien.

50% unseres täglichen Fettkonsums nehmen wir über Fleisch, Milch, Sahne, Käse, Eier und fetten Fisch auf, 30% über Butter, Margarine und andere Fette und Öle sowie 8% über Lebensmittel wie Kekse und Kuchen.

Damit Kinder nicht zu viel Fett zu sich nehmen, gilt es zunächst einmal, die so genannten »sichtbaren« Fette zu reduzieren: Butter, Käse, Sahne und den Fettrand am Kotelett oder Schinkenaufschnitt. Sehr viel schwieriger ist es, »versteckte« Fette zu meiden, die sich u. a. in Fleischprodukten wie Würstchen oder Aufschnitt sowie in Keksen, Kuchen, Plundergebäck und Schokolade verbergen. Ihrer kann man nur Herr werden, indem man vor dem Kauf die Etiketten sorgfältig studiert und bei hohem Fettgehalt nicht oder nur gelegentlich zugreift.

Die folgende Tabelle zeigt, mit welch geringen Mengen bestimmter Lebensmittel Ihr Kind bereits 10 g Fett zu sich nimmt — fast ein Drittel der empfohlenen Tageszufuhr.

Fett in Lebensmitteln

Der Fettgehalt einiger Lebensmittel, die von Kindern gern und oft gegessen werden, ist erschreckend hoch. Die nachfolgende Tabelle führt beliebte Produkte mit ihrem Fettgehalt auf.

Lebensmittelmenge, die 10g Fett enthält

Gefüllte Doppelkekse	50 g	Lammkotelett mit Fett	30 g	Frischkäse (Doppelrahmstufe)	35 g
Vollkorn-Müslikekse	45 g	Gebratene Garnelen	55 g	Cheddar, Butterkäse	30 g
Spritzgebäck	35 g	Nussnougatcreme	30 g	Quiche	35 g
Marmorkuchen	45 g	Erdnussbutter	20 g	Erdnussflips	40 g
Nusskuchen	30 g	Butter, Margarine	12 g	Kartoffelchips	30 g
Gebratener Speck	20 g	Schmalz, Pflanzenöl	10 g	Pommes frites (tiefgekühlt)	50 g
Bratente mit Haut	25 g	Crème double	20 g	Vollmilchschokolade	35 g
Schweinsbratwurst	35 g	Schlagsahne	30 g		
Frankfurter Würstchen	40 g	Mayonnaise	12 g		

Mineralstoffe

Die intensiven Anbaumethoden in der modernen Landwirtschaft mit künstlicher Düngung und jahrelang gleicher Fruchtfolge führen dazu, dass die natürlichen Mineralstoffspeicher der Böden erschöpft sind. Die erzielten Ernten und die Tiere, die damit gefüttert werden, enthalten dann weniger Mineralstoffe als wir benötigen, was ein Gesundheitsrisiko nicht nur für Kinder darstellen kann.

Mineralstoffe und Spurenelemente sind für uns von besonderem Interesse, da ein Mangel an ihnen oft als Krankheitsursache übersehen wird. Sie sind vom ersten Tag an unerlässlich für das Wachstum, die Entwicklung, die Immunabwehr und eine rundum gute Gesundheit. Sorgen Sie dafür, dass Ihre Familie reichlich Mineralstoffe und Spurenelemente zu sich nimmt — im Idealfall mit Erzeugnissen aus ökologischem Landbau.

Zink ist wichtig für das Wachstum, gesunde Geschlechtsorgane, die Insulinbildung und die Immunabwehr. Zinkmangel kann zu Gewichtsverlust, Hautkrankheiten, Geschwüren und Akne, Geschmacks- und Geruchsstörungen sowie brüchigen Nägeln führen.

Da Magersüchtige unter sehr niedrigem Zinkspiegel leiden, kann ein Zinkpräparat für sie eine echte Hilfe bedeuten.

Zinkmangel steht u. U. im Zusammenhang mit ADHS (siehe S. 206) und kann schon vor der Geburt auftreten, wenn die Mutter zu wenig Zink zu sich nimmt. Zink (in Lebensmitteln oder als Präparat) hilft bei Teenagern gegen Akne.

Die besten Zinkquellen sind Schalentiere (insbesondere Austern), Lammfleisch, Leber, Steak, Knoblauch, Paranüsse, Kürbiskerne, Eier, Sardinen, Haferflocken, Krebse, Mandeln und Geflügel.

Selen spielt eine Schlüsselrolle im Immunsystem und trägt auch zum Schutz vor Herzerkrankungen, Hautproblemen und erhöhtem Krebsrisiko bei.

Die Selenaufnahme ist in einigen westlichen Ländern in den letzten Jahren deutlich zurückgegangen. Dies ist umso beunruhigender als aktuelle Studien belegen, dass normalerweise harmlose Viren bei Selenmangel gefährlich aktiv werden können.

Mit einer selenreichen Ernährung schützen Sie Ihre Kinder nicht nur jetzt, sondern tragen auch zu deren lebenslanger Gesundheit bei.

Die besten Selenquellen sind Paranüsse, Butter, Vollkornbrot, fetter Fisch, Leber und Nieren.

Magnesium ist ein wichtiger Bestandteil vieler Enzymsysteme des Körpers und trägt zu einer ausgewogenen Verteilung von Kalzium, Kalium und Natrium in den Zellen bei. Magnesium ist unerlässlich für das Wachstum und die Reparatur von Zellen. Darüber hinaus gehört es zu den Mineralstoffen, die eine Weiterleitung der Nervenimpulse ermöglichen.

Ein Magnesiumdefizit kann durch Fehlernährung, Magersucht, fehlende Nahrungszufuhr wegen Mund- bzw. Zahnproblemen oder eine gestörte Aufnahme im Verdauungssystem entstehen. Der Verzehr von zu viel ungekochter Kleie verstärkt einen Magnesiumverlust ebenso wie übermäßiger Konsum von Fett, Vitamin D und Kalzium. Auch Medikamente wie bestimmte Antibiotika und harntreibende Mittel können zu Magnesiumverlust führen.

Magnesiummangel kann bei Kindern zu Hyperaktivität, Teilnahmslosigkeit, Erschöpfung, Müdigkeit, Krämpfen, Zuckungen, Schlaflosigkeit, Herzklopfen und einem niedrigem Blutzuckerspiegel führen. Magnesium wird darüber hinaus vom Körper für eine gute Kalziumaufnahme benötigt (siehe folgende Seite).

Die besten Magnesiumquellen sind Sojabohnen, Nüsse, Vollkornmehl, Naturreis, Trockenobst und Bananen. Alle grünen Gemüsesorten sind ebenfalls reich an Magnesium.

Eisen verbindet sich mit Sauerstoff zum roten Blutfarbstoff Hämoglobin, das den Sauerstoff aus der Atemluft in die Zellen des Körpers transportiert. Eisen sorgt dafür, dass Kinder fröhlich und aktiv bleiben. Eisenmangel dagegen führt zu Blutarmut, Blässe, Müdigkeit, Depressionen und Herzklopfen.

Seetang, Melasse, Schweineleber, Rindfleisch, Rotwurst, fette Fische wie Heringe oder Sardinen, Schalentiere, Kidneybohnen, Paranüsse, Datteln, Rosinen, Linsen, Kichererbsen, Erdnüsse, Hähnchen, Eigelb, Sojabohnen und Erbsen sind gute Eisenquellen. Eine Portion Leber oder Chili con Carne, eine Frikadelle oder ein Steak mit Gemüse liefern den Tagesbedarf. Entgegen einer lange kursierenden Fehlannahme ist Spinat nicht die beste Eisenquelle, denn er enthält viel Oxalsäure, welche die Aufnahme des Eisens erschwert.

Kupfer ist zusammen mit Eisen an der Bildung der roten Blutkörperchen beteiligt und spielt eine wichtige Rolle für die Knochenbildung, den Cholesterinabbau und das Hautpigment Melanin. Kupfermangel kann zu Blutarmut, Haarproblemen, erhöhtem Cholesterin und trockener Haut führen.

Nüsse, Rindfleisch, Leber, Lammfleisch, Butter, Gerste und Olivenöl gewährleisten eine ausreichende Kupferzufuhr.

Kalzium ist unerlässlich für die Bildung und den Erhalt kräftiger Knochen und Zähne und spielt eine besonders wichtige Rolle in der Schwangerschaft, Stillzeit, Kindheit und Pubertät. In späteren Jahren können sowohl Frauen als auch Männer an Osteoporose erkranken. Die »brüchigen Knochen« sind teils auf eine Kombination von zu geringer Kalziumzufuhr und schlechter Kalziumaufnahme zurückzuführen, teils darauf, dass die Knochendichte mit zunehmendem Alter abnimmt. Der Schutz der Knochen muss bereits in der Kindheit beginnen. Eine Ernährung mit vielen kalziumreichen Lebensmitteln ist der erste Schritt. Kinder sollten außerdem ermuntert werden, aktiv Sport zu treiben und viel Zeit im Freien zu verbringen, da durch Sonnenlicht Vitamin D gebildet wird (das neben Magnesium für die Kalziumaufnahme erforderlich ist).

Da Milch, Joghurt und Käse hervorragende Kalziumquellen sind, sollten Sie Ihre Kinder früh auf den Geschmack bringen und diese Produkte auf den täglichen Speiseplan setzen. Sardinen mit Gräten (aus der Dose), grünes Gemüse, Trockenobst, Nüsse, Bohnen und Vollwertbrot enthalten ebenfalls viel Kalzium. Ein reichlicher Verzehr sorgt für kräftige Knochen und gesunde Zähne.

Jod ist sehr wichtig für die Schilddrüse, die Hormone zur Steuerung vieler Körperfunktionen bildet. Jod schützt die Schilddrüse außerdem in gewissem Umfang vor Strahlenschäden. Jodmangel führt zu Lethargie, Hautverdickungen, Haarausfall, Wachstumsproblemen und Schilddrüsenvergrößerungen (»Kropf«). Zu viel Jod dagegen kann eine Überfunktion der Schilddrüse zur Folge haben.

Seetang und Seefische sind die einzigen zuverlässigen Jodquellen. Nehmen Sie Seetangpräparate jedoch nur in Maßen ein, da sie oft viel Jod enthalten und Schilddrüsenprobleme verursachen können.

Mangan ist für die Bildung von Enzymen, den Knochenaufbau, die Muskeltätigkeit und Fruchtbarkeit erforderlich. Manganmangel kann Knochen- und Bandscheibenprobleme sowie hohe Blutzuckerspiegel zur Folge haben. *Mangan kommt in allen Vollkornprodukten, in Nüssen und Tee vor — eine Tasse schwarzer, grüner oder Rooibos-Tee deckt einen guten Teil des Tagesbedarfs.*

Kalium ist unerlässlich für Zellen und Nervengewebe. *Es ist in allen Lebensmitteln außer Ölen, Fetten und Zucker enthalten: Bananen sind z. B. eine exzellente Kaliumquelle.* Da Gemüse beim Kochen das Kalium ins Wasser abgibt, sollten Sie das Kochwasser für Suppen, Saucen oder Schmortöpfe verwenden.

Vitamine und Antioxidanzien

Eine der wichtigsten ernährungswissenschaftlichen Offenbarungen des letzten Jahrzehnts waren die so genannten Antioxidanzien: pflanzliche Schutzstoffe, die in bestimmten Pigmenten von Obst und Gemüse enthalten sind. Mit Antioxidanzien wehrt der Körper sich gegen schädliche Moleküle oder freie Radikale, die sowohl im Körper selbst als auch in unserer Umwelt — etwa durch Pestizide, Tabakrauch oder Stress — entstehen. Von freien Radikalen verursachte Zellschädigungen werden mit Krebs, Herzerkrankungen, Falten, grauem Star u. a. in Verbindung gebracht.

Die ersten bekannten Antioxidanzien waren die Vitamine C und E sowie Betacarotin, das vom Körper in Vitamin A umgewandelt wird. Heute weiß man, dass die Pigmente, die Obst und Gemüse ihre leuchtenden Farben verleihen, reich an diesen Schutzstoffen sind. Besonders Kinder sollten deshalb viel kräftig gefärbtes Obst und Gemüse essen.

Obwohl die Gesundheitsbehörden darüber informieren, wie viele Vitamine und Mineralstoffe man täglich zu sich nehmen sollte (auf vielen Lebensmitteletiketten als empfohlene Tagesdosis zu finden), tragen solche Angaben doch nicht den enormen Schwankungen im tatsächlichen Nährwertgehalt der heutigen Lebensmittel Rechnung. Aggressive Anbaumethoden sowie Transport, Lagerung und Behandlung der Nahrungsmittel können einen Verlust von Vitaminen und Antioxidanzien zur Folge haben. Der Vitamingehalt der Mahlzeit, die letztlich bei Ihnen auf den Tisch kommt, ist theoretisch oft viel höher als in der Praxis.

Auch brauchen Kinder mehr solcher Schutzstoffe, um gesund zu bleiben und vor ernstlichen Erkrankungen geschützt zu sein, als nur die Mindestmenge, die Mangelkrankheiten verhindert. Im Folgenden finden Sie die empfohlene Tagesdosis für jedes Vitamin. Der Vitaminbedarf von Kindern ist zwar von ihrem jeweiligen Alter abhängig, aber ab 11 Jahren entspricht er bereits den hier angegebenen Mengen für Erwachsene.

Vitamin A ist wichtig für das Zellwachstum, die Haut sowie das Nacht- und Farbsichtvermögen. Ihren täglichen Bedarf decken Sie mit: *60 g Leber, 50 g Karotten, 75 g Spinat, Butter oder Margarine oder 125 g Brokkoli mit einer Käsesauce mit 60 g Cheddar.*

Vitamin C verhindert Skorbut, unterstützt die Wundheilung und die Eisenaufnahme und ist ein wichtiges schützendes Antioxidans. Die Tagesdosis ist enthalten in: *2 TL schwarzen Johannisbeeren, 1 Zitrone, ½ grünen Paprika, 1 Orange, ½ großen Grapefruit, 1 Kiwi oder 90 g ungekochtem Rotkohl.*

Vitamin D ist für das Knochenwachstum unerlässlich, da es maßgeblich an der Kalzium-Aufnahme beteiligt ist. Vitamin-D-Mangel führt bei Kindern zu Rachitis und bei Erwachsenen zu Knochenstörungen. Das Vitamin wird bei Sonnenlichteinwirkung vom Körper selbst gebildet — Kinder sollten deshalb möglichst viel Zeit im Freien verbringen. Im asiatischen Kulturkreis besteht insbesondere für Frauen und Mädchen wegen ihrer traditionell hoch geschlossenen Kleidung oft die Gefahr eines Vitamin-D-Mangels.

Die erforderlichen 10 µg nehmen Sie zu sich mit: *1 TL Lebertran, 50 g Hering oder Bückling, 60 g Makrele, 75 g Lachs oder Tunfisch aus der Dose oder 140 g Sardinen aus der Dose. Auch Eier enthalten Vitamin D.*

Vitamin B_1 (Thiamin) spielt vor allem bei der Umwandlung von Kohlenhydraten in Energie eine wichtige Rolle. Wenn man sich sehr kohlenhydratreich ernährt (wie manche Vegetarier es tun), erhöht man seinen Vitamin-B_1-Bedarf. Die normale Tagesdosis ist enthalten in: *60 g Dorschrogen, 75 g Weizenkeimen, 100 g Paranüssen oder Erdnüssen. Weitere gute Quellen sind Haferflocken, Speck, Schweinefleisch, Innereien und Brot.*

Vitamin B_2 (Riboflavin) ist notwendig für das Zellwachstum sowie für Haut und Schleimhäute. *6 Eier, 900 ml Milch, 60 g Leber oder Nieren oder 250 g Cheddar liefern jeweils die erforderlichen 1,3 g. Rindfleisch, Mandeln, Cornflakes, Müsli und Geflügel sind ebenfalls empfehlenswerte Vitamin-B_2-Quellen.*

Vitamin B_6 (Pyridoxin) unterstützt die Umwandlung von Eiweiß in Energie. Es ist unerlässlich für das Zellwachstum und das Immun- und Nervensystem. Außerdem kann es einige Nebenwirkungen der Antibabypille ausgleichen. *Fisch, Fleisch, Leber und Käse sind gute B_6-Quellen. 1 große Banane und ½ Avocado enthalten die empfohlene Tagesdosis. 1 Portion Kabeljau bzw. Lachs oder 1 gegrillter Hering decken annähernd Ihren täglichen Bedarf.*

Folsäure ist während der Schwangerschaft der Mutter sowie in der Wachstums- und Entwicklungsphase bei Kindern von entscheidender Bedeutung. Ein Mangel an Folsäure kann angeborene Knochenschäden verursachen. Folsäure schützt zudem vor Herzerkrankungen — in jedem Alter. Mit der richtigen Vorsorge können Sie nicht früh genug beginnen. *Die besten Quellen sind dunkles grünes Gemüse, Leber, Nieren, Nüsse, Vollkornbrot und Müsli. Eine durchschnittliche Portion Lammleber enthält 250 µg, Spinat 140 µg, Kidneybohnen, tiefgekühlte Erbsen, Kichererbsen und roher Rotkohl weisen je ca. 75 µg der erforderlichen 200 µg auf.*

Vitaminpräparate für Kinder

Viele Eltern fragen sich besorgt: Müssen meine Kinder zusätzlich Vitamine einnehmen? Theoretisch lautet die Antwort: Nicht, wenn sie sich ausgewogen ernähren und einen abwechslungsreichen Speiseplan einhalten. Das gelingt allerdings nicht jeder Familie. Zeitliche Zwänge, Berufstätigkeit beider Elternteile, fehlende Schulkantinen und der unaufhaltsame Siegeszug des Fast Food erschweren das Vorhaben noch.

Der Kauf von Vitaminpräparaten kann sich recht verwirrend gestalten. Wählt man ein Multivitaminpräparat, einzelne Vitamine (wenn ja, welche?), hoch dosierte, wirkverzögerte oder vegetarische Kapseln, Tabletten ohne Gluten, Hefe, Farbstoffe oder Zucker, eine Marke mit 70 verschiedenen Inhaltsstoffen oder lieber eine mit nur fünf?

Es besteht die Gefahr, dass Sie Geld für überflüssige Präparate ausgeben, die unter Umständen mehr schaden als nützen. Medikamente mit einzelnen Vitaminen oder Mineralstoffen haben sicher ihre Berechtigung, doch sollten sie nur auf Anraten eines Arztes oder Ernährungsberaters eingenommen werden. Das gilt besonders für hoch dosierte Produkte.

Bei Vitaminpräparaten für Kinder sollten Sie stets darauf achten, dass diese speziell auf das Alter Ihres Kindes abgestimmt sind und dass die angegebene Dosis nicht überschritten wird. Aktuelle gesundheitsbehördliche Richtlinien empfehlen zwar für alle Kinder unter 5 Jahren eine Nahrungsergänzung mit Vitamin A, C und D, doch als Faustregel kann gelten, dass die meisten Kinder nur ein einfaches Multivitamin- und Mineralstoffpräparat brauchen, sofern keine grundlegenden gesundheitlichen Probleme oder totale Fehlernährung vorliegen. In den beiden letzten Fällen sollte ärztlicher Rat eingeholt werden.

Hinweis:
»µg« steht für Mikrogramm — 1 Mikrogramm entspricht einem Millionstel Gramm.

Bioprodukte

Produkte aus ökologischem Landbau nehmen einen immer wichtigeren Platz in unserem Denken über Lebensmittelqualität ein. Sie werden ohne die **zahlreichen Chemikalien** des konventionellen Anbaus erzeugt, **schmecken** im Allgemeinen besser und enthalten außerdem mehr Nährstoffe — genau das, was unsere Kinder essen sollten.

Bedenken Sie, dass das zentrale Nervensystem eines Babys noch nicht voll ausgebildet ist und dass auch sein Immunsystem sozusagen noch in den Kinderschuhen steckt. Die Auswirkungen des chemischen Cocktails, der in weiten Teilen der Nahrungsmittelerzeugung zum Einsatz kommt, auf sehr kleine Kinder ist bisher kaum erforscht. Einige führende Allergieexperten sind der Ansicht, dass Probleme wie die ständige Zunahme von Asthma unter Kindern nicht auf die Umweltverschmutzung, sondern vielmehr auf die Schädigung des kindlichen Immunsystems durch chemische Rückstände und Zusatzstoffe in der Nahrung zurückzuführen sind. Es scheint deshalb nur vernünftig, für die Ernährung von Babys möglichst viele Bioprodukte zu verwenden und so eine potenzielle Schädigung auszuschließen. Dasselbe gilt auch für Kleinkinder, Schulkinder, Teenager und junge Erwachsene.

Viele Gründe sprechen für eine ökologische Ernährung von Kindern. Eine solche Kost lässt sich heute viel einfacher umsetzen als früher, da es immer mehr Bio-Bezugsquellen gibt — von Bauernhofläden bis hin zu Versanddiensten — und weil auch viele Supermärkte inzwischen ein wachsendes Sortiment von Bioprodukten führen.

Zusatzstoffe vermeiden

Ein wichtiges Argument für den Kauf von Bio-Lebensmitteln ist die lange Liste der Zusatzstoffe, die in kommerziell erzeugten und verarbeiteten Nahrungsmitteln enthalten sind — vor allem Süß- und Farbstoffe.

Viele der Orangengetränke, die kleine Kinder so gern trinken, enthalten nur sehr wenig Zitrusfrucht, aber viele Zusatzstoffe. Vermeiden Sie die chemischen Stoffe und den zugesetzten Zucker, indem Sie Kindern natürlichen Fruchtsaft zu trinken geben, den Sie zur Hälfte mit Wasser oder Mineralwasser verdünnen. Verwenden Sie nach Möglichkeit rückstandsfreie Bio-Säfte ohne Zuckerzusatz und Süßstoff, die von größeren Herstellern angeboten werden.

Ein noch wichtigeres Plus zu Gunsten von Bio-Lebensmitteln betrifft den Nährwert. Produkte aus ökologischem Landbau sind ohne Zweifel nährstoffreicher als ihre konventionell erzeugten Gegenstücke. Studien belegen z. B. bei Bioobst und -gemüse übereinstimmend einen höheren Gehalt an Vitamin A und C. Biobauern bedienen sich herkömmlicher Verfahren wie variabler Fruchtfolge, Gründüngerpflanzung, Kompostierung und biologisch-dynamischer Düngung, um den Boden gesund zu halten und die von der vorherigen Ernte verbrauchten Nährstoffe zu ersetzen.

Kommerzielle intensive Anbaumethoden arbeiten dagegen mit Kunstdüngern, die nur jene Nährstoffe ersetzen, die für das Wachstum der jeweiligen Ernte erforderlich sind — auf Nährwertqualität wird dabei wenig Rücksicht genommen. In der intensiven Viehzucht müssen Mineralstoffe und Vitamine über Kraftfutter zugefüttert werden, um die im eigentlichen Futter fehlenden Stoffe zu ersetzen. Nicht ökologisch erzeugtes Fleisch enthält mehr Wasser und weniger lebenswichtige Vitamine und Mineralstoffe.

Neben Nährstoffen kann es bei Tieren aus kommerzieller Haltung auch noch an anderen Dingen fehlen. Professor Mike Parizza von der Universität Wisconsin isolierte in einer Studie über Rindfleisch eine spezielle Fettsäure, die konjugierte Linolsäure (CLA) genannt wird und eine stark krebshemmende Wirkung aufweist. Diese essenzielle Fettsäure hat sich als Schlüsselfaktor in der Gewichtskontrolle erwiesen: Je mehr CLA man zu sich nimmt, umso stärker speichert der Körper überschüssige Kalorien als Muskelmasse — statt als Fett. Professor Parizzas Studie zeigte, dass der höchste CLA-Gehalt bei Rindern zu finden ist, die natürlich auf der Weide aufgezogen werden.

Lebensmittelvorschriften und Gesetze regeln zwar alles, vom Samen bis zur Verpackung, von der Lagerung bis zur Verarbeitung, von der Milchhygiene bis zur Sauberkeit in Lebensmittelgeschäften, vom Mindesthaltbarkeitsdatum bis zur Größe und Form von Bananen — doch gibt es kein Gesetz, das eine Prüfung der Nährwertqualität vorschreibt.

Bioprodukte schmecken besser

Noch ein letztes Argument für Bioprodukte: Die meisten Erzeugnisse aus ökologischem Landbau haben einen vollen, kräftigen Geschmack und eine gute Konsistenz, was für Kinder besonders wichtig ist.

Beißen Sie in einen Bio-Apfel und dann in einen Apfel aus kommerziellem Anbau; tauchen Sie Ihren Ökobrotstreifen in das Eigelb von einem Bio-Ei aus Freilandhaltung und vergleichen Sie das mit einem industriellen Weißbrotstreifen im kraftlos blassen Eigelb von einem Batterie-Ei: Sie brauchen keinen Abschluss in Ernährungswissenschaft, um den Unterschied zu erkennen — und Ihre Kinder auch nicht.

Bioprodukte sind aus all diesen Gründen empfehlenswert — ob nun Geschmack, Sicherheit oder Umweltschutz ausschlaggebend sind. Es ist nicht nötig, dass Sie Ihre Ernährung komplett auf Bio-Erzeugnisse umstellen, denn jedes einzelne Bioprodukt, das Sie verzehren, fördert Ihre Gesundheit und die Umwelt.

Beginnen Sie beispielsweise mit der Bioversion von Produkten, bei denen das Risiko chemischer Rückstände besonders hoch ist (z. B. bei Wurzelgemüse wie Karotten oder bei Blattsalaten) oder bei denen die Massenerzeugung ernsthaft in Frage gestellt wird (z. B. Rindfleisch). Wenn Sie ein Kind erwarten bzw. eine Schwangerschaft planen, kleine Kinder versorgen oder an einer ernsten Krankheit leiden bzw. davon genesen, ist es besonders wichtig, dass Sie Bioprodukte zu einem möglichst großen Bestandteil Ihres täglichen Speiseplans machen.

Empfehlenswerte Lebensmittel

Hier finden Sie über 130 Fitmacher: Gemüse, Obst, Milchprodukte, Getreide, Nüsse, Fleisch, Fisch, Kräuter und Öle. Sie bilden die Bausteine für unsere Rezeptsammlung für Kinder. Stellen Sie aus ihnen den Speiseplan zusammen, den Ihre Kinder für ein gesundes Heranwachsen benötigen und gerne akzeptieren werden.

Gemüse

Grün ist die **Farbe der Natur**, und grünes Blattgemüse ist das **Fundament** einer **gesunden Ernährung**: Es beugt Krebs und Herzerkrankungen vor und trägt zu einem langen, gesunden Leben bei. Versorgen Sie Ihre Familie großzügig mit dem vitalen Grün, aber auch mit erdfarbenem Wurzelgemüse und allen anderen Sorten in jeder Färbung.

Kopfkohl

Kopfkohl — Weißkohl, Rotkohl und Wirsing — wird schon seit Jahrhunderten wegen seiner Heilkräfte und als Mittel gegen Stress geschätzt. Heutzutage beobachten Forscher zudem eine Krebs vorbeugende Wirkung. Studien zufolge treten z. B. Lungen-, Darm-, Brust- und Gebärmutterkrebs in Ländern, in denen viel Kopfkohl und verwandte Arten wie Blumenkohl und Brokkoli gegessen wird, deutlich seltener auf.

Die Krebs hemmende Wirkung wird pflanzlichen Schutzstoffen zugeschrieben, insbesondere den Glucosinolaten, die in allen Kreuzblütlern vorkommen. Beim Zerkleinern, Entsaften oder Garen der Kohlblätter werden Enzyme freigesetzt, die die Glucosinolate in Indole umwandeln, die ihrerseits Krebs vorbeugen. In Tierversuchen bewies Kohl außerdem eine leichte Strahlenschutzwirkung, die auch für den Menschen gelten könnte, insbesondere wenn man den Kohl ungekocht verzehrt.

Weißkohl enthält heilsame Schleimstoffe, ähnlich jenen, die von der Magen- und Darmschleimhaut zu ihrem eigenen Schutz produziert werden. Er ist reich an Schwefel, einem Mineralstoff, der bei uns oft zu wenig zugeführt wird, aber wichtig für gesunde Haut und Gelenke ist. Er hilft auch bei Atemwegsinfekten und wirkt stark antibakteriell.

SCHNELLE KÜCHE

Mit Kohlwasser und einem Rest gekochter Kohlstreifen verleihen Sie einer Gemüsesuppe ein kräftiges, fleischartiges Aroma.

Wie alle Kreuzblütlergemüse wird Kohl bei zu langer Garzeit schwer verdaulich und verliert viel von seiner heilsamen Wirkung. Weißkohl sollten Sie z. B. in Streifen schneiden und nur 2–3 Minuten mit 1 EL Wasser in einem gut schließenden Topf dünsten. Dann etwas Butter und Muskat oder ein wenig Öl und Zitronensaft zufügen. Alternativ den Kohl kurz im Wok braten oder ihn ungekocht zu Weißkohlsalat (siehe S. 198) verarbeiten, der bei Kindern oft sehr beliebt ist.

Kopfkohl ist **reich** an Folsäure, Schwefel, Vitamin C, Betacarotin und Ballaststoffen.

Brokkoli

Ebenfalls ein Kreuzblütlergemüse, mit ähnlich Krebs vorbeugenden Eigenschaften wie Kopfkohl. Genießen Sie die Brokkoliröschen ungekocht mit einem Dip (siehe S. 149) oder 2–3 Minuten bissfest gedünstet. Auch im Wok lässt sich Brokkoli sehr schmackhaft und unter optimalem Erhalt seiner Inhaltsstoffe zubereiten. Brokkoli ist **reich** an Kalium und Betacarotin und eine **gute** Eisenquelle. Das Eisen ist für den Körper besonders gut verwertbar, da Brokkoli auch das hierfür notwendige Vitamin C enthält.

Blumenkohl

Blumenkohl weist zwar wie andere Kreuzblütler auch Krebs hemmende Wirkstoffe auf, enthält jedoch weniger Betacarotin, Riboflavin und Folsäure — die beim Garen noch dazu leicht verloren gehen. Blumenkohl eignet sich deshalb besonders gut als knackiges Dip-Gemüse. Entscheidet man sich dennoch fürs Kochen, sollte man durch Zugabe der zarten Innenblätter für zusätzliches Vitamin C und Betacarotin sorgen. Kreuzblütlergemüse **enthalten** gekocht mehr verwertbares Betacarotin als in roher Form.

Spargel

Kinder essen gern mit den Fingern — Spargelstangen mit ein wenig zerlassener Butter oder Mayonnaise zum Eintauchen sind für sie ein wahres Vergnügen. Grüner Spargel stärkt die Abwehrkräfte, denn er enthält sehr viel Betacarotin, das auch für die Entwicklung von Haut und Lunge wichtig ist. Außerdem bietet er das schützende Antioxidans Vitamin E. Verzehren Sie Spargel stets frisch, da er schnell verdirbt.

SCHNELLE KÜCHE

Aus dem Kochwasser und den holzigen Enden lässt sich mit Kräutern rasch eine leckere Suppe bereiten.

Grüner Spargel ist **reich** an Betacarotin, Vitamin E und Folsäure sowie eine **gute Quelle** für Mineral- und Ballaststoffe.

Rüben

Nicht unbedingt das Lieblingsgemüse von Kindern, aber es lohnt sich, weiße Rüben für Suppen oder Eintöpfe zu verwenden, denn sie enthalten viel Schwefel, der die Lunge vor Infektionen schützt. Als Hausmittel gegen Husten wurde früher eine rohe Rübe ausgehöhlt, mit braunem Zucker gefüllt und die sich bildende Flüssigkeit den Kindern teelöffelweise verabreicht.

Rüben sind eine **geeignete Quelle** für Ballaststoffe, Kalzium, Phosphor, Kalium und einige B-Vitamine.

Karotten

Junge, neue Karotten schmecken zwar sehr gut, enthalten jedoch deutlich weniger vitale Karotinoide als die kräftiger gefärbten, älteren. Von letzteren deckt schon eine einzige mittelgroße Möhre den gesamten Tagesbedarf an Betacarotin.

Betacarotin wird vom Körper in Vitamin A umgewandelt, das Haut und Schleimhäute gesund erhält und somit Lunge und Atemwege vor Krankheiten schützt. Vitamin A spielt auch eine wichtige Rolle für gutes Nachtsichtvermögen.

Es ist mittlerweile erwiesen, dass man durch den reichlichen Verzehr von Karotten einigen Krebsarten — insbesondere Lungen- und Brustkrebs — vorbeugen kann.

Karotten sind auch ein althergebrachtes Hausmittel gegen Durchfall, vor allem bei Säuglingen und Kleinkindern, für die ein Karottenpüree gleichzeitig gesunde Kost und Medizin ist. Für ein Püree 500 g dunkelgefärbte Karotten reiben, mit Wasser bedeckt sehr weich kochen, durch ein Sieb passieren und mit abgekochtem Wasser auf 1 Liter auffüllen. Kalt stellen und innerhalb von 24 Stunden verbrauchen. Die dünne Flüssigkeit füttern Sie Ihrem Kind in der Flasche, die dickere Masse als Brei.

Verwenden Sie möglichst Bio-Karotten, da sich in Wurzelgemüse immer rasch Schadstoffrückstände ansammeln. Am sichersten ist es, Karotten nur geschält zu verzehren.

Karotten sind eine **gute Quelle** für Betacarotin und **enthalten** die Vitamine C und E.

SCHNELLE KÜCHE

Karottensticks zum Knabbern überbrücken für Kinder z. B. die Wartezeit bei Tisch. Dazu reichen Sie Dips (siehe S. 149). Alternativ servieren Sie Karotten gerieben mit Dressing als Rohkostvorspeise.

Kartoffeln

Kartoffeln eignen sich hervorragend für eine kinderfreundliche Küche. Sie machen satt, liefern viel Energie und sind reich an einigen wertvollen Nährstoffen, u. a. enthalten sie ausreichend Vitamin C, um Mangelerscheinungen vorzubeugen. Pommes frites sind natürlich die ungesundeste, da fetthaltigste Darreichungsform. Doch gekochte Kartoffeln oder Ofenkartoffeln enthalten pro 100 g nur 100 Kalorien und ergeben in Kombination mit einem Salat, einem pochierten Ei, Hüttenkäse, kaltem Hähnchen, Knoblauchmayonnaise oder einem würzigen Chili eine preiswerte und sättigende Mahlzeit.

Die dünnen Kartoffelstäbchen aus Fast-Food-Ketten sind übrigens schlechter verträglich als die dicker geschnittenen, herkömmlichen Pommes frites. Sie saugen mehr Fett auf und sind sehr salzig.

Kartoffeln sind eine **gute Quelle** für Vitamin C, Ballaststoffe, Kalium, Folsäure, Eisen und Eiweiß.

SCHNELLE KÜCHE

Röstkartoffeln: Kartoffeln schälen und in 1 cm große Würfel schneiden. Mit 2 EL Olivenöl in einer Auflaufform gut mischen. Einige Rosmarinzweige zufügen und im Ofen goldbraun rösten.

Für Kartoffelpüree Olivenöl statt Butter verwenden.

Mit Kartoffel-Kohl-Kreationen kann man Kindern Kohl schmackhaft machen. Versuchen Sie es mit Kohl-Kartoffelbratlingen (S. 174) oder Kohl-Kartoffelpüree (S. 141).

Süßkartoffeln sind bei uns nicht sehr verbreitet, doch sehr reich an Betacarotin. Süßkartoffeln in dicke Stäbchen schneiden und im Ofen rösten oder mit normalen Kartoffeln kochen und pürieren.

Spinat

Der Eisengehalt von Spinat ist entgegen der verbreiteten Annahme nicht das wichtigste Argument für seine Verwendung. Spinat ist jedoch reich an Chlorophyll und leistet deshalb gute Dienste bei der Vorbeugung und Behandlung von Blutarmut. Große Portionen Spinat mögen nicht unbedingt nach dem Geschmack Ihrer Kinder sein, aber ein Salat mit jungen Spinatblättern, knusprigen Speckwürfeln und Avocadoscheiben schreckt sie sicher nicht ab.

Spinat weist einen hohen Gehalt an zwei Karotinoiden auf, Lutein und Zeaxanthin. Diese schützen nicht nur vor Krebs, sondern beugen auch einer Ursache schlechten Sehvermögens im Alter vor, der so genannten altersbedingten Makuladegeneration. Wer regelmäßig Spinat und anderes dunkelgrüne Gemüse isst, verringert das Erkrankungsrisiko um 50%.

Spinat ist **reich** an Karotinoiden und eine **gute Quelle** für Kalium, Vitamin E und Folsäure.

Zwiebeln, Knoblauch, Lauch

Zwiebeln, Knoblauch, Lauch, Frühlingszwiebeln, Schnittlauch und Schalotten gehören alle zur selben Familie (»Allium«). Man könnte denken, dass Kinder sie wegen ihres scharfen Geschmacks wenig ansprechend fänden, doch die meisten Kinder essen sie sogar sehr gern: als Zwiebelringe auf dem Hamburger, in Form von Knoblauchbrot oder Zwiebelsuppe an kalten Wintertagen.

Zwiebeln und Knoblauch schmecken nicht nur, sie sind auch so wirksam, dass sie fast schon Teil der Hausapotheke sind. Umfassende jüngere Studien belegen, dass sie Lunge, Herz und Verdauungstrakt schützen und gegen Bakterien, Viren und Pilze wirken. Außerdem beugen sie aktiv Krebs vor.

In der Junk-Food-Generation tritt Atherosklerose (Fetteinlagerungen in den Arterien) in immer früherem Alter auf. Schützen Sie Ihre Kinder rechtzeitig. Rohe, aber auch gebratene Zwiebeln tragen zu einer Senkung des Cholesterinspiegels bei.

SCHNELLE KÜCHE

Wenn der Backofen ohnehin in Gebrauch ist, das spitze Ende einer Knoblauchknolle abschneiden und die Knolle in einer feuerfesten Form mit Öl beträufelt mindestens 1 Stunde backen. Das Fleisch aus der Haut drücken und zum Gemüse geben.

Bei Ofenkartoffeln eine ganze ungeschälte Zwiebel mitbacken. Mit Butter genießen.

Lauch waschen und putzen, in eine feuerfeste Form legen, Olivenöl und reichlich schwarzen Pfeffer darüber geben und bei mittlerer Hitze backen.

Die Zwiebelfamilie wird besonders wegen ihrer pflanzlichen Schutzstoffe geschätzt. Frühlingszwiebeln liefern jedoch auch etwas Vitamin C, und Lauch **enthält** Vitamin C, Folsäure und Kalium.

Paprika

Paprika werden als weniger reife grüne Schoten und als reife rote, gelbe und orangefarbene Früchte angeboten. Kinder mögen normalerweise lieber die reifen Paprika, die zudem auch mehr Antioxidanzien enthalten. Servieren Sie Paprikastreifen mit Dip (siehe S. 149), in Salaten oder in Gemüsepfannen. Paprika sind **reich** an Vitamin C sowie an dem schützenden Antioxidans Betacarotin.

Rote Beten

Machen Sie im Supermarkt einen Bogen um die vorgekochten Roten Beten im Glas. Wählen Sie stattdessen feste, frisch geerntete Knollen aus, die — wie ihre kräftige Farbe schon erahnen lässt — viele Anthocyane enthalten, eine Gruppe von Antioxidanzien und Antikrebsstoffen.

Bei den Sinti und Roma wird frischer Rote-Beten-Saft schon lange als blutbildendes Mittel für blasse und erschöpfte Patienten eingesetzt. In Russland und Osteuropa dient er zur Stärkung der Abwehrkräfte und zur besseren Genesung nach Krankheiten. Auch schätzt man Rote Beten schon seit Jahrhunderten für ihre Wirkung als Verdauungshilfe im Allgemeinen und zur Unterstützung der Leberfunktion im Speziellen.

Der beliebte französische Rohkostteller *Crudités* — eine sehr leckere Vorspeise aus geriebenen Roten Beten, Karotten und einigen hauchdünnen Gurkenscheiben, angemacht mit Olivenöl und Zitronensaft und serviert mit gehackter Petersilie — ist der Gesundheit förderlicher als eine ganze Packung künstlich zugeführter Vitamintabletten.

Rote Beten sind eine **gute Quelle** für Kalium und Folsäure sowie Kalzium.

Grüne Bohnen

Grüne Bohnen sind speziell im Sommer, wenn sie zart und frisch sind, eine Bereicherung für viele Mahlzeiten, ganz unabhängig davon, ob man sich für Stangen-, Busch- oder Saubohnen entscheidet. Grüne Bohnen bringen Farbe und Biss ins Essen und liefern das Betacarotin und Vitamin C, das getrockneten Bohnen fehlt. Grüne Bohnen sollten grundsätzlich nicht roh verzehrt werden. Anders jedoch die Saubohnen, die jung geerntet einen vorzüglichen Salat ergeben können.

Grüne Bohnen sind eine **gute Quelle** für Vitamin C, Betacarotin, Kalium und Folsäure.

Kürbis

Auch ausgefallenere Kürbissorten, wie z. B. der Hokkaido- oder der Butternusskürbis, finden immer öfter ihren Weg zu unseren Gemüsehändlern. Die meisten von uns verstehen unter »Kürbis« allerdings sicher den großen Gartenkürbis, wie er etwa zur Halloween-Dekoration herangezogen wird. Er hat jedoch mehr zu bieten als schmückende Eigenschaften; er ist ein wertvolles und schmackhaftes Gemüse.

Gartenkürbisse haben, wie ihr kräftig gelbes bis orangefarbenes Fleisch erahnen lässt, einen hohen Gehalt an Betacarotin. Es ist deshalb nicht verwunderlich, dass das Trio aus Kürbis, Karotten und Süßkartoffeln vielen Studien zufolge den stärksten Schutz vor Lungenkrebs bietet: Ein regelmäßiger Verzehr dieser drei Gemüsesorten halbiert das Krebsrisiko, sogar für starke Raucher. Wenn Sie also selbst rauchen oder Ihre halbwüchsigen Kinder nicht zum Aufhören bewegen können, sollten Sie dafür sorgen, dass dieses Gemüsetrio möglichst oft auf Ihrem Speiseplan steht.

In der europäischen Hausmedizin gilt der Gartenkürbis als besonders hilfreich bei Atemwegsbeschwerden sowie als Beruhigungsmittel für den Verdauungstrakt. Verwenden Sie Kürbis grob gewürfelt in Eintöpfen und Schmorgerichten oder verarbeiten Sie ihn zu farbenfroher Wintersuppe (siehe Kürbissuppe, S. 133).

Kürbis ist **reich** an Betacarotin.

Salate

Salate mit ihren **frischen rohen Zutaten** sorgen im täglichen Speiseplan für Vitalität. **Zarte Salatblätter**, leuchtend rote Tomaten, kühle Gurken und **frische Kräuter** bringen im Sommer die **Sonne** direkt auf den Tisch, während knackige Rohkostsalate mit **Sellerie** und Chicoree, **Weißkohl** und geriebenen **Karotten** leichte Salate für jede Jahreszeit ergeben.

Grüner Salat

Grüner Salat enthält bemerkenswerte Mengen an Nährstoffen, etwas Jod und sogar ein wenig Eisen. Grundsätzlich gilt: je dunkler die Blätter, umso höher ihr Betacarotingehalt. Eisbergsalat ist wegen der Treibhausaufzucht am wenigsten wertvoll, doch da er sich gut hält und Kinder ihn meist mögen, sollten Sie ihn nicht ganz vom Speisezettel streichen. Auch wenn Sie nur einen Kasten auf dem Balkon zur Verfügung haben, ist eine eigene kleine Zucht von Schnittsalaten, Kresse o. ä. eine gute Möglichkeit, Kinder an Salat zu gewöhnen.

Frauen, die sich ein Baby wünschen, können mit 100 g grünem Salat über 25% ihres Tagesbedarfs an Folsäure decken. Auch ist ein Sandwich mit grünem Salat vor dem Schlafengehen deutlich gesünder als jede Schlaftablette: Die beruhigende Wirkung der Salatblätter und das Tryptophan, das bei der Verdauung der Kohlenhydrate freigesetzt wird, sorgen für eine gute Nachtruhe.

All diese Vorzüge werden leider nur zu oft durch den hohen Schadstoffgehalt grüner Salatsorten gemindert: Kommerziell erzeugte Salatköpfe werden in der Regel vielfach chemisch gespritzt. Waschen Sie Salat deshalb immer sehr sorgfältig und verwenden Sie nach Möglichkeit Produkte aus ökologischem Landbau.

Salat ist eine **gute Quelle** für Folsäure, Kalium und Betacarotin und **enthält** etwas Vitamin C.

Chicoree

Der wilde Chicoree — der Vorgänger unserer krausen Endivie und unseres Chicorees — wurde schon im alten Ägypten, Griechenland und Rom als Heil- und Nahrungsmittel geschätzt.

Wie die meisten bitterstoffhaltigen Lebensmittel wirkt Chicoree anregend auf die Leber und ist eine gute Verdauungshilfe. Der Bereich um den Strunk herum schmeckt Kindern oft zu bitter. Einige zerzupfte Chicoreeblätter aus dem oberen Bereich bereichern aber jeden grünem Salat mit knackigem Biss — auch für kindliche Geschmäcker.

Chicoree ist im Grunde eher wegen seiner pflanzlichen Schutzstoffe als seines Nährwertgehalts **positiv** zu bewerten.

Brunnenkresse

Hippokrates, der schon 460 v. Chr. den medizinischen Wert der Brunnenkresse beschrieb, errichtete das erste Krankenhaus der Welt am Ufer eines quellreinen Baches, um zum Wohl seiner Patienten viel frische Brunnenkresse ziehen zu können.

Brunnenkresse enthält ein Benzyl-Senföl — ähnlich den Stoffen, die dem verwandten Rettich und Merrettich die Schärfe verleihen. Dieses Senföl besitzt Studien zufolge eine stark antibiotische Wirkung. Im Gegensatz zu konventionellen Antibiotika sind die Wirkstoffe der Brunnenkresse jedoch nebenwirkungsfrei und sorgen sogar für eine gesunde Darmflora. Essen Sie zur Stärkung Ihrer Abwehrkräfte also viel Brunnenkresse.

Dr. Stephen Hecht, Professor für Krebsprophylaxe an der Universität Minnesota, hat die Bedeutung von Brunnenkresse für die Vorbeugung gegen Lungenkrebs bei Rauchern untersucht. Natürlich, so sagt er, sei es am besten, ganz mit dem Rauchen aufzuhören, um Lungenkrebs zu vermeiden. Doch für alle, die dies nicht könnten, biete eine dreitägige Phytoprophylaxe in Form von 60 g Brunnenkresse zu drei Mahlzeiten täglich immerhin genug Phenetylisothiocyanat, um den tabakspezifischen Lungenkrebserreger NKK zu neutralisieren. Dieser Schutzstoff, auch Gluconasturtin genannt, wird jedoch nur freigesetzt, wenn man die Brunnenkresse hackt oder kaut.

SCHNELLE KÜCHE

Gehackte Frühlingszwiebeln, Brunnenkresse, Olivenöl und Zitronensaft ergeben einen pikanten Salat.

Da Brunnenkresse im Wasser wächst, ist es besonders wichtig, sie vor dem Verzehr gründlich zu waschen, um eventuell daran haftende Wasserparasiten zu entfernen.

Brunnenkresse ist eine **gute Quelle** für die Vitamine A, C und E — hochwirksame Antioxidanzien, die vor Herz-Kreislauf-Erkrankungen und Krebs schützen. Außerdem enthält sie Jod, das für eine reibungslose Funktion der Schilddrüse besonders wichtig ist.

Sellerie

Stangensellerie erfreut sich schon seit langem großer Beliebtheit bei den Naturheilkundlern, die seine Blätter, Stiele und Samen verwenden. Die meisten Kinder mögen den knackigen Biss und das milde Aroma und knabbern die Stangen mit Begeisterung — mit oder ohne Dip.

Knollensellerie gehört zur selben Familie, allerdings verzehrt man statt der Stiele in der Regel die dicke, rundliche Knolle. Stangen- und Knollensellerie riechen ähnlich, doch ist Knollensellerie milder im Geschmack. Kinder mögen ihn besonders, wenn er grob gerieben, leicht gekocht und mit einem Dressing als Salat angemacht ist. Die Inhaltsstoffe beider Sorten sind grundsätzlich ähnlich, doch die weiße Knolle sowie sehr helle Stangen enthalten im Gegensatz zu den dunkelgrünen Stielen kein Betacarotin. Da Knollensellerie reich an Folsäure ist, bietet er sich als Salatzutat für Frauen mit Kinderwunsch an. Beide Sorten liefern Vitamin C, Kalium und Ballaststoffe.

Schon Hippokrates wusste, dass Knollensellerie die Nerven beruhigt. Neuere Studien in China und Deutschland bestätigen, dass die aus Selleriesamen gewonnenen ätherischen Öle äußerst beruhigend auf das zentrale Nervensystem wirken.

Sellerie ist eine **gute Quelle** für Kalium, **enthält** Ballaststoffe und Vitamin C sowie bei grüner Farbe etwas Betacarotin.

Tomaten

Tomaten sind streng genommen kein Gemüse, sondern eine Frucht. Die meisten Kinder mögen ihre süßliche Frische — vorausgesetzt, man beschränkt sich auf richtig reife, dunkelrote Tomaten im Sommer und verzichtet auf wässrig blasse Früchte. Stellen Sie als Vorspeise eine Schale mit dunkelroten Kirschtomaten auf den Tisch — Kinder essen sie mit Begeisterung. Tomaten sind ausgesprochen reich an Antioxidanzien, insbesondere an Karotinoiden wie Betacarotin und Lycopin sowie an den Vitaminen C und E, was sie zu einem guten Schutz vor Herz-Kreislauf- und Krebserkrankungen macht.

Tomaten-Ketchup ist überaus reich an Lycopin, da hierfür die ganze Frucht mitsamt der Schale verarbeitet wird. Inzwischen gibt es auch Bio-Ketchup aus ungespritzten Tomaten — der hervorragend geeignet ist für Hamburger.

SCHNELLE KÜCHE

Für ein sommerliches Nudelgericht reife Kirschtomaten vierteln und mit reichlich Olivenöl, etwas Salz und Pfeffer sowie einer Hand voll zerzupfter Basilikumblätter unter gekochte Nudeln mischen.

Dosentomaten haben kaum weniger Nährstoffe, enthalten allerdings mehr Salz. Achten Sie beim Kauf von Tomatensaft oder passierten Tomaten auf möglichst salzarme Produkte.

Sonnengetrocknete Tomaten liefern geballte Energie. Bereichern Sie mit kleinen Stückchen Nudelsaucen, Tomatensuppen oder Schmorgerichte.

Tomaten sind eine **gute Quelle** für Karotinoide, Kalium und die Vitamine C und E.

Avocados

Avocados stammen wie Tomaten ursprünglich aus Südamerika. Auf Grund ihres hohen Gehalts an einfach ungesättigten Fettsäuren sind sie speziell für Kinder sehr wertvoll. Da sie Inhaltsstoffe besitzen, die die Kollagenproduktion anregen, helfen sie auch bei jugendlichen Hautproblemen.

Gewichtsbewusste Mütter, die Avocados für Dickmacher halten, liegen falsch: Eine halbe Avocado hat ebenso viel Kalorien wie zwei Äpfel, aber wesentlich mehr Nährstoffe. Enthalten Sie sich oder Ihren Kindern also Avocados nicht vor.

Da ihr Fett sehr leicht verdaulich ist und Avocados zudem Stoffe enthalten, die gegen Pilze und Bakterien wirken, ist ein Avocadopüree eine exzellente Kost für Kranke und Genesende. Zum schnelleren Reifen könnern Sie Avocados in eine braune Papiertüte legen.

Avocadostücke verleihen Salaten eine runde, cremige Note. Oder versuchen Sie eine Guacamole, die fast alle Kinder gern essen. Lecker ist auch ein italienischer Tricolore-Salat: leuchtend rote Tomaten, kühle grüne Avocados und in Scheiben geschnittener Mozzarella, alles mit frischen Basilikumblättern garniert. Auf S. 149 finden Sie ein Rezept für einen appetitlichen Avocado-Dip.

Avocados sind eine **empfehlenswerte Quelle** für essenzielle Fettsäuren, Kalium, die Vitamine A, C und E sowie Eisen.

Obst

Obst gehört genau wie **Gemüse** zu den Fitmachern, die für die Gesundheit besonders wichtig sind. Damit Ihre Kinder optimal mit den wertvollen Inhaltsstoffen versorgt werden, sollten sie jeden Tag mindestens **zwei bis drei Portionen** Obst verzehren. Kinder dazu zu ermuntern, ist eine **Investition in die Gesundheit**, die sich ein Leben lang auszahlt.

Äpfel

Der Volksmund sagt zu Recht: Äpfel sind gesund. Phenolsäuren und Flavonoide in der Apfelschale wirken stark antioxidativ und hemmen das Wachstum von Darm- und Leberkrebszellen, während der Saft wirksam Viren bekämpft. Der Verzehr von fünf oder mehr Äpfeln pro Woche soll die Lungenfunktion verbessern, also kann man so vielleicht dazu beitragen, dass Kinder von Husten, Bronchitis und sogar Lungenentzündungen oder Asthma verschont bleiben.

Außerdem sind Äpfel reich an einem wasserlöslichen Ballaststoff namens Pektin, der den Körper bei der Ausscheidung von Cholesterin und giftigen Schwermetallen unterstützt. Dank dieses Ballaststoffes sind Äpfel auch gut gegen Verstopfung. Außerdem enthalten sie Apfel- und Weinsäure, die die Verdauung fettiger Speisen erleichtern. Auch zur Behandlung von Durchfall sind Äpfel gut geeignet. Naturheilkundler empfehlen hierfür, einen Apfel zu reiben, braun werden zu lassen und mit etwas Honig gemischt zu verzehren. Auch eine Diät aus Äpfeln, Bananen, Reis und trockenem Toast schafft Abhilfe.

Der Zucker in Äpfeln ist hauptsächlich Fruchtzucker — ein Einfachzucker, der langsam abgebaut wird und dadurch hilft, den Blutzuckerspiegel stabil zu halten. Während neuere Züchtungen oft sehr wenig Vitamin C enthalten, bieten bestimmte ältere Sorten wie der Rote Berlepsch neben einem köstlichen Aroma auch eine Menge Vitamin C.

Äpfel sind eine **gute Quelle** für Ballaststoffe, Apfel- und Weinsäure.

Melonen

Melonen schmecken und sind gut für die Gesundheit. Sie haben zwar an Vitaminen oder Mineralstoffen nicht viel zu bieten, auch wenn dunkelgelbe Sorten (wie Cantaloupe) reich an Antioxidanzien sind. Melonen sind aber bei heißem Wetter eine köstliche Erfrischung: Ein großes Stück kühle Wassermelone übertrifft jedes gekaufte Erfrischungsgetränk um Längen. Melonen wirken auf schonende Weise anregend auf die Verdauung, weshalb sie auch für Kinder mit Verstopfung gut geeignet sind.

Melonen **enthalten** Kalium, etwas Eisen, Vitamin C und sind eine **gute** Folsäurequelle.

Zitrusfrüchte

Orangen haben einen hohen Vitamin-C-Gehalt, der einen großen Teil ihrer positiven Wirkung auf unsere Gesundheit erklärt. Denn Vitamin C spielt eine überaus wichtige Rolle bei der Bekämpfung von Infektionen, beim allgemeinen Schutz vor Krankheiten und bei der Eisenaufnahme.

Orangen enthalten darüber hinaus neben Betacarotin auch Bioflavonoide, die sich in der weißen Innenschale und den Segmenthäuten befinden und die Wände der feinsten Blutgefäße kräftigen. Blutorangen haben erwartungsgemäß einen besonders hohen Antioxidansgehalt.

Saison haben Orangen im Winter, also genau dann, wenn ihre schützenden Inhaltsstoffe am wertvollsten sind und ihr belebend frischer Geschmack besonders willkommen ist. Zu viele Kinder kennen Orangen nur in Saftform — die ganze Frucht macht in Spalten zerteilt mehr Spaß beim Essen und enthält zudem mehr Ballaststoffe.

Neben Vitamin C liefern Orangen noch eine ganze Reihe von Nährstoffen, u. a. sogar Eiweiß, Kalzium und Eisen. Dank ihres hohen Kaliumgehalts sind sie besonders wertvoll, um die übermäßigen Natriummengen in den leider allzu beliebten Pommes frites und Chips auszugleichen.

Die Früchte, Blüten und Schalen von Orangen und Pomeranzen (Bitterorangen) werden schon seit langer Zeit in der Naturheilkunde eingesetzt. Die Schale enthält Hesperidin und Limonen — Stoffe, die zur Behandlung chronischer Bronchitis dienen. Ein Tee aus den getrockneten Blüten wirkt wie ein leichtes Beruhigungsmittel.

Beim Kauf von Orangensaft sollten Sie wählerisch sein. Den optimalen Vitamin-C-Gehalt erhält man nur, wenn man den Saft kurz vor dem Trinken selbst aus frischen Orangen (möglichst aus Bioanbau) auspresst. Die nächstbeste Möglichkeit ist frisch gepresster Orangensaft aus dem Kühlregal. Verwenden Sie niemals »Fruchtsaftgetränke« oder »Nektar«, denn diese enthalten in der Regel viel Zucker, und oft wird durch Pasteurisierung ein Großteil des Vitamingehalts zerstört.

Orangen sind eine **gute Quelle** für Vitamin C, Kalium, Bioflavonoide, Kalzium und Folsäure.

Zitronen sind schon für sich genommen eine kleine Hausapotheke. Eine heiße Zitrone mit Honig kann bei der Behandlung von Erkältung, Fieber oder Grippe gut den Anfang machen. Zitronen wirken positiv auf das Verdauungssystem: Eine dicke Scheibe in einem Glas heißem Wasser ist ein bewährtes Hausmittel bei Magenverstimmungen. Als Gurgel- oder Mundwasser sind Zitronen die perfekte Medizin gegen Halsschmerzen oder entzündliche Veränderungen. In den Mahlzeiten verarbeitet steuern Zitronen nicht nur Vitamin C, sondern auch eine stark antibakterielle Wirkung bei.

Zitronen sind **reich** an Vitamin C. Verwenden Sie Zitronensaft für Dressings.

Grapefruits enthalten umso mehr Vitamin C, je dunkler ihr Fruchtfleisch ist. Eine Grapefruit mit leuchtend rotem Fleisch kann den gesamten Tagesbedarf abdecken. Da die weiße Innenschale und die Haut zwischen den Segmenten Bioflavonoide enthält, sollte man diese nicht entfernen. Rosa Grapefruits sind wegen ihres süßeren Geschmacks bei Kindern beliebter.

Grapefruits **enthalten reichlich** Bioflavonoide und Vitamin C.

Clementinen, Mandarinen, Satsumas und andere kleine Zitrusfrüchte sind deutlich weniger sauer als die größeren Sorten, leichter zu schälen und enthalten weniger oder keine Kerne — ideal für Kinder.

Sie sind **reich** an Vitamin C und bieten **große Mengen** an Folsäure.

Beeren

Beeren sind bei Kindern wegen ihrer kräftigen Farben und ihres frischen Geschmacks beliebt. Farbe und Aroma beruhen neueren Studien zufolge auf einer Kombination besonders wirksamer Heilstoffe der Natur. Diese Stoffe schützen vor Herzerkrankungen, Krebs, Harnweginfektionen, schmerzhaften Gelenk- und Hauterkrankungen und wirken generell gegen Viren, Bakterien und Entzündungen.

Erdbeeren enthalten viel von dem wasserlöslichen Ballaststoff Pektin, der den Körper bei der Ausscheidung von Cholesterin und giftigen Schwermetallen wie Blei und Quecksilber unterstützt. Da Erdbeeren auch stark antioxidative Eigenschaften aufweisen, bieten sie hochwirksamen Schutz vor Herz-Kreislauf-Erkrankungen. Außerdem mehren sich Hinweise darauf, dass sie Viren entgegenwirken.

Erdbeeren enthalten moderate Mengen an Eisen, das aber dank ihres hohen Vitamin-C-Gehaltes sehr gut aufgenommen wird. Sie eignen sich somit zur Vorbeugung und Behandlung von Blutarmut und Müdigkeit: Schon 125 g Erdbeeren decken den Tagesbedarf an Vitamin C.

Erdbeeren sind eine süße Medizin. Um von ihrem therapeutischen Nutzen optimal zu profitieren, sollte man sie zwischendurch oder zu Beginn einer Mahlzeit essen. Ein paar Erdbeeren pro Tag bieten den schmackhaftesten und in der Saison auch günstigsten Schutz gegen Krankheiten.

Erdbeeren sind eine **gute** Vitamin-C-Quelle und **enthalten** etwas Eisen.

Brombeeren sind überaus reich an Vitamin E, das für den Schutz von Herz und Arterien eine wichtige Rolle spielt.

Ihre kräftig dunkle Farbe signalisiert, dass sie wertvolle Pflanzenpigmente enthalten, so genannte Anthocyane, die dafür sorgen, dass Ihre Kinder auch bei herbstlichem Wetter gesund bleiben. Fügen Sie Brombeeren zu Apfelkompott hinzu (allerdings erst ganz zum Schluss, damit die Nährstoffe erhalten bleiben), oder belegen Sie einen Obstkuchen damit. Immer mehr Kinder wachsen heutzutage auf, ohne zu wissen, wo Nahrungsmittel eigentlich herkommen — machen Sie Ihren Kindern die Freude und gehen Sie im Spätsommer mit ihnen Brombeeren sammeln.

Brombeeren sind eine **gute Quelle** für Antioxidanzien, die Vitamine C und E, Ballaststoffe und Kalium.

Himbeeren, wie auch Weintrauben, sollten eigentlich auf keinem Speiseplan fehlen. Sie enthalten viel Vitamin C, schon 100 g decken ein Drittel des Tagesbedarfs. Darüber hinaus liefern sie verwertbare Mengen des wasserlöslichen Ballaststoffs Pektin sowie etwas Kalzium, Kalium, Eisen und Magnesium — die für Genesende und Menschen, die an Herzproblemen, Müdigkeit oder Depression leiden, sehr wichtig sind und dank des Vitamin-C-Gehalts der Himbeeren gut aufgenommen werden. Himbeeren sind somit ideale Fitmacher für kranke, lustlose oder müde Kinder.

Naturheilkundler schätzen Himbeeren wegen ihres kühlenden Effekts, der bei Fieber gut zum Einsatz kommen kann. Auf Grund ihrer adstringierenden Wirkung helfen Himbeeren außerdem bei Zahnfleischentzündungen, Magenverstimmungen und Durchfall.

Himbeeren sind eine **gute Quelle** für Vitamin C und **enthalten** viel Eisen, Kalzium und Kalium sowie auch Magnesium.

Heidelbeeren sind besonders empfehlenswert für Jugendliche, die viel Zeit vor dem Bildschirm verbringen, denn die antibakteriell wirkenden Anthocyane der Beeren kräftigen die Blutgefäße und schützen die Augen. Heidelbeeren werden darüber hinaus in der traditionellen Medizin als Mittel gegen Blasenentzündungen und Durchfall geschätzt. In skandinavischen Ländern gehören Heidelbeersuppe und das Kauen der getrockneten Beeren zu den beliebtesten Hausmitteln gegen Durchfall.

Heidelbeeren **enthalten** geringe Mengen an den Vitaminen C, B_1 und Kalium. Ihr medizinischer Wert beruht dagegen auf ihren natürlichen Schutzstoffen.

Cranberrys, auch Moosbeeren genannt, sind eine der wenigen Obstsorten, die in Nordamerika beheimatet sind. Die außergewöhnlichen Beeren dienten schon den Indianern als Nahrungs- und Heilmittel. Ihr Vitamin bewahrte die frühen Siedler aus Europa wie auch die nordamerikanischen Walfänger vor Skorbut. Die Cranberry-Sauce zum Truthahn darf am Erntedanktag in keinem US-Haushalt fehlen.

Der volksmedizinische Einsatz von Cranberry-Saft zur Vorbeugung und Behandlung von Blasenentzündungen ist vor kurzem wissenschaftlich bestätigt worden: In wissenschaftlichen Untersuchungen wurde in Cranberrys ein Stoff nachgewiesen, der ein Festsetzen der ansteckenden Bakterien in den Harnwegen und der Blase verhindert. Da Blasenentzündungen auch bei Kindern, gerade bei jungen Mädchen, nicht selten sind, empfehlen sich Früchte oder Saft zur Vorbeugung.

Cranberrys **enthalten** Vitamin C, B-Vitamine, Eisen und andere Mineralstoffe.

Schwarze Johannisbeeren enthalten pro Gewichtseinheit vier Mal mehr Vitamin C als Orangen: Schon 30 g versorgen Sie mit 60 mg des lebenswichtigen Vitamins. Das Vitamin C ist zudem so stabil, dass etwa ein Johannisbeersirup in 12 Monaten nur 15% seines Vitamin-C-Gehalts einbüßt.

Schwarze Johannisbeeren sind auch reich an Anthocyanen — Schutzstoffen mit stark antioxidativer und antibakterieller Wirkung. Heißer, schlückchenweise getrunkener Johannisbeersaft ist ein bewährtes Hausmittel gegen Halsschmerzen: 75 g schwarze Johannisbeeren 10 Minuten in 500 ml heißem Wasser köcheln lassen, dann durch ein Sieb passieren und etwas Honig zugeben. Alternativ 1 TL Johannisbeergelee mit kochend heißem Wasser aufgießen.

Schwarze Johannisbeeren sind **reich** an Vitamin C und eine **gute Quelle** für Kalium und Antioxidanzien.

Rote Johannisbeeren enthalten zwar nur ein Viertel so viel Vitamin C wie ihre schwarzen Verwandten, aber 100 g der roten Beeren decken trotzdem noch die Hälfte des Tagesbedarfs und leisten so einen wertvollen Beitrag zur Stärkung des Immunsystems. Obwohl ihr Vitamin C teilweise beim Kochen verloren geht, können rote Johannisbeeren als Gelee, Saft oder Kompott zur Genesung von Kranken beitragen, denn ihr Eisen-, Ballaststoff- und Kaliumgehalt bleibt beim Kochen unverändert.

Naturheilkundler empfehlen roten Johannisbeersaft als erfrischendes und fiebersenkendes Getränk.

Rote Johannisbeeren sind eine **gute Quelle** für Vitamin C, Kalium und Antioxidanzien und **enthalten** Eisen und Ballaststoffe.

Kirschen

Kirschen gehören zu den wenigen Obstsorten, die nicht das ganze Jahr über erhältlich sind — man sollte sie deshalb ausgiebig genießen, wenn sie Saison haben und preiswert sind. Da die Früchte und ihre getrockneten Stiele einen recht guten Kaliumgehalt und praktisch kein Natrium **besitzen**, sind sie ein äußerst wirksames Entwässerungsmittel. Auch sind sie gut für Kinder geeignet, die zu Verstopfung neigen. Kirschen gelten insgesamt als besonders entschlackendes Obst. Die leuchtend rote Farbe signalisiert ihren Gehalt an schützenden Antioxidanzien.

Kirschen passen prima in die Frühstücksbox größerer Kinder, die mit den Kernen keine Probleme mehr haben. Am sichersten sind die Kirschen in einem eigenen Behälter mit Deckel aufgehoben — Ihr Kind hat so auch gleich einen Platz für die Kerne.

Kirschen sind eine **gute Quelle** für Bioflavonoide und **enthalten** etwas Vitamin C und Kalium.

Aprikosen

Reife Aprikosen mit ihrer kräftigen Farbe sind ein Genuss, den man sich in der Saison möglichst oft gönnen sollte. Während bei den meisten Obstsorten die frische Frucht am hochwertigsten ist, bleibt der hohe Nährwert von Aprikosen auch in gekochter und getrockneter Form weitgehend erhalten. Ihr extrem hoher Gehalt an Karotinoiden sorgt für wirksamen Schutz der Haut und des Sehvermögens und für eine allgemeine Stärkung der Abwehrkräfte. Aprikosen wirken auch zur Krebsvorsorge. Dank ihrer Ballaststoffe und ihrer gesunden Energie sind getrocknete Aprikosen auch ein ideales Schulfrühstück.

Aprikosen sind eine **gute Quelle** für Betacarotin und Kalium und **enthalten** Eisen sowie Vitamin C.

SCHNELLE KÜCHE

Eingeweichte Trockenaprikosen mit probiotischem Naturjoghurt und Honig im Mixer verquirlen.

Bananen

Bananen sind das perfekte Fast Food — sie brauchen nicht einmal extra verpackt zu werden. Da die in Bananen enthaltene Stärke schwer verdaulich ist, sollten Kinder reife Früchte (mit braun gesprenkelter Schale) essen. In diesem Stadium ist die Stärke bereits weitgehend in Zucker umgewandelt. Reife Bananen sind leicht verdaulich und enthalten viele wasserlösliche Ballaststoffe. Sie eignen sich gut zur Behandlung von Verstopfung und Durchfall sowie zur Unterstützung der Cholesterinausscheidung.

Dank ihrer leicht verwertbaren Energie sind Bananen eine ideale Zwischenmahlzeit für aktive Kinder und Jugendliche. Bananen haben zudem einen hohen Kaliumgehalt, der Krämpfen entgegenwirkt, sowie einen gewissen Vitamin-B_6-Gehalt. Dieses Vitamin, das Kinder oft in zu geringen Mengen zu sich nehmen, hilft Depressionen, Hautproblemen und Asthma vorzubeugen.

Bananen sind ein **gute Quelle** für Kalium sowie Vitamin B_6 und Folsäure.

Pfirsiche & Nektarinen

Samtschalige Pfirsiche und glattschalige Nektarinen sind eng verwandt, und beide sind sehr gut für die Haut — es ist kein Zufall, dass eine »Pfirsichhaut« als besonders begehrenswert gilt.

Aus Nährwertsicht bestehen zwischen den beiden Früchten kaum Unterschiede. Beide enthalten eine gute Portion Vitamin C (Nektarinen ein wenig mehr), kleine Mengen Ballaststoffe, nicht übermäßig viele Kalorien, etwas Betacarotin und einige Mineralstoffe. Meiden Sie Dosenpfirsiche, speziell in kalorienreichem Zuckersirup, da beim Konservieren das Vitamin C fast ganz verloren geht.

Pfirsiche und Nektarinen sollten vor dem Verzehr gründlich gewaschen und mitsamt der Haut verzehrt werden, da sich der Nährwert, wie bei so vielen Früchten, größtenteils in der Haut befindet.

Beide Sorten sind eine **gute Quelle** für die Vitamine A und C und **enthalten** Eisen.

Ananas

In Hawaii kuriert man Verdauungsprobleme in jeder Altersgruppe mit frischer Ananas. Wissenschaftler erklären die lindernde Wirkung der Ananas damit, dass die frische Frucht reich an dem Enzym Bromelain ist, das in wenigen Minuten das Vielfache seines eigenen Gewichts an Eiweiß verarbeiten kann. Es baut jedoch nur Speisen ab und greift dabei den Darm nicht an.

Frischer Ananassaft ist auch ein wirksames Mittel gegen Halsschmerzen, wenn man mit ihm gurgelt. Früher wurde er in der Volksmedizin gegen Diphterie eingesetzt. Dies ist auf Inhaltsstoffe der Ananas zurückzuführen, die stark antibiotisch und entzündungshemmend wirken.

Einige dieser Stoffe, wenn auch nicht das Enzym Bromelain, überstehen die Verarbeitung zu Saft oder Dosenananas vermutlich. Trotzdem sollte die erste Wahl immer die frische reife Frucht bzw. frisch gepresster Saft sein. Frische Ananas ist übrigens auch ein gutes Mittel gegen Blutergüsse, denn das Enzym Bromelain baut das im verletzten Bereich angesammelte Blut ab und verhindert auf diese Weise die Bildung blauer Flecken.

Wählen Sie beim Kauf eine Ananas aus, die sich für ihre Größe relativ schwer anfühlt — ein Zeichen guter Qualität. Der Volksglaube, eine Ananas sei nur reif, wenn man leicht ein Blatt herauszupfen kann, ist dagegen Unsinn.

Ananas ist eine **gute Ballaststoffquelle** und **enthält** Vitamin C.

SCHNELLE KÜCHE

Ananaseis am Stiel: Frische Ananas im Mixer pürieren und in Eis-am-Stiel-Formen tiefgefrieren. Hilft besser gegen Halsschmerzen als Eiscreme.

Ananassorbet: Pürierte Ananas mit Zuckersirup mischen. Tiefkühlen, umrühren und nochmals tiefkühlen.

Kiwis

Kiwis enthalten mehr Vitamin C als Orangen und mehr Ballaststoffe als Äpfel. Schon eine einzige Kiwi deckt den Tagesbedarf an Vitamin C. Der Vitamin-C-Gehalt von Kiwis ist sehr stabil. Zwar nimmt er nach der Ernte leicht ab, doch 90% des Vitamins ist auch nach sechsmonatiger Lagerung noch vorhanden.

Kiwis sind besonders reich an Kalium, einem Mineralstoff, an dem es in unserer westlichen Kost mit ihren natriumreichen Fertiggerichten oft mangelt. Eine mittelgroße Kiwi liefert ca. 250 mg Kalium bei nur ca. 4 mg Natrium.

Wählen Sie beim Einkaufen keine steinharten Früchte aus, sondern welche, die auf leichten Druck ein wenig nachgeben. Kiwis halten sich im Kühlschrank mehrere Tage und sollten erst kurz vor dem Verzehr geschält werden.

SCHNELLE KÜCHE

Kinder lieben Kiwis, wenn sie erst einmal auf den Geschmack gekommen sind. Serviervorschlag: Kiwi in einen Eierbecher setzen, den Deckel abschneiden und wie ein gekochtes Ei auslöffeln.

Auf Grund ihres Ballaststoffgehalts und eines speziellen Schleimstoffes sind Kiwis ein hervorragendes und äußerst sanftes Abführmittel. Sie sind somit ein ideales Obst für Kinder und Jugendliche, da diese oft zu wenig Vitamin C zuführen und besonders nach Fast-Food-Genuss an Verstopfung leiden.

Kiwis sind eine **gute Quelle** für Vitamin C und Kalium und **enthalten** auch Vitamin E.

Exotische Früchte

Früchte aus sonnenüberfluteten südlichen Breiten sind erwartungsgemäß reich an schützenden Antioxidanzien. Verordnen Sie Ihren Kindern deshalb neben Sonnencreme auch diese saftigen Früchte zum Schutz vor Sonnenstrahlung.

Mangos sind ein köstlicher und höchst nährstoffreicher Genuss. Eine mittelgroße Frucht deckt den Tagesbedarf an Vitamin C, zwei Drittel des Vitamin-A-Bedarfs und fast die Hälfte des Vitamin-E-Bedarfs ab. Außerdem enthält sie beinahe ein Viertel der benötigten Ballaststoffe sowie Kalium, Eisen und Niacin. Diese hervorragende Kombination von Antioxidanzien in leicht verdaulicher Form sind Grund genug, Mangos auf jeden Einkaufszettel zu setzen. In ihrer indischen Heimat sind Mangos ganzjährig ein fester Bestandteil des Speiseplans. In der heißen Jahreszeit verarbeitet man das pürierte Fruchtfleisch zu Getränken, mit denen der Flüssigkeitsverlust ausgeglichen wird. Zu scharfen Gerichten werden Mango-Chutneys gereicht.

Mangos sind eine **gute Quelle** für die Vitamine A, C und E und **enthalten** Kalium, Eisen sowie einige B-Vitamine.

SCHNELLE KÜCHE

Verwenden Sie Mangos in der Saison ausgiebig, z. B. für Säfte, Milchshakes oder Saucen.

ACHTUNG

Mangoschalen sind sehr reizstark. Bei sensibilisierten Personen können schwere allergische Reaktionen auftreten. Eine Verunreinigung kann bereits erfolgen, wenn man das Fruchtfleisch mit demselben Messer schneidet, das zum Schälen verwendet wurde. Tragen Sie bei der Verarbeitung größerer Mangomengen unbedingt Küchenhandschuhe.

Papayas sind wichtige Nährstofflieferanten. Sie sind reich an Betacarotin und deshalb hervorragend zur Behandlung von Hautproblemen geeignet. Eine mittelgroße Papaya liefert den doppelten Tagesbedarf an Vitamin C und trägt so zur Stärkung der Abwehrkräfte bei. Auch deckt sie ein Viertel des Vitamin-A-Bedarfs. Da sehr reife Papayas nicht gekocht werden müssen, kann man sie schnell zu einem nährstoffreichen Babybrei verarbeiten.

Der wichtigste Inhaltsstoff der Papayas ist das stark verdauungsfördernde Enzym Papain. In der südamerikanischen Küche wird Fleisch oft in Papayablätter eingewickelt, um es zarter zu machen.

Papayas sind ein **gute Quelle** für die Vitamine C und A, Betacarotin und Ballaststoffe.

Guaven sind eine extrem gute Vitamin-C-Quelle: Eine mittelgroße Frucht enthält das Fünffache des Tagesbedarfs. Die verschiedenen Sorten unterscheiden sich in der Größe und der Farbe ihres Fruchtfleisches. Die Sorten mit rosafarbenem Fleisch enthalten mehr Vitamin C als die weißfleischigen Sorten, und in grünen, reifen Früchten ist der Vitamingehalt am höchsten. Dosenguaven enthalten bis zu einem Drittel weniger Vitamin C, sind aber trotzdem noch eine hervorragende Vitamin-C-Quelle und unverändert gute Ballaststofflieferanten.

Getränke mit Guavengeschmack erfreuen sich zunehmender Beliebtheit, weisen jedoch in der Regel einen hohen Zuckergehalt auf.

Guaven sind **reich** an Vitamin C und eine **gute Quelle** für Betacarotin, Phosphor, Kalzium und das B-Vitamin Niacin.

SCHNELLE KÜCHE

Frisches Guavenpüree und einen Becher Naturjoghurt zu einem Shake verquirlen. Dank seines hohen Gehalts an Kalzium, darmförderlichen Bakterien, Vitaminen und Ballaststoffen ist dieser Shake eine Bereicherung für jedes Frühstück.

Weintrauben

Weintrauben sind ein bei Kindern sehr beliebtes Obst — insbesondere die kernlosen Sorten. Weintrauben sind überaus nährstoffreiche, stärkende, reinigende und regenerierende Früchte und helfen bei Blutarmut und Müdigkeit.

Weintrauben enthalten große Mengen von Polyphenolen. Das sind Schutzstoffe, die sich größtenteils in der Schale befinden und stärker in blauen als in weißen Trauben vorkommen. Dieser Tatsache verdankt der Rotwein seinen Ruf, in Maßen getrunken gut für das Herz zu sein. Dieselben Schutzstoffe beugen auch Krebs vor.

Weintrauben sind eine **gute Kaliumquelle** und **enthalten** Vitamin C.

Trockenobst

Datteln werden meist halbgetrocknet verkauft, sind inzwischen jedoch teilweise auch frisch erhältlich. Meiden Sie auf jeden Fall kandierte oder mit Zucker überzogene Früchte.

Frische Datteln enthalten 96 Kalorien pro 100 g im Vergleich zu etwa 250 Kalorien bei 100 g getrockneten Datteln. Frische Früchte weisen noch geringe Mengen Vitamin C auf, das beim Trocknen fast ganz verloren geht.

Am interessantesten an Datteln sind ihre Mineralstoffe und insbesondere ihr Eisengehalt. Es gibt zwar einige wenige eisenarme Dattelarten, doch die große Mehrheit liefert Eisen in überaus ergiebiger Menge.

Aufgrund ihres hohen Eisengehaltes und ihrer schnell verwertbaren Energie wirken Datteln gegen Blutarmut oder krankheitsbedingte chronische Müdigkeit. Datteln sind den klassischen Süßigkeiten (Schokolade oder Keksen) unbedingt vorzuziehen.

Sie sind **reich** an Eisen und Kalium und **enthalten** Ballaststoffe sowie einige B-Vitamine, u. a. Folsäure.

Backpflaumen haben unter Kindern einen schlechten Ruf: Vielleicht würden Kinder sie lieber mögen, wenn man ihnen nicht ständig sagen würde, wie gesund sie sind. In einem gemischten Kompott kann man sich gut an die getrockneten Pflaumen gewöhnen. Sie sind eine hervorragende Quelle für sofort verfügbare Energie, Eisen, Ballaststoffe und die Vitamine A und B_6. Die gemeinhin bekannte abführende Wirkung von Backpflaumen ist auf einen natürlichen Stoff zurückzuführen, der die Darmmuskulatur sanft anregt. Da Verstopfung bei Kindern häufiger auftritt und aggressive Abführmittel umgangen werden sollten, kann man mit ein paar Backpflaumen diesem Problem von vornherein sinnvoll entgegenwirken.

Backpflaumen sind **reich** an Ballaststoffen, Kalium, Eisen sowie den Vitaminen A, B_6 und Niacin.

Rosinen, Sultaninen und Korinthen bieten alle Vorzüge von Weintrauben in konzentrierter Form und sind ein erstklassiger Energiespender für Kinder wie Erwachsene. Die kleinen Trockenfrüchte sind überaus reich an Kalium — einem Mineralstoff, der hilfreich ist, um den hohen Salzgehalt vieler Fertiggerichte auszugleichen.

Eine Portion Rosinen oder Sultaninen ist ein idealer Snack, insbesondere wenn man sie mit ungesalzenen Nüssen (nur für Kinder über 5 Jahren) mischt und so neben Energie auch Eiweiß zuführt.

Sie sind **reich** an Kalium und eine **gute Quelle** für Eisen, Ballaststoffe und einige B-Vitamine.

ACHTUNG

Nicht-ökologisches Trockenobst wird oft mit Schwefeldioxid behandelt und teilweise mit Paraffinöl überzogen. Um beides zu entfernen, waschen Sie die Früchte sorgfältig in warmem Wasser.

Hülsenfrüchte

Hülsenfrüchte gehören zu den **ersten** vom Menschen angebauten **Feldfrüchten** — ihren Ursprung haben sie vor Tausenden von Jahren im Mittleren Osten. **Getrocknete Bohnen** und andere **Hülsenfrüchte** sind heute Grundnahrungsmittel in aller Welt, da sie reich an **körperaufbauendem** Eiweiß und nahrhaften Kohlenhydraten sind.

Getrocknete Bohnen

Es gibt sie in vielen verschiedenen Sorten, z. B. die in der westlichen Küche gebräuchlichen weißen Bohnen, die für ein Chili con Carne unerlässlichen dunkelroten Kidneybohnen, die kleinen schwarzen Bohnen für Tex-Mex-Gerichte oder die in indischen Speisen üblichen grünen Mungobohnen. Augenbohnen, Adzukibohnen, Wachtelbohnen und die gesprenkelten Borlottibohnen sind weitere Vertreter dieser großen Familie.

Bohnen enthalten fast so viel Eiweiß wie ein Steak, bei sehr viel weniger Fett — Bohnen sind äußerst fettarm — und reichlich wasserlöslichen Ballaststoffen, die gut für Herz und Kreislauf sind. Außerdem haben Bohnen einen hohen Gehalt an komplexen Kohlenhydraten, die eine hervorragende Energiequelle für aktive Kinder sind. Wenn also einmal die Zeit besonders knapp sein und nur noch für eine Dose Bohnensuppe oder Chili con Carne reichen sollte, brauchen Sie kein ganz schlechtes Gewissen zu haben, denn Sie servieren eine wirklich nahrhafte Mahlzeit.

Bohnen aus der Dose kommen nie ganz an den frischen Geschmack von selbst eingeweichten gekochten Bohnen heran. Und obwohl Bohnengerichte gut im Voraus geplant sein wollen, ist für die eigentliche Zubereitung nur wenig Zeit erforderlich.

Auch lässt sich die Einweichzeit verkürzen. Statt die Bohnen über Nacht einzuweichen, kann man sie in einem Topf halbhoch mit Wasser bedecken, zum Kochen bringen und 2 Minuten sprudelnd kochen. Dann vom Herd nehmen und abgedeckt mindestens 1 Stunde quellen lassen — oder länger, wenn die Zeit es erlaubt. Die Bohnen abgießen und dann kochen.

Beim Einweichen über Nacht werden die Bestandteile abgebaut, denen Bohnen ihren berüchtigten Ruf für Blähungen verdanken. Auch viele Kräuter und Gewürze, wie z. B. Bohnenkraut oder Petersilie, wirken der Gasbildung von Bohnen entgegen.

Bohnen **enthalten reichlich** B-Vitamine, Kalzium, Eisen, Magnesium und Zink sowie Eiweiß und lösliche Ballaststoffe.

SCHNELLE KÜCHE

Tunfisch-Bohnensalat: Tunfisch aus der Dose in Stücke teilen und mit gut abgespülten weißen Bohnen aus der Dose mischen. Mit reichlich Olivenöl, Zitronensaft, Pfeffer und etwas Salz anmachen und mit Zwiebelringen und gehackter Petersilie garnieren.

Kichererbsen

Kichererbsen benötigen genau wie Bohnen eine lange Einweichzeit und müssen in viel Wasser (1,5 l für 250 g getrocknete Kichererbsen) gekocht werden. Sie verleihen pikanten Eintöpfen ein nussiges Aroma und ergeben leckere Salate. Kichererbsenmehl wird in Indien zu dünnen Fladen verarbeitet, mit denen man Fleisch oder Gemüse einhüllt. Kichererbsen sind auch die Hauptzutat von Hummus.

Sie sind **reich** an Eisen, Kalzium, Magnesium, Ballaststoffen und Eiweiß.

Linsen

Linsen waren womöglich die ersten vom Menschen angebauten Feldfrüchte. Zur optimalen Aufnahme und Verwertung ihres Eisengehalts müssen Linsen zusammen mit Vitamin-C-reichem Gemüse oder Salat verzehrt werden. Linsen brauchen nicht eingeweicht zu werden und garen in nur 35–40 Minuten. Sie verleihen Suppen und Eintöpfen Substanz, eignen sich als Beilage zu gegrilltem oder gebratenem Fleisch und ergeben einen köstlichen Salat.

Linsen sind eine **gute Quelle** für B-Vitamine, Ballaststoffe und Eiweiß und **enthalten** viel Eisen, Kalzium, Zink und andere Mineralstoffe.

Schälerbsen

Getrocknete Erbsen sind schon seit Tausenden von Jahren bekannt und wurden im Mittelalter von den Bauern zu deftiger Suppe verarbeitet. Heute bereitet man daraus Erbsenpüree oder (im Mittelmeerraum) eine Vorspeise (»Meze«) mit Öl und Zitrone. Schälerbsen brauchen nicht eingeweicht zu werden und garen in 45–50 Minuten. Schälerbsen sind eine **gute Quelle** für Eiweiß und Ballaststoffe.

Sojabohnen

Aus Sojabohnen werden Lebensmittel wie Sojamilch, Tofu, Tempeh, Sojasauce, Miso, Sojaöl und Fleischersatzprodukte hergestellt. Wie alle Bohnen sind auch Sojabohnen eine hervorragende Quelle für Ballaststoffe, Eiweiß und einige Mineralstoffe. Darüber hinaus enthalten sie pflanzliche Substanzen, so genannte Isoflavone, die die Wirkweise natürlicher Östrogene nachahmen. Studien zufolge treten bei den Japanern, die regelmäßig Soja essen, hormonabhängige Krebsarten (insbesondere Brust- und Prostatakrebs) und Herzerkrankungen deutlich seltener auf als im Westen. Zu viel Soja kann jedoch Schilddrüsenprobleme verursachen, und Isoflavone kommen auch in allen anderen Hülsenfrüchten vor. In Studien mit Personen, die regelmäßig viele Hülsenfrüchte aller Art essen, wurden ebenfalls weniger Fälle von Krebs und Herzerkrankungen beobachtet.

Tofu und Tempeh sind ein guter Fleischersatz für Pfannengerichte oder Suppen. Tamari (Sojasauce ohne Getreidezusatz) verleiht Suppen, Reisgerichten und Eintöpfen zusätzlichen Pfiff. Miso wird eine Strahlenschutzwirkung nachgesagt.

Sojabohnen sind eine **reichhaltige Quelle** für Eiweiß und Ballaststoffe.

Nüsse und Samen

Wenn heutzutage von Nüssen die Rede ist, denken die meisten von uns wohl an diverse Knabbereien. Doch für unsere Vorfahren, die Jäger und Sammler, waren Nüsse viel mehr als nur ein Snack: Mit ihrem **hohen** Gehalt an **Fett** und **Eiweiß** waren Nüsse ein **Grundnahrungsmittel** und noch dazu äußerst praktisch, da sie sich leicht transportieren und lagern ließen.

Als Teil einer größeren Mahlzeit sind Nüsse eine hervorragende Eiweißquelle und somit ein Muss für vegetarisch ernährte Kinder. Viele Nuss-Sorten enthalten mehr Eiweiß als Rindfleisch, und während Rindfleisch viel gesättigte Fettsäuren aufweist, enthalten frische Nüsse herzverträgliche einfach und mehrfach ungesättigte Fettsäuren. Nüsse sind gute Antioxidanslieferanten und bieten viele Ballaststoffe — unerlässlich für eine gute Gesundheit.

Es ist also kaum verwunderlich, dass eine bereits seit Mitte des 20. Jahrhunderts laufende Studie belegt, dass bei Menschen, die öfter als vier Mal in der Woche Nüsse essen, nur halb so häufig Herzinfarkte auftreten wie bei jenen, die nur einmal in der Woche Nüsse zu sich nehmen.

Allergische Reaktionen auf Erd- und andere Nüsse, die in seltenen Fällen sogar tödlich enden, nehmen unter Kindern in Besorgnis erregendem Maß zu (siehe S. 202 und 204). Man vermutet, dass die weit verbreitete Verwendung von Erdnussöl in Fertiglebensmitteln, Backwaren und sogar in Brustwarzencremes für stillende Mütter hierfür verantwortlich ist.

Nüsse sollten frisch geknackt verzehrt werden, da sie auf Grund ihres hohen Fettgehalts in geschälter Form leicht ranzig werden. Bevorzugen Sie ganze Nüsse (mit Schale) gegenüber zerkleinerten Varianten. Kaufen Sie Nüsse in kleinen Mengen und verbrauchen Sie sie bald. Lagern Sie Nüsse im Gefrierschrank — sie sind rasch wieder aufgetaut.

Für eine optimale Aufnahme ihrer Mineralstoffe müssen Nüsse mit Vitamin-C-reichen Früchten oder Salaten kombiniert oder leicht geröstet werden.

Nüsse sind **reich** an Eiweiß und Ballaststoffen sowie an Kalzium, Magnesium, Kalium, Eisen und Zink. Sie sind eine **gute Quelle** für B-Vitamine, mit Ausnahme von Vitamin B_{12}.

Samen sind kleine Nährstoffkraftwerke. Wenige Sekunden in etwas heißem Öl geröstet ergeben sie eine köstlich knusprige Zutat für Salate. Beim Rösten wird durch die Freisetzung ihrer ätherischen Öle das Aroma der Samen intensiviert. Oder noch besser: Ihre Kinder können die Samen (sowie Hülsenfrüchte und Getreide) selbst keimen lassen, denn Sprossen haben einen besonders hohen Nährwert.

Samen sind an **reich** an Eiweiß, essenziellen Fettsäuren und Mineralstoffen.

ACHTUNG

Auf Grund der zunehmenden Häufigkeit von allergischen Reaktionen auf Nüsse (insbesondere auf Erdnüsse) raten Allergieexperten, dass Kinder, in deren Familien bereits Allergien aufgetreten sind, bis zu einem Alter von 5 oder 6 Jahren keine Nüsse konsumieren sollten. Kindern unter 3 Jahren sollte man grundsätzlich keine ganzen Nüsse anbieten, da sie daran ersticken können.

Mandeln

Mandeln sind ein derart körperaufbauendes Nahrungsmittel, dass man nur jeweils fünf oder sechs Stück auf einmal essen sollte. Mandeln bestehen zu 20% aus Eiweiß — das ist ein Drittel mehr als bei Eiern. Sie sind sehr gute Energiespender und enthalten ein besonders mildes und beruhigendes Öl. Aus Mandeln und Wasser hergestellte Mandelmilch ist für Kinder, die keine Milchprodukte vertragen, ein guter Kuhmilchersatz fürs Müsli (in gut sortierten Bioläden erhältlich). Mandeln legen Sie zum Abziehen eine halbe Minute in kochendes Wasser, dann gießen Sie sie ab und drücken sie zwischen Daumen und Fingern aus der Haut — eine Aufgabe, die sich auch für die Kinder selbst ganz amüsant gestalten kann. Bereits fertig gemahlen gekaufte Mandeln enthalten manchmal geringe Mengen anderer Nüsse oder Spuren von Bittermandeln — mahlen Sie Ihre Mandeln deshalb lieber selbst.

Mandeln sind eine **Quelle** für Eiweiß, B-Vitamine, Zink, Eisen, Kalzium und Magnesium.

Walnüsse

Wählen Sie stets frische Nüsse mit Schale — bei Tisch geknackt sind sie ein schöner Abschluss jeder Mahlzeit. Walnüsse passen auch sehr gut zu Salaten, wie etwa im klassischen Waldorfsalat. Walnüsse sind eine **gute Quelle** für Eiweiß, Omega-3-Fettsäuren, Kalium, Zink, einige B-Vitamine und Vitamin E.

Maronen

Maronen enthalten kaum Fett, aber sehr viele Kohlenhydrate — man kann sogar Mehl aus ihnen herstellen. Sie sind überaus nahrhaft, und Kinder lieben das winterliche Vergnügen heißer Esskastanien.

Maronen **enthalten** Vitamin E, Kalium, Vitamin B_6 und Omega-3-Fettsäuren

Paranüsse

Mit nur einer einzigen Paranuss können Sie Ihren Tagesbedarf an Selen abdecken. Das Spurenelement Selen spielt eine Schlüsselrolle im Immunsystem und schützt als Antioxidans das Herz. Bei intensiv bewirtschafteten Flächen ist der Selenvorrat der Böden oft erschöpft, doch im Amazonasregenwald, wo diese Nüsse wachsen, enthalten die Böden noch reichlich Selen. Auf Grund ihres hohen Fettgehalts werden Paranüsse schnell ranzig. Lagern Sie deshalb immer nur kleine Mengen. Paranüsse sind eine **reichhaltige Quelle** für Selen und Eiweiß.

Erdnüsse

Der beliebteste Snack der Welt ist eigentlich keine Nuss, sondern eine Hülsenfrucht. Man kann Erdnüsse geröstet oder direkt aus der Schale essen, und Erdnussbutter ist bei den meisten Kindern beliebt. Da Erdnüsse viel Eiweiß, relativ wenig Fett und zahlreiche Nährstoffe enthalten, ist Erdnussbutter ein geeigneter Brotaufstrich für Kinder. Entscheiden Sie sich aber für Marken ohne Zuckerzusatz.

Erdnüsse sind eine **gute Quelle** für Eiweiß, Vitamin D, Ballaststoffe, Magnesium, Eisen und Zink.

Pistazien

Auch Pistazien isst man am besten frisch geknackt (auch hier wieder ein Spaßfaktor für Kinder!). Sie haben von allen Nüssen den geringsten Fettgehalt, und den Großteil darunter machen gesunde einfach ungesättigte Fettsäuren aus.

Ihr feines Aroma braucht nicht durch Rösten oder Salz verstärkt zu werden: Genießen Sie ungesalzene Sorten einfach pur.

Pistazien sind eine **geeignete Quelle** für leicht verdauliche Fettsäuren, für Eiweiß, Magnesium, Kalzium, Eisen und Kalium.

Pinienkerne

Diese sehr weichen und delikaten Kerne sind ein wichtiger Bestandteil des italienischen Kräuter-Pestos. Man kann sie auch in etwas Öl für Salate anrösten oder zu herzhaften Reisgerichten zugeben.

Pinienkerne sind eine **Quelle** für Eiweiß, Magnesium, Eisen, Zink, Kalium und Vitamin E.

Cashewnüsse

Diese köstlichen Nüsse werden nur geschält angeboten, da ihre Schalen ein ätzendes Öl enthalten. Vermeiden Sie gesalzene Sorten. Cashewnüsse haben einen hohen Gehalt an herzschützenden einfach ungesättigten Fettsäuren.

Cashewnüsse sind **reich** an Eiweiß, Kalium und B-Vitamine, u. a. Folsäure.

Haselnüsse

Knackige Haselnüsse sind reich an Thiamin, einem B-Vitamin, dessen Mangel zu Niedergeschlagenheit und Lustlosigkeit führt. Darüber hinaus liefern sie Omega-3-Fettsäuren, die für eine ausgewogene Ernährung wichtig sind.

Haselnüsse sind eine **gute Quelle** für Eiweiß, Ballaststoffe, Thiamin, Magnesium und Vitamin E.

Kürbiskerne

Verwenden Sie Kürbiskerne (ohne Schale) als Knabberei oder ohne Öl geröstet als Salatzutat. Kürbiskerne enthalten große Mengen Zink, das wichtig für das Immunsystem, die Haut und die Gehirnfunktion ist.

Kürbiskerne sind eine **Quelle** für Zink, Eiweiß, Ballaststoffe, Eisen, Magnesium und Kalium.

Sesamkörner

Kinder mögen den nussigen Geschmack der winzigen, hellbraunen Körner: als Zugabe zum Müsli, geröstet auf Salaten und in Reisgerichten oder mit Joghurt und Honig verrührt als nahrhafter Snack. Das im Sesam enthaltene Kalzium wird gut vom Körper aufgenommen. Verwenden Sie ungeschälten Sesam.

Sesamkörner **enthalten** Eiweiß, Kalzium, Zink, Eisen und Kalium.

Sonnenblumenkerne

Die silbergrauen Kerne werden schnell ranzig — meiden Sie deshalb gelbe, braune oder schwarze Kerne und verzehren Sie gekaufte Kerne möglichst bald. Sonnenblumenkerne sind ein eiweißreicher Snack und eine geeignete Quelle für Vitamin E sowie wichtige B-Vitamine.

Sonnenblumenkerne sind eine **gute Quelle** für Eiweiß, Eisen, Kalzium und Vitamin E.

SCHNELLE KÜCHE

Geröstete oder mit wenig Olivenöl gemischte Nüsse verleihen Salaten Biss und ein köstliches Aroma.

Reichen Sie zur Abwechslung statt Erdnussbutter ein selbst gemachtes Mischnussmus. Dazu zwei oder drei verschiedene Nuss-Sorten, z.B. Cashewkerne, Pistazien, Mandeln und/oder Haselnüsse, mit etwas Olivenöl im Mixer zu einer Creme verarbeiten.

Gemahlene Mandeln sind ein hervorragender Belag für Obstaufläufe. Gemahlene Mandeln nur in kleinen Mengen kaufen und innerhalb weniger Tage verbrauchen, oder ganze Mandeln in der Küchenmaschine selbst mahlen.

Getreide

Naturbelassenes Getreide ist schon seit Urzeiten das Hauptnahrungsmittel vieler Völker. Die überaus nahrhaften Körner liefern Kindern **Eiweiß** für das Wachstum, **Kohlenhydrate** als Energiequelle, **Ballaststoffe** für ein gesundes Herz und gute Verdauung sowie essenzielle **Fettsäuren, Vitamine** und **Mineralstoffe**.

Weizen

Weizen ist heute die Grundzutat vieler Brote in aller Welt. Die Randschichten (Kleie) des Weizenkorns sind reich an Ballaststoffen, Mineralstoffen wie Eisen und Kalzium, an B-Vitaminen und wichtigen Spurenelementen, wie z. B. Chrom, das zur Stabilisierung des Blutzuckerspiegels beiträgt (siehe S. 14). Der Weizenkeim ist eine wahre Fundgrube von Nährstoffen: Er enthält das Antioxidans Vitamin E, B-Vitamine, Mineralstoffe und gesunde Fettsäuren. Bei Weißmehl, das in vielen Broten und anderen Fertigprodukten verarbeitet wird, geht ein Großteil dieser wertvollen Inhaltsstoffe (u. a. Zink, Magnesium, Vitamin B_6 und Vitamin E) verloren, weil beim Ausmahlen der Keim und die Kleie entfernt werden. Deshalb gehört nur Vollkornmehl, bei dem — wie der Name verrät — das ganze Korn gemahlen wird, zu den wirklich empfehlenswerten Lebensmitteln.

Bulgur, besonders beliebt im Nahen Osten, enthält viele der wertvollen Inhaltsstoffe des ganzen Weizens. Da er bereits geröstet ist, kann man Bulgur schon nach kurzem Abspülen und zehnminütigem Einweichen zu einem nahrhaften Salat verarbeiten. Für einen libanesischen Tabbouleh-Salat noch natives Olivenöl, reichlich Minze und Petersilie sowie gewürfelte Tomaten zugeben. Alternativ servieren Sie Bulgur mit Röstgemüse (siehe S. 174) als sättigende Hauptmahlzeit.

Weizensprossen sind außerordentlich nährstoffreich, und frische **Weizenkeime**, d. h. die vor dem Ausmahlen entfernten Keimlinge des Korns, sind randvoll mit B-Vitaminen und essenziellen Fettsäuren — ideal für Heranwachsende. Frische Weizenkeime im Kühlschrank aufbewahren und schnell verbrauchen, z. B. über Müsli gestreut oder anstelle von Semmelbröseln.

Grieß dient zur Herstellung von **Couscous** und **Nudeln** — Nahrungsmittel, die Kinder mit langsam frei gesetzter Energie versorgen.

SCHNELLE KÜCHE

Pfannkuchen aus Vollkornweizenmehl mit Apfelmus.

Pita-Pizzas: Vollkorn-Pitabrot mit Öl bestreichen, mit Tomaten belegen, mit Oregano, Salz und Pfeffer sowie geriebenem Käse bestreuen. Überbacken.

Weizensprossen mit Hummus und Tomatenscheiben als Sandwichfüllung.

Reis

Für die Hälfte der Menschheit bildet Reis die Grundlage ihrer Ernährung. Über Jahrhunderte wurden vor dem Verzehr nur die ungenießbaren äußeren Hülsen entfernt. Ein derartiger naturbelassener Reis ist ein fettarmes, sehr leicht verdauliches Lebensmittel, das viel Energie und auch gewisse Mengen einiger B-Vitamine liefert.

Naturreis, der braune Rohreis mitsamt Kleie, ist nährstoffreicher als weißer Reis und trägt zur Stabilisierung des Blutzuckerspiegels bei. Naturreis benötigt längere Garzeiten als weißer Reis, ist aber weniger anfällig für Verkochen. Zur Zubereitung den Reis gut waschen, mit 1 TL Instantpulver für Gemüsebrühe in einen Topf geben und fingerbreit mit Wasser bedecken. Gut abgedeckt ca. 40 Minuten köcheln lassen. Basmati-Naturreis, mit seinem nussigen Aroma, gart in etwa 25 Minuten.

Weißer Reis, heute weithin verzehrt, wird poliert, d. h., das Korn wird geschält und der Keimling wird entfernt. Dadurch verliert der Reis nicht nur all seine Ballaststoffe und 60% seines Mineralstoffgehalts, sondern auch fast das ganze B-Vitamin Thiamin, das wir eigentlich zur Verdauung von Kohlenhydraten benötigen.

Reiswasser ist ein altbewährtes Hausmittel gegen Durchfall. Dafür 30 g Reis in 1,2 l Wasser kochen und anschließend abseihen.

SCHNELLE KÜCHE

Naturreis mit Apfelmus ist ein rustikales und allgemein beliebtes Abendessen.

Reste von gekochtem Reis mit im Wok angebratenem gemischten Gemüse (Karotten, Zwiebeln, Lauch, Weißkohl, Zucchini, Tomaten, fein gewürfelt) und 250 ml heißer Gemüsebrühe 20 Minuten köcheln lassen.

Reiskroketten: Reisrest, geriebenen Käse, gehackte Petersilie und ein verquirltes Ei mischen, zu Kroketten formen, mit Mehl bestäuben und braten.

Siehe auch Naturreis auf viererlei Art (S. 173).

Hirse

Hirse ist ein überaus wertvolles Lebensmittel für Kinder. Sie liefert als einziges Getreide ein vollwertiges Eiweiß, enthält nur wenig Kohlenhydrate und ist leicht verdaulich. Hirse bietet mehr Eisen als jedes andere Getreide und viel Magnesium. Außerdem ist sie reich an Silizium, einem Spurenelement, das wichtig für kräftige Knochen, Zähne und Nägel sowie gesundes Haar ist. Da Hirse kein Gluten enthält, eignet sie sich auch für Kinder, die unter Glutenallergie (siehe S. 204) leiden. Hirse vor dem Kochen stets mehrfach unter kaltem Wasser waschen und abtropfen lassen. Probieren Sie z. B. einen Hirse-Pilaw als Beilage: 1,2 l Wasser mit einem Stück Butter und etwas Salz in einem Topf zum Kochen bringen. 250 g Hirse (vor dem Waschen gewogen) zufügen. Wieder zum Kochen bringen, herunterschalten und gut abgedeckt 30–40 Minuten unter gelegentlichem Rühren köcheln lassen. Der fertige Pilaw sollte grützeartig eingedickt sein.

Für ein Frühstücksmüsli 1 EL Hirse mit 250 ml Milch und 1 EL flüssigen Honig gut verrühren und abgedeckt über Nacht kalt stellen. Morgens bei Bedarf noch etwas Milch zufügen und Beeren, eine klein geschnittene Banane oder geriebene Äpfel untermischen. Hirse ist auch eine Zutat im Fünf-Korn-Kruska (siehe S. 123).

Hafer

Hafer war über Jahrhunderte in weiten Teilen Nord- und Osteuropas ein Grundnahrungsmittel, oftmals in Form der einfachen Hafergrütze. Auch in Schottland war Hafer noch bis ins 19. Jahrhundert die Hauptkost der Landbevölkerung, die laut einem zeitgenössischen Arzt »kräftig gebaute, gut entwickelte und geistig tatkräftige« Menschen hervorbrachte.

Haferflocken und **Hafermehl** enthalten viel Eiweiß, sind reich an Mineralstoffen wie Zink, Eisen, Kalzium und Magnesium und liefern genug B-Vitamine, um als erstklassige Mittel zur Nervenstärkung und gegen Erschöpfung zu gelten — ideal für gestresste Teenager. Hafer enthält außerdem einige essenzielle Omega-3-Fettsäuren.

Die Ballaststoffe im Hafer faszinieren auch Herzspezialisten: In Studien an der Universität Kentucky in den USA wurde bei haferreicher Kost eine starke Senkung hoher Cholesterinspiegel beobachtet. Vor der Entdeckung des Insulins war Hafer auch eine der wenigen Behandlungsmöglichkeiten für Diabetes. Er wirkt stabilisierend auf den Blutzuckerspiegel.

Auf jeden Fall werden Ihre Kinder nach einem nahrhaften Haferfrühstück voller Energie zur Schule gehen und den ganzen Tag über aktiv sein.

SCHNELLE KÜCHE

Einen Haferbrei aus frischem Hafermehl bereiten und mit Honig und etwas Sahne servieren.

Frische Forellen oder Makrelen in Hafermehl oder Haferflocken wenden und dann braten.

Beim Brotbacken pro 500 g Mehl 25 g Weißmehl durch 30 g Hafermehl ersetzen.

2 Haferecken (siehe S. 158) mit einem Stück Käse, einem Glas Milch und einem Apfel ergeben eine schnelle und ausgewogene Zwischenmahlzeit.

Mais

Vor Ende des 15. Jahrhunderts galt dieses Getreide in Südamerika als Festmahl und vielseitiges Heilmittel. Doch als Mais in den Südstaaten der USA und in Teilen Europas zur Hauptnahrung der armen Bevölkerung wurde, erkrankten dort Tausende an Pellagra, einer Mangelkrankheit, die bei ungenügender Vitamin-B_3-Zufuhr entsteht. Man sollte Mais deshalb immer zusammen mit Vitamin-B_3-Quellen verzehren, wie z. B. Eiern, Tunfisch oder Milch. Davon abgesehen ist Mais aber auch heute noch zu Recht beliebt, auch bei Kindern — insbesondere wenn sie ihn mit Butter direkt vom Kolben knabbern können. Mais enthält mehr Eiweiß als Kartoffeln, viele Ballaststoffe, wertvolle Vitamine und Mineralstoffe.

Gemahlener Mais wird für Polenta verwendet, eine fast feste, kräftig gelbe Speise, die in Italien gern zu Brathähnchen oder aromatischen Wildgerichten gereicht wird. Popcorn ist ein gesunder Snack, der schnell selbst gemacht ist. Sowohl Maismehl als auch Popcorn werden aus ganzen Körnern hergestellt.

SCHNELLE KÜCHE

Mais, Tunfisch, Tomatenscheiben, Petersilie, Basilikum und ein Essig-Öl-Dressing ergeben einen schnellen Salat.

Als Beilage: 1 EL Butter in einem Topf zerlassen, 1 Paket Tiefkühlmais hineingeben, umrühren und abgedeckt 5–6 Minuten erhitzen. Mit Salz und Pfeffer würzen und gehackte Petersilie zufügen.

Für Popcorn etwas Öl in einem großen Topf erhitzen, Popcorn-Mais hineingeben und verschließen.

Gerste

Gerste, das vermutlich älteste Kulturgetreide, ist reich an wertvollen Mineralstoffen, vor allem an knochenstärkendem Kalzium, und es enthält zahlreiche B-Vitamine. Im alten Rom wurde Gerste als besonders stärkendes Lebensmittel geschätzt, das auch in der Ausbildung befindliche Gladiatoren reichlich zu essen bekamen. Erzählen Sie das einmal Ihrem zehnjährigen Sohn! Die kleinen beigefarbenen Körner der Rollgerste sind naturbelassen und deshalb Perlgraupen vorzuziehen, die zwar deutlich schneller garen, jedoch bei der Raffinierung viel von ihren wertvollen Inhaltsstoffen verloren haben. Gerste wird auch für Fünf-Korn-Kruska verwendet (siehe S. 123). In der Naturheilkunde wird Gerste wegen ihrer beruhigenden Wirkung auf das gesamte Verdauungssystem geschätzt.

Roggen

Da reine Roggenbrote in der Regel schwere Schwarzbrote (wie z. B. Pumpernickel) sind, werden meist Roggenmischbrote angeboten, die neben Roggen auch Weizenmehl enthalten. Roggen ist ein echter Wärmespender — Überlebensnahrung für russische Bauern in langen, harten Wintern. Roggen ist reich an Ballaststoffen und enthält nur wenig Gluten. Roggenknäckebrot gehört in jeden Vorratsschrank.

Buchweizen

Buchweizen gehört streng genommen zu den Samen, wird aber seit jeher in getreideähnlicher Weise verwendet — hauptsächlich als Kasha, eine Art Grütze, die in weiten Teilen Osteuropas verbreitet ist. Das im Buchweizen enthaltene Eiweiß ist nach Angaben des amerikanischen Landwirtschaftsministeriums vollwertig und tierischem Eiweiß ebenbürtig. Buchweizen ist reich an Magnesium und Zink. Er enthält auch viel von einem Flavonoid namens Rutin, das die Wände der kapillaren Blutgefäße kräftigt und geschmeidig erhält, was Durchblutungsstörungen vorbeugt.

Da Buchweizen einen recht intensiven Geschmack besitzt, ist er nicht bei allen Kindern beliebt. Versuchen Sie, den Appetit Ihrer Kinder mit Buchweizencrêpes (siehe S. 148) anzuregen.

Urgetreide

Immer mehr Menschen leiden an Nahrungsmittelunverträglichkeiten — in den USA gibt es laut Angaben des National Institute of Health bereits mehr als 35 Millionen Betroffene. Weizen zählt dabei zu den häufigsten Auslösern. Eine abwechslungsreiche Ernährung mit möglichst vielen verschiedenen Getreidesorten ist daher sinnvoll. Einige der Urgetreidesorten sind reicher an Eiweiß, Mineralstoffen und Ballaststoffen als moderner Weizen. Die folgenden Urgetreide sind mittlerweile in vielen Reformhäusern und Bioläden als ganze Körner, Mehl, Flocken oder Backmischungen erhältlich.

Kamut wurde 1977 im amerikanischen Montana aus einer Saat gezogen, die ursprünglich aus einer ägyptischen Grabkammer stammte, und erfreut sich seitdem wachsender Beliebtheit. In klinischen Studien, die im Auftrag der International Food Allergy Association (IFAA) in Chicago durchgeführt wurden, hatten 70% der stark weizenallergischen Teilnehmer mit diesem Urverwandten des Hartweizens keine Probleme. Kamut macht Backwaren saftiger und lockerer als Weizenvollkornmehl, enthält mehr Protein und übertrifft Weizen in Bezug auf den Gehalt fast aller Mineralstoffe.

Quinoa ist wie Buchweizen eher ein Samen als ein Getreide. Schon die Inkas kultivierten und schätzten Quinoa, möglicherweise wegen seines hohen Eiweißgehalts sowie des leicht rauchigen Aromas. Quinoa ist als ganzes Korn oder gemahlen erhältlich. Zur Zubereitung einen Teil gut gewaschenes Quinoa mit zwei Teilen Wasser in einen Topf geben, zum Kochen bringen und abgedeckt 12-15 Minuten köcheln lassen. Mit einer Gabel auflockern und mit Butter und frisch gehackter Petersilie als herzhaften Pilaw servieren. Quinoa eignet sich auch für nahrhafte Wintersuppen.

Dinkel war das Getreide des römischen Heeres und galt im Mittelalter als ideale Kost zur Abhärtung und zum Schutz vor Krankheiten. Tatsächlich enthält Dinkel mehr Eiweiß und Mineralstoffe als moderner Weizen und spezielle Zuckerverbindungen, die die Abwehrkräfte stärken. Dinkelvollkornmehl ergibt schmackhafte Brote und kann beim Backen anstelle von Weizenmehl verwendet werden.

Viele Weizenallergiker haben mit Dinkelprodukten keine Probleme.

Amaranth, das einen leicht nussigen Geschmack hat, wurde schon von den Azteken und Inkas angebaut. Es hat einen Platz auf jeder Einkaufsliste verdient, denn es besteht zu ganzen 16% aus Eiweiß — im Vergleich zu 10% Eiweiß in Weizen und 7% in Reis. Amaranth ist außerdem reich an Kalzium und enthält mehr als drei Mal so viel Eisen wie Weizen.

Fleisch

Bevor **Getreide** und **Hülsenfrüchte** angebaut wurden, waren Fleisch, Fisch und Geflügel die zuverlässigsten **Eiweißquellen** unserer Vorfahren. Auch heute liefert Fleisch noch wertvolles Eiweiß und andere wichtige Nährstoffe für Kinder. Gerade beim Fleisch sollten **Bio-Erzeugnisse** oberste Priorität haben, um die Risiken von Wachstumshormonen, Schadstoffen, Antibiotika und BSE zu verringern.

Rindfleisch

Rindfleisch gehört seit jeher zu den begehrtesten Fleischsorten. Der gute Nährwert von Rindfleisch ist unbestreitbar: Abgesehen von Ballaststoffen liefert es fast alle von uns benötigten Nährstoffe, wenn auch zum Teil nur in geringen Mengen.

Die Zubereitung des Fleisches hat wesentlichen Einfluss auf seine Nährwertbilanz. Durch Entfernen der Fettränder vor dem Garen lässt sich der Fettgehalt von Schmorgerichten wie Gulasch verringern. Braten sollten möglichst auf einem Rost im Ofen zubereitet werden, damit das Fett abtropfen kann. Steaks und Koteletts können auf ähnliche Weise unter dem Backofengrill gegrillt werden.

Selbst gemachte Frikadellen aus magerem Steakfleisch ergeben eine hervorragende Kindermahlzeit. Industriell hergestellte Hamburger enthalten dagegen unweigerlich viel Fett: Ein kleiner Hamburger ist mit 9 g Fett noch vertretbar, aber ein doppelter Cheeseburger liefert schon 26 g Fett, und noch umfangreichere Varianten enthalten bis zu 63 g Fett.

In kleinen Mengen genossen ist Rindfleisch ein wertvoller Bestandteil einer normalen Mischkost. Die Weltgesundheitsorganisation und die Havard School of Public Health empfehlen jedoch, es nur einige Male im Monat auf den Speisezettel zu setzen.

Rindfleisch ist **reich** an Eiweiß und eine **gute Quelle** für Kalzium, Vitamin C und Folsäure.

Hinweis: Innereien mag nicht jeder, aber Rinder- und Kalbsleber (wie auch Lamm- und Schweineleber) sind reich an Nährstoffen, insbesondere an gut verwertbarem Eisen und Vitamin A und B_{12}. Es lohnt sich also, Kindern hin und wieder Leber anzubieten.

ACHTUNG

Nicht ganz durchgebratene Frikadellen können gefährliche Bakterien enthalten. Ein bestimmter Bakterienstamm, E. coli 0157:H7 VTEC, befällt das Rindfleisch beim Schlachten und wird beim Durchlassen gleichmäßig im Hackfleisch verteilt. Diese Bakterien sind sehr gefährlich. Um sie abzutöten, muss das Hackfleisch gut durchgebraten werden, bis im Fleisch kein Rosa mehr zu sehen ist.

Lammfleisch

Das Fleisch von Junglämmern (unter einem Jahr) ist besonders zart und mager, auch wenn die heutigen Zuchtrassen generell schon recht fettarm sind. Der Fettgehalt von Lammfleisch ist vom jeweiligen Stück und der Zubereitung abhängig: Nackenfilet und Keule zählen zu den mageren Stücken. Idealerweise sollte man das Fett schon vor dem Braten entfernen und eventuelle Fettreste im Essen nicht verzehren.

Lammfleisch ist **reich** an Eiweiß, gut verwertbarem Eisen sowie Zink und B-Vitaminen.

Schweinefleisch

Es ist ein weit verbreiteter Irrglaube, Schweinefleisch sei stets fett. Das Gegenteil trifft zu: Das Fleisch moderner Zuchtrassen enthält weniger Fett als Rind- oder Lammfleisch und kaum mehr Fett als Hähnchen — sofern man die Schwarte meidet.

Schweinefleisch ist eine überaus gute Quelle für die verschiedensten Nährstoffe und enthält Haemeisen, das vom Körper leichter verwertet werden kann als das in anderen Fleischsorten vorkommende reguläre Eisen. Schinken und Speck enthalten bestimmte Zusatzstoffe, die bei übermäßigem Konsum Krebs erregend wirken, ganz besonders die Nitrite. Da Speck und Schinken zudem extrem viel Salz enthalten, sollte man sie nur in sehr bescheidenen Mengen verzehren.

Schweinefleisch ist **reich** an Vitamin B_1, Niacin, Vitamin B_2 und Zink sowie eine **gute Quelle** für Vitamin B_6, Phosphor und Eisen.

Kaninchen

Kaninchenfleisch hat ein delikates Aroma, enthält viel Eiweiß und wenig Fett. Man kann es zwar auch grillen oder braten, aber die traditionelle Zubereitungsweise ist ein Ragout. Da Kinder sich an den Knochen verschlucken könnten, sollten Sie sie vorher entfernen. Um den geringeren Nährstoffgehalt von Kaninchenfleisch auszugleichen, geben Sie Wurzelgemüse ans Ragout und servieren dazu einen Salat.

Kaninchen ist **reich** an Eiweiß, sehr fettarm und **enthält** Mineralstoffe und B-Vitamine.

Reh- und Hirschfleisch

Reh- und Hirschfleisch (meist aus Gehegehaltung) erlebt derzeit ein Comeback in unseren Supermärkten. Wenn Ihre Kinder gern Neues ausprobieren, sollten Sie es ihnen ruhig zur Abwechslung einmal anbieten. Aroma und Konsistenz des Fleisches sind hervorragend, und es enthält nur ein Drittel so viele Kalorien und halb so viel Fett wie Rindfleisch — sogar weniger als Hähnchen.

Besonders hochwertige Fleischstücke kann man bei starker Hitze kurz braten und *medium* genießen. Ansonsten sollte das Wildbret vor dem Garen mariniert werden. Bei uns sind Rotwein, Öl und Kräuter beliebte Marinaden, während man in den USA meist Buttermilch bevorzugt.

Beide Fleischsorten sind **reich** an Eiweiß, äußerst fettarm und enthalten Zink, Eisen und B-Vitamine.

Geflügel

Geflügel ist eine **hervorragende Quelle für Eiweiß, B-Vitamine** und **Mineralstoffe**: ideal für Heranwachsende und **Genesende** sowie ein echter Kraftspender bei intensiver **Aktivität**. Hähnchen kann man außerdem fast jedem Kind schmackhaft machen.

Hähnchen

Vor den Zeiten der intensiven Käfighaltung waren Hähnchen und Pute wahre Luxusgüter. Heute sind beide so preiswert, dass sie täglich auf den Tisch kommen könnten. Der Preis, den wir dafür zahlen, sind mangelhafer Geschmack, ein höherer Gehalt an gesättigten Fettsäuren und das Risiko von Rückständen, wie z. B. von Antibiotika oder Wachstumshormonen. Die Investition für Bio-Geflügel aus Freilandhaltung zahlt sich deshalb unbedingt aus.

Hähnchenfleisch ist deutlich fettärmer als rotes Fleisch, und da sich das Fett vorwiegend in der Haut befindet, lässt es sich leicht entfernen. Neben Eiweiß liefert Hähnchenfleisch auch gut verwertbares Eisen und Zink — im dunkleren Fleisch doppelt so viel wie in der hellen Brust. Es ist deshalb hervorragend für Schwangere sowie zur Blutbildung und Abwehrstärkung bei Kindern jeden Alters geeignet.

Entfernen Sie bei Brathähnchen das ganze Fett aus der Bauchhöhle und garen Sie das Hähnchen im Ofen auf einem Rost, damit das Fett abtropfen kann (Fett nicht verwenden). Als Beilage rösten Sie Kartoffeln mit etwas Olivenöl und Rosmarin. Genießen Sie den saftigen Hähnchengeschmack, aber verzichten Sie auf die fette Haut.

Hähnchen ist **reich** an Eiweiß und den meisten B-Vitaminen und eine **gute** Eisen- und Zinkquelle.

Vielseitige Hühnersuppe

Jede Geflügelart kann zur Zubereitung einer Suppe dienen. Allerdings sollte immer möglichst viel Fett entfernt werden, entweder durch Abschöpfen bzw. Abtupfen mit Küchenpapier oder indem man die Suppe über Nacht kalt stellt und das gehärtete Fett am nächsten Tag abschöpft.

Die traditionelle, besonders bei Müttern in aller Welt beliebte Hühnersuppe verdankt ihren heilenden Ruf mehr als nur volkstümlichen Überlieferungen. Forscher haben in Hühnersuppe eine spezielle Schwefelverbindung entdeckt, die wirklich vor Hals- und Atemwegsinfekten schützt. Auch wird der Proteingehalt von Hühner- und anderen Geflügelsuppen sehr leicht aufgenommen, weshalb sie eine ideale Krankenkost abgeben. Da ein schwaches Immunsystem, chronische Müdigkeit oder Drüsenfieber durch mangelnde Eiweißaufnahme oft noch verschlimmert werden (insbesondere bei Verdauungsschwierigkeiten), kann Hühnersuppe in diesen Fällen echte Abhilfe schaffen.

Pute

Die moderne Zuchtpute ist ein blasser Nachkomme ihrer wilden Vorfahren aus Nordamerika. Kaufen Sie Putenfleisch aus Bio-Freilandhaltung — der gute Geschmack wird Sie belohnen. Im Gegensatz zu anderen Geflügelarten ist Pute äußerst mager, sie enthält nur 2,7 g Fett pro 100 g. Das Fleisch ist eiweißreich und liefert geringe Mengen an verwertbarem Eisen und Zink (im dunkleren Fleisch mehr als im hellen).

Wegen seines geringen Fettgehalts wird Putenfleisch leicht trocken, wenn man es nicht sehr sorgsam zubereitet. Allgemein gilt: Je größer der Vogel, umso saftiger das Fleisch und umso besser der Geschmack. Viele Kinder essen gern kalte Putenreste, die sich auch gut für Currys eignen.

Pute ist **reich** an Eiweiß und Vitamin B_{12} und eine **gute Quelle** für andere B-Vitamine, Kalium und Zink.

Ente

Ente ist reich an Eiweiß, Mineralstoffen und vielen B-Vitaminen. Die knusprige Haut ist zwar köstlich, aber 125 g Fleisch mit Haut enthalten 29 g Fett, während das Fleisch allein nur 9,7 g Fett liefert. Garen Sie Ente stets auf einem Rost im Ofen. Die Entenhaut zuvor mit einer spitzen Gabel rundherum einstechen, damit die darunter liegende Fettschicht heraustropfen kann. Apfelmus passt nicht nur geschmacklich hervorragend zu Ente, sondern liefert auch Pektine, die dem Körper bei der Ausscheidung des in der Ente enthaltenen Cholesterins helfen.

In China-Restaurants wird Ente als Vorspeise mit Pflaumensauce, Frühlingszwiebeln, Gurke und Buchweizenpfannkuchen serviert — eine gesündere Kombination kann es gar nicht geben.

Ente ist **reich** an Eiweiß, Eisen, Zink, Kalium und fast allen B-Vitaminen.

SICHERE ZUBEREITUNG

Hähnchenfleisch aus intensiver Tierhaltung ist meist mit Salmonellen infiziert. Diese Bakterien werden zwar beim gründlichen Erhitzen während der Zubereitung abgetötet, aber nicht richtig durchgebratenes Hähnchenfleisch ist eine häufige Ursache für Lebensmittelvergiftungen.

- Tiefgekühlte Hähnchen oder anderes Geflügel vor der Zubereitung ganz auftauen lassen — 24 Stunden im Kühlschrank.
- Den Backofen immer ausreichend vorheizen, bevor Sie den Vogel hineinschieben.
- Zur Garprobe mit einer Gabel oder einem Spieß in die dickste Stelle des Schenkels stechen und prüfen, ob der austretende Saft bereits völlig klar ist.
- Zum Grillen Hähnchenstücke am besten ein wenig vorgaren, damit sie auch innen ganz durchgebraten sind.
- Kein Geflügel verzehren, das beim Aufschneiden noch rosa ist oder dessen Saft leicht blutig aussieht.
- Bei der Zubereitung von Geflügel unbedingt die Regeln der Küchenhygiene befolgen (siehe S. 114–115).

SCHNELLE KÜCHE

Eine leckere Baguette-Füllung mit Geflügelresten: Das kalte, gegarte Geflügelfleisch fein würfeln. 1 EL Olivenöl in einer Pfanne erhitzen. 1 zerdrückte Knoblauchzehe, 3 fein gehackte Frühlingszwiebeln (mit Grün) und 1 mittelgroße geschälte und fein gewürfelte Kartoffel zufügen. Bei schwacher Hitze 5–6 Minuten weich dünsten. Geflügel zugeben, Temperatur erhöhen und 5 Minuten unter Rühren anbraten. Heiß in vorgewärmten Baguettebrötchen servieren.

Fisch

Fisch ist ein **ganz besonderer Fitmacher**. Er ist reich an **Eiweiß**, enthält wenig **Fett**, viele B-Vitamine und **wertvolle Mineralstoffe** aus dem Meer — dem Ursprung allen **Lebens auf der Erde**. Seefische sind wegen ihres hohen **Jodgehalts** besonders gesunde Nahrung. Fette Fische liefern die Vitamine A, D und E sowie essenzielle **Omega-3-Fettsäuren**.

An der Fischtheke

Achten Sie beim Kauf von **Frischfisch** darauf, dass die Augen der Fische glänzen und nicht trüb oder eingesunken erscheinen. Es sollten viele Schuppen zu sehen und die Kiemen noch kräftig rot gefärbt sein. Fisch sollte immer frischen Meeresduft verströmen. Schollen müssen klare, leuchtende Punkte und andere Fische deutlich erkennbare Zeichnungen aufweisen.

Schalentiere sollten sich im Vergleich zu ihrer Größe relativ schwer anfühlen. Muscheln müssen beim Kauf stets noch geschlossen sein. Alle Schalentiere sind noch am selben Tag, an dem man sie kauft, zu verzehren. Vor allem sollten Sie Schalentiere nur bei einem guten, zuverlässigen Fischhändler erwerben.

Achten Sie bei **Fischprodukten** auf künstliche Zusatzstoffe. Die Panade von Fischstäbchen enthält oft Farb-, Konservierungs- und Aromastoffe. Geräucherte Makrelenfilets oder Schillerlocken werden teilweise künstlich braun gefärbt. Auf Grund der wachsenden öffentlichen Besorgnis über chemische Zusatzstoffe sind jedoch zunehmend auch farbstofffreie Produkte erhältlich.

Zu Hause

Fisch ist wegen seiner guten Verdaulichkeit gerade für Kinder besonders wertvoll. Weitere Vorzüge von Fisch sind die einfache Zubereitung und der ausgesprochen günstige Preis mancher Sorten während der Saison. Wenn Ihre Kinder gern Fischstäbchen essen, dürfte es nicht allzu schwer sein, sie auch zu anderen Sorten und Gerichten zu überreden.

Als Faustregel gilt: Fisch benötigt pro 2 cm Dicke 4 Minuten Garzeit, und zwar unabhängig von der Größe des Fisches und der jeweiligen Zubereitungsart (Backen, Dünsten, Grillen oder Braten).

- Den Fisch zum Backen in den vorgeheizten Ofen schieben. Bei ganzen Fischen die Oberfläche zwei oder drei Mal tief einschneiden, mit Olivenöl bestreichen, Kräuter darüber streuen und mit Zitronensaft beträufeln.

- Dünsten ist ebenfalls im Ofen möglich. Den Fisch dafür locker in Alufolie einwickeln und diese fest verschließen. Für das traditionelle Dämpfen bietet sich ein chinesischer Bambusdämpfer als praktisches und preiswertes Hilfsmittel an.

Magerfische

Der Nährwertgehalt ist bei allen so genanten »Magerfisch«-Sorten sehr ähnlich, ob es sich nun um Seefische wie Kabeljau, Schellfisch, Wittling, Seeteufel, Meerbrasse, Steinbeißer, Meerbarbe, Meeräsche, Schnapper, Scholle, Seezunge und Heilbutt oder um Süßwasserfische wie Hecht, Barsch, Brasse und Karpfen handelt. Magerfische enthalten praktisch kein Fett, wenige Kalorien und reichlich von dem Eiweiß, das Kinder benötigen. Alle Arten liefern B-Vitamine, jedoch nur wenig Eisen und in der Regel keine fettlöslichen Vitamine.

Kabeljau- und Heilbuttleber sind sehr reich an den Vitaminen A, D und E. Sie werden jedoch ausschließlich zu Lebertran verarbeitet.

Fettfische

So genannte »Fettfische« wie Makrele, Lachs, Forelle, Tunfisch, Hering, Sardellen, Sardinen, Sprotten und Aal weisen einen hohen Gehalt an Eicosapentaensäure auf, einer der Omega-3-Fettsäuren. Diese Fettsäuren sind für eine gesunde Zellfunktion, insbesondere im Gehirn, von zentraler Bedeutung. Ihre entzündungshemmende Wirkung kann bei Schuppenflechte und Ekzemen hilfreich sein.

Lesen Sie beim Kauf von Fischkonserven die Etiketten aufmerksam. Meiden Sie Fisch in einfachem Pflanzenöl, denn dabei handelt es sich oft um Palmöl, das einen hohen Gehalt an gesättigten Fettsäuren aufweist. Bevorzugen Sie Produkte, die in Oliven-, Sonnenblumen- oder Distelöl eingelegt sind, und lassen Sie das Öl vor dem Verzehr abtropfen.

Fettfische werden zur Haltbarmachung oft geräuchert. Sie verlieren dabei zwar kaum an Nährwert, werden jedoch stark gesalzen. Zudem wird ein übermäßiger Verzehr von Räucherwaren mit einem erhöhten Krebsrisiko in Verbindung gebracht.

Schalentiere

Bei Schalentieren unterscheidet man zwischen Krustentieren (Krebse, Hummer, Garnelen, Krabben und Langusten) und Weichtieren (Miesmuscheln, Austern, Herzmuscheln, Schnecken, Venusmuscheln und Jakobsmuscheln). Der Eiweiß- und Nährwertgehalt von Schalentieren ähnelt dem von Magerfischen, allerdings sind Schalentiere deutlich salzhaltiger. Krustentiere weisen auch eine ähnliche Vitamin- und Mineralstoffbilanz wie Magerfische auf, wohingegen Weichtiere viel mehr Eisen und Vitamin A enthalten und zudem eine gute Zinkquelle sind, insbesondere Austern. Herzmuscheln, Wellhornschnecken und Austern enthalten außerdem genauso viel Eisen wie ein Filetsteak, und Strandschnecken liefern pro Gewichtseinheit sogar dieselbe Menge Eisen wie Geflügelleber.

ACHTUNG

Schalentiere sind eine häufige Ursache für schwere Lebensmittelallergien. Wenn Kinder bereits einmal stark allergisch darauf reagiert haben, sollten Sie darauf achten, dass der Verzehr von Schalentieren vermieden wird (siehe S. 204).

Milchprodukte

Milchprodukte sind ein **wichtiger Bestandteil** vieler Lieblingsspeisen von Kindern, wie z. B. Eiscreme, Milchshakes und Lasagne. Sie sind eine sehr gute Quelle für **knochenstärkendes Kalzium**, das für ein ausreichendes Wachstum und eine gesunde Entwicklung unentbehrlich ist.

Milch

Milch ist die erste Nahrung, die wir im Leben zu uns nehmen. Die zumindest in der westlichen Welt gern getrunkene **Kuhmilch** eignet sich hervorragend für heranwachsende Kinder. Als Schulkinder in Schottland vor dem Zweiten Weltkrieg täglich einen halben Liter Milch erhielten, stieg ihre Wachstumsrate um 20%, und ihre Gesundheit und Vitalität verbesserten sich deutlich.

Milch liefert knochenaufbauendes Kalzium, viel Eiweiß, Zink für das Immunsystem und Wachstum sowie einige wichtige B-Vitamine, u. a. Folsäure und Vitamin B_{12}. Die Milch von Freilandkühen ist reich an den Vitaminen A, D und E sowie einer speziellen Fettsäure (CLA), die möglicherweise vor bestimmten Krebsarten, wie z. B. Hautkrebs und Leukämie, schützen kann. Da sich die Vitamine A, D und E im Milchfett befinden, sollte man Kindern stets Vollmilch anbieten — auch sie ist insgesamt noch sehr fettarm.

Trotz aller Vorzüge hat Milch jedoch auch Nachteile. Knochen benötigen neben Kalzium auch Magnesium und andere Spurenelemente, die in der Milch kaum enthalten sind. Bestimmten Teilen der Weltbevölkerung fehlt das für die Verdauung von Milchprodukten erforderliche Enzym Laktase. In der westlichen Welt leiden Millionen Menschen an Milchallergien bzw. -unverträglichkeiten. Ekzeme, Asthma, Koliken bei Babys und hyperaktives Verhalten, aber auch Katarrhe, Nebenhöhlen- und Atemwegsprobleme können durch Milch ausgelöst werden (siehe S. 204).

Ziegenmilch ist in Bioläden erhältlich und kann ein Segen für Kinder sein, die keine Kuhmilch vertragen. Diverse Milchersatzprodukte, insbesondere **Sojamilch**, liefern zwar auch Eiweiß und teilweise zugesetztes Kalzium, doch ihnen fehlen die meisten B-Vitamine und Spurenelemente der »echten« Milch. Auch halten Experten es für bedenklich, kleinen Kindern regelmäßig große Mengen von Isoflavonen zu geben, die in der Sojamilch enthalten sind.

Bio-Milch ist inzwischen auch in vielen Supermärkten erhältlich. Frei von Antibiotika-, Wachstumshormon- und Pestizidspuren, die in Supermarkt-Milch enthalten sein können, ist Bio-Milch ihren etwas höheren Preis ganz sicher wert — zum Wohl Ihrer Kinder.

Käse

Käse ist ebenfalls ein hervorragendes Produkt für Heranwachsende — wenngleich mit den allergiebedingten Einschränkungen (siehe S. 204) — und bereichert den Speiseplan um eine Vielzahl von Aromen und Konsistenzen. **Kuhmilch**-Schnittkäse, wie z. B. Gouda oder Cheddar, enthält zwar in der Regel mehr Fett als Weich- oder Frischkäse, liefert aber auch größere Mengen an Eiweiß und Kalzium: 100 g Gouda decken fast den täglichen Kalziumbedarf. Schnittkäse bietet zudem gute Mengen an Zink, das wichtig für das Gehirn, die Haut und das Immunsystem ist und Kinder möglicherweise vor Magersucht und anderen Ess-Störungen schützen kann.

Bieten Sie Kindern viele verschiedene Käsesorten an, u. a. auch jungen **Ziegenweichkäse** (ältere Sorten sind schärfer und entwickeln jenen typischen Geschmack, den viele Menschen nicht mögen), aber behalten Sie Blauschimmelkäse älteren Kindern vor. **Schafskäse** ist teilweise besser bekömmlich: In diese Gruppe gehören u. a. der spanische Manchego sowie der griechische Fetakäse, der mit seiner krümeligen Struktur hervorragend für Salate geeignet ist.

SCHNELLE KÜCHE

2 oder 3 verschiedene Käsesorten mit Vollkornbrötchen und einem Kohlsalat (siehe S. 198) ergeben auf die Schnelle ein leckeres, sättigendes Abendbrot.

Überbackener Käsetoast mit Apfelspalten (siehe S. 155)

Pizzabrot (siehe S. 198)

Griechischer Bauernsalat: Gurken-, Tomaten- und Paprikastücke, Zwiebelringe, schwarzen Oliven und Fetakäsewürfel mischen, mit Olivenöl, Zitronensaft, Kräutern und Salz und Pfeffer anmachen.

Hüttenkäse

Dieser körnige Frischkäse mit seinem milden Aroma ist bei den meisten Kindern beliebt. Er ist viel leichter zu verdauen als normaler Käse, sehr fettarm, aber trotzdem eiweißreich. Auch der indische Käse Paneer wird aus einer Art Hüttenkäse hergestellt, der gepresst und anschließend in Würfel geschnitten wird. Dank seines milden Geschmacks passt Hüttenkäse sowohl zu herzhaften als auch zu fruchtigen Zutaten, und er macht aus einem Snack leicht eine ordentliche Mahlzeit. Hüttenkäse sollte in keinem Familienkühlschrank fehlen. Allerdings muss er rasch aufgegessen werden, da er sonst eintrocknet.

SCHNELLE KÜCHE

Abendbrot für heiße Tage: Hüttenkäse mit Pfirsich- oder Nektarinenstücken, einigen Erdbeeren oder einer Hand voll Weintrauben mischen.

Tomaten- und Gurkenscheiben unter Hüttenkäse heben, auf Salatblättern anrichten, mit viel frischem Basilikum, Koriander oder Petersilie bestreuen und mit etwas nativem Olivenöl beträufeln.

Joghurt

Joghurt gehört zu den vergorenen Lebensmitteln, die schon seit Jahrtausenden hergestellt werden. Joghurt ist besonders wertvoll — nicht nur, weil er reich an Kalzium, Eiweiß und wichtigen B-Vitaminen ist, sondern auch, weil er deutlich besser verdaulich ist als Milch. Joghurt wird vor allem wegen seiner positiven Wirkung auf das Verdauungssystem geschätzt.

Der menschliche Darm beherbergt mehrere Millionen Bakterien. Die meisten von ihnen schützen uns vor schädlichen Bakterien und spielen laut jüngeren Studien möglicherweise auch für das Immunsystem eine Schlüsselrolle. Wenn diese »guten« Bakterien durch Krankheitserreger oder eine Antibiotikabehandlung vernichtet werden, kann ein probiotischer Joghurt mit lebenden Kulturen sie zu ersetzen helfen.

Alle nicht-wärmebehandelten Joghurts enthalten Milchsäurebakterien sowie teilweise noch andere Bakterien, wie z. B. Bifidus. Joghurthersteller nehmen die gesundheitsförderlichen Eigenschaften ihrer Produkte heute sehr ernst und setzen diese nützlichen Bakterien bei vielen Marken extra zu (achten Sie auf die beschreibenden Zusätze »bio« und »probiotisch«). Je frischer ein Joghurt ist, desto höher ist auch sein Bakteriengehalt. Pasteurisierte Joghurts enthalten allerdings grundsätzlich keine lebenden Bakterien mehr — entscheiden Sie sich deshalb lieber für die frischen Sorten.

Joghurts mit Fruchtgeschmack werden fast immer als fettarm angepriesen. Zweifellos hoffen die Hersteller, so von dem Zucker oder Süßstoff, den Farb- und Aromastoffen, Stabilisatoren, Emulgatoren und anderen bedenklichen Zusatzstoffen abzulenken, die normalerweise in diesen Joghurts enthalten sind. Da 100 g gewöhnlicher Joghurt auch nur 3 g Fett aufweisen, sollten Sie sich nicht täuschen lassen. Entscheiden Sie sich für Naturjoghurt und stellen Sie daraus Ihren Fruchtjoghurt selbst her. Versuchen Sie auch **Schafjoghurt**, den Kinder teils mit wahrer Begeisterung essen, oder probieren Sie bei sehr kleinen Kindern **Ziegenjoghurt** aus, da dieser noch leichter verdaulich ist.

SCHNELLE KÜCHE

Püriertes Obst oder zerdrückte Erdbeeren und Himbeeren oder 1 EL zuckerfreies Fruchtmus in probiotischen Naturjoghurt einrühren. Für ein erfrischendes Getränk mit Orangensaft und Wasser aufgießen.

Frische Minze, geriebene Gurke, etwas Olivenöl und einen Spritzer Zitronensaft in probiotischen Naturjoghurt eingerührt ergibt eine köstliche Beilage für heiße Tage.

Eier

Einer der wichtigsten Inhaltsstoffe im Eigelb ist das Lecithin. Es ist für viele Stoffwechselvorgänge unentbehrlich, u. a. für den Abbau von gefährlichen Fettablagerungen und von Cholesterin. Lecithin beugt auch Herzerkrankungen und Gallensteinen vor und fördert eine rasche Umwandlung von Körperfett in Energie. Auf Grund ihres hohen Lecithingehalts sind Eier zudem gute Gehirnnahrung: Sie verbessern nicht nur das Gedächtnis und die Konzentrationsfähigkeit, sondern tragen auch zu einer positiven seelischen und emotionalen Verfassung bei. Darüber hinaus sind Eier reich an Eiweiß, Zink und den Vitaminen A, D, E und B_{12}.

Bedauerlicherweise hat die Cholesterinhysterie (in den USA noch mehr als hierzulande) dazu geführt, dass Eier als vermeintliche Ursache von Herzerkrankungen in Verruf geraten sind.

Salmonellen sind ein weiterer Grund, warum viele Verbraucher sich von Eiern abwenden. Das Risiko einer Infektion ist jedoch bei einem Ökohof, auf dem die Hühner viel Auslauf im Freien haben, erheblich geringer als bei Massenkäfighaltung. Schwangere, Babys, kleine Kinder, ältere und ernstlich erkrankte Menschen sollten jedoch grundsätzlich kein flüssiges Eigelb und keine noch nicht vollständig gestockten Eierspeisen verzehren. Verwenden Sie, um optimal geschützt zu sein, ausschließlich Bio-Eier aus Freilandhaltung von zertifizierten Erzeugern. Solche Eier bieten ein ausgezeichnetes Preis-Nährwertverhältnis.

Während britische und deutsche Experten den Verzehr von maximal drei bis vier Eiern pro Woche empfehlen, hält die Weltgesundheitsorganisation bis zu 10 Eier für unbedenklich (einschließlich der Eier in Gerichten und Fertigprodukten).

Eier enthalten neben ihren nützlichen Nährstoffen auch ein besonders hochwertiges Eiweiß. Schon zwei hart gekochte Eier decken ein Viertel des Tageseiweißbedarfs. Eier eignen sich ideal für Kinder aller Altersstufen und lassen sich schnell und vielseitig zubereiten.

ACHTUNG

Eier sind eine häufige Ursache von Allergien (siehe S. 204). Manche Experten meinen, dass das Allergierisiko steigt, wenn Eier zu früh in die Babykost aufgenommen werden. Kinder sollten in der Regel frühestens mit sechs bis neun Monaten erstmals Eier erhalten. Wenn bereits Allergien in der Familie bekannt sind, ist es ratsam, Eier noch später auf den Speiseplan zu setzen.

SCHNELLE KÜCHE

Ei-Dreiecke: 1 mitteldicke Brotscheibe diagonal in Dreiecke schneiden. 1 EL Pflanzenöl in einer Pfanne erhitzen. 1 Ei verquirlen und leicht salzen und pfeffern. Die Dreiecke darin wenden und im Öl auf beiden Seiten goldbraun backen. Auf Küchenpapier abtropfen lassen.

Tomaten-Rührei: Gewürfelte Tomaten in etwas zerlassener Butter leicht anschwitzen, dann eine Rühreimischung darüber geben. Wenn das Ei fast gestockt ist, mit etwas Reibekäse bestreuen.

Für einen Brotbelag bzw. eine Sandwichfüllung hart gekochte Eier klein schneiden und mit Mayonnaise und Gurkenwürfeln mischen.

Fette

Ganz ohne Fett würden viele Speisen an **Geschmack** und **Reiz** verlieren. Und ohne gesunde Fette können sich Kinder nicht angemessen entwickeln. Pflanzenöle z. B. enthalten genau die Fette, die unsere **Zellen** benötigen, um uns vor Kälte zu schützen und mit **Energie** sowie den lebenswichtigen **Vitaminen A, D, E** und **K** zu versorgen.

Fette sind eine komplizierte und recht verwirrende Angelegenheit. Doch für eine ausgewogene Ernährung und gute Gesundheit ist es unerlässlich, die einzelnen Arten, ihre Funktionen und die benötigten bzw. gesunden Mengen zu kennen (siehe S. 16). Gesunde Fette leisten einen wichtigen Beitrag zur kindlichen Kalorienaufnahme. Denn da schon geringe Mengen Fett viele Kalorien enthalten, können Kinder ihren Kalorienbedarf über Fette viel leichter abdecken als mit ballaststoffreicher Nahrung.

Es gilt heute als sicher, dass die Anlage zu Herzerkrankungen bereits in der Kindheit oder sogar schon im Mutterleib bestimmt wird. Für die langfristige Gesundheit Ihrer Kinder ist es deshalb entscheidend, dass Sie ihnen zeitig einen vernünftigen Umgang mit Fetten nahe bringen. Ungesättigte Fettsäuren, die in Pflanzenölen wie Soja-, Mais-, Sonnenblumen- und Distelöl sowie in fettem Fisch vorkommen, enthalten praktisch die gleiche Kalorienzahl wie gesättigte Fettsäuren, sind aber für die Gesundheit von größter Bedeutung und sollten deshalb täglich auf dem Speisezettel Ihrer Kinder stehen.

ACHTUNG

Bezeichnungen wie »cholesterinfrei« oder »cholesterinarm« auf Lebensmitteln sind oft irreführend. Entscheidender ist der Gehalt an gesättigten Fettsäuren — meiden Sie Produkte mit hohem Anteil.

Butter

Butter ist lecker und in geringen Mengen genossen gesünder als Margarine, die in der Regel einen hohen Gehalt an ungesunden Transfettsäuren (siehe S. 17) aufweist. Butter besteht fast vollständig aus Fett, 60% davon sind gesättigte Fettsäuren. Sie ist aber auch reich an den Vitaminen A, D und E und deshalb — in Maßen — gut für Kinder. Im Gegensatz zu den meisten Milchprodukten ist Butter eine schlechte Kalziumquelle und enthält praktisch keinerlei B-Vitamine.

Pflanzenöle

Öle sind überaus kalorienreich: Sie liefern ca. 900 Kalorien pro 100 g. Die meisten Pflanzenöle enthalten nur wenig gesättigte Fettsäuren und eine gute Portion Vitamin E. Ausnahmen sind Palm- und Kokosöl, die einen hohen Anteil an gesättigten Fettsäuren und kaum Vitamin E aufweisen. Produkte mit der allgemeinen Bezeichnung »Pflanzenöl« bestehen in der Regel aus einem dieser beiden minderwertigen Öle — bevorzugen Sie deshalb genau benannte Ölsorten, auch bei in Öl eingelegten Lebensmitteln.

Die mehrfach ungesättigten Fettsäuren in Pflanzenölen sind von zentraler Bedeutung, weil sie essenzielle Fettsäuren liefern, die der Körper nicht selbst bilden kann.

Der Nährwert von Ölen bleibt in Broten und Backwaren weitgehend erhalten. Beim Braten sinkt der Anteil der mehrfach ungesättigten Fettsäuren dagegen schon nach kurzer Zeit um bis zu 20%.

Sonnenblumenöl enthält von allen Pflanzenölen das meiste Vitamin E. Wie auch **Mais-** und **Distelöl** ist es ideal für leichte Dressings und zum Kochen. Auf Grund des neutralen Eigengeschmacks mögen Kinder diese Ölsorten oft lieber als das aromatischere Olivenöl.

Walnussöl und **Haselnussöl** enthalten wichtige essenzielle Fettsäuren. Feinschmecker lieben das typisch kräftige Aroma dieser Öle, insbesondere zu grünen Blattsalaten. Für kleinere Kinder mag es zu intensiv sein, doch Teenager lassen sich dafür durchaus begeistern.

Olivenöl

Obwohl Olivenöl aus einfach ungesättigten Fettsäuren besteht, ist es ein wertvolles Nahrungs- und Heilmittel. In der Volksmedizin gilt Olivenöl von jeher als allgemein gesundheitsförderlich und hilfreich bei Verdauungsproblemen.

Im Rezeptteil dieses Buches wird für Salate und Dressings »natives Olivenöl extra« verwendet, zum Kochen und Braten dagegen nur »Olivenöl«. »Natives Olivenöl extra« ist zwar das teuerste dieser Produkte, aber auch das gesündeste, weil bei seiner Gewinnung keine Mineralstoffe, Vitamine, essenziellen Fettsäuren oder Antioxidanzien verloren gehen — auch das gute Aroma bleibt erhalten. Die Wahl des bestmöglichen Olivenöls (und sonstiger kaltgepresster Pflanzen- und Nussöle) kann helfen, Ihre Kinder vor einer Reihe von Krankheiten wie Arthritis, Gelenkproblemen, Herzerkrankungen oder sogar Krebs zu schützen.

Sahne

Sahne enthält viel Fett, doch sie gehört zu den süßen Extras, die man sich und seinen Kindern gelegentlich gönnen sollte. Allerdings sollte man für Kindermahlzeiten ausschließlich Bio-Sahne verwenden, deren Fett reich an den Vitaminen A, D und E ist. Schlagsahne enthält 30% Fett, Crème double dagegen 42%. Oft kann man Sahne durch Quark oder Joghurt ersetzen: Ein Obstsalat schmeckt Kindern oft mit Natur-Sahnejoghurt sogar noch besser als mit Schlagsahne.

Kräuter und Gewürze

Fast alle zum Kochen benutzten Kräuter und Gewürze dienen schon seit Jahrhunderten als **Arzneimittel**. Die meisten machen die jeweiligen Speisen besser verdaulich, besitzen aber auch weitere **heilsame Wirkungen**. Kräuter und Gewürze sind deshalb wertvolle Zutaten für die Ernährung — und zwar in allen Altersstufen.

Kräuter

Petersilie ist reich an Eisen und den Antioxidanzien Betacarotin und Chlorophyll — ideal für müde, lustlose Teenager. Sie liefert zudem eine gute Portion Vitamin C. Passt zu Suppen, Salaten, selbst gemachten Gemüsesäften und Sandwiches.

Salbei fördert die Verdauung fetthaltiger Speisen: Geben Sie z. B. beim Würstchenbraten ein Salbeiblatt mit in die Pfanne. Salbei ist auch ein sehr gutes Mittel gegen Mund- oder Halsentzündungen.

Rosmarin verbessert das Gedächtnis, da er stimulierend auf das Gehirn und das Nervensystem wirkt. Er ist auch sonst ein gutes Stärkungsmittel. Geben Sie Rosmarinzweige zu einem Lammbraten oder erhitzen Sie die Zweige in Olivenöl und rösten Sie in dem Öl anschließend Kartoffelwürfel.

Thymian besitzt eine keimtötende Wirkung, kräftigende Eigenschaften und einen aromatischen Geschmack — ein Muss für deftige Wintereintöpfe und Schmorgerichte.

Oregano verleiht der Pizza ihren typischen Geschmack und wirkt zudem stark keimtötend (er darf allerdings nicht in der Schwangerschaft eingesetzt werden). Verwenden Sie ihn frisch oder getrocknet für Tomatensaucen, Suppen und Schmorgerichte.

Basilikum ist auf Grund seiner beruhigenden Wirkung das perfekte Kraut für Kinder jeden Alters — und nicht zuletzt auch für Eltern. Die ätherischen Öle im frischen Basilikum, die für diese Wirkung verantwortlich sind, verleihen allen Tomatengerichten und Salaten ein unverkennbares Aroma. Basilikum ist auch eine essenzielle Zutat für Pesto. Beim Trocknen verliert Basilikum viel von seinem Aroma, es lässt sich jedoch gut tiefkühlen.

Knoblauch bietet Schutz für das Herz, die Lunge und das Verdauungssystem und beugt zudem hochwirksam Infektionen aller Art vor — lassen Sie Ihre Kinder also gerade im Winter oft von der gesunden Knolle kosten. Knoblauch ist geeignet für Suppen, Salate und herzhafte Speisen.

Minze wirkt extrem beruhigend auf das Verdauungssystem. Pfefferminztee kann bei Magenverstimmungen helfen. Frische Minze passt gut zu neuen Kartoffeln und Lammbraten.

Schnittlauch gehört zur Familie der Zwiebel- und Knoblauchgewächse und verleiht Salaten, besonders Gurken- und Tomatensalaten, eine frische Note.

Lorbeerblätter passen gut zu Eintöpfen, Suppen oder Bohnengerichten. Sie sind ein natürliches Verdauungsmittel und wirken Blähungen entgegen.

Koriander ist ebenfalls ein der Verdauung förderliches Gewürz. Die frischen grünen Blätter verleihen Currys, Reisgerichten und Salaten ein pikantes Aroma.

Gewürze

Chilischoten wirken sehr anregend auf Kreislauf und Verdauung. Die feurigen Schoten — ob frisch oder getrocknet, ganz oder gemahlen — sollten Sie beim Kochen für Kinder zunächst nur äußerst sparsam verwenden.

Zimt durchwärmt den ganzen Organismus, regt den Kreislauf und die Verdauung an und ist hochwirksam gegen Viren. Passt gut zu Winterkuchen, Apfelspeisen und heißen Getränken.

Nelken besitzen ebenfalls wärmende und keimtötende Eigenschaften. Besonders lecker in Trockenobstkompott und Apfelspeisen.

Muskat wirkt anregend auf die Verdauung. Reiben Sie ihn kurz vor dem Servieren über Wintergemüse, wie z. B. Spinat, Weißkohl oder Blumenkohl.

Ingwer wird in Asien für fast alle Fleischgerichte verwendet, weil er das Fleisch leichter verdaulich werden lässt, vor Giftstoffen schützt und den Geschmack verbessert. Heißer Ingwertee kann Erkältungen und Schüttelfrost im Ansatz abwehren. Viele Kinder mögen auch kandierten Ingwer gern. Da Ingwer ein wirksames Mittel gegen Übelkeit und Reisekrankheit ist, sollten Sie unterwegs stets etwas kandierten Ingwer oder einen Schluck Ginger Ale (Ingwerlimonade) zur Hand haben.

Kreuzkümmel fördert die Verdauung und stärkt die Nerven. Er verleiht den Kebabs und Schmorgerichten, die für die Küche des Nahen Ostens so typisch sind, ihren unverkennbaren aromatischen Geschmack. Gemahlenen Kreuzkümmel sollte man nicht zu lange aufbewahren, da sein Aroma rasch verfliegt.

Bedenkliche Lebensmittel

Spätestens wenn Ihre Kinder alt genug sind, um die Welt der **Spielplätze** und **Kindergeburtstage** zu erobern, werden Sie feststellen, dass vieles von dem, was ihre Altersgenossen essen, **nicht gerade gesund** ist. Produkte, die früher nur gelegentliche **Ausnahmen** waren, sind heute fester Bestandteil der Ernährung vieler Kinder geworden.

Einer aktuellen Studie zufolge sind 99% der Lebensmittel, die im britischen Fernsehen während des Kinderprogramms beworben werden, potenziell schädlich für Kinder. Der englische Psychologe Dr. Aric Sigman ist darüber hinaus der Meinung, dass die Werbespots »speziell konzipiert sind, um die Wehrlosigkeit von Kindern in kritischen Phasen ihrer Entwicklung auszunutzen«.

Es ist nicht viel gegen Chips, Pommes frites, Kuchen oder Schokolade als gelegentliche Ausnahmen einzuwenden — doch eben nur gelegentliche. Wenn diese Produkte für Kinder jederzeit erreichbar sind, sind sie nicht einmal mehr etwas Besonderes. Erklären Sie Ihren Kindern, warum Sie bei diesen Lebensmitteln so sparsam sind. Erklären Sie ihnen, wie man Etiketten liest und die raffiniert getarnten Zusatzstoffe und Zucker erkennt. Versuchen Sie gemeinsam, die speziell auf Kinder abzielenden Werbespots zu hinterfragen. Vermitteln Sie ihnen nach und nach die Grundlagen einer vernünftigen Ernährung. Zeigen Sie Ihren Kindern, wie man eine gesunde Wahl trifft.

Eines Tages werden Ihre Kinder es Ihnen danken. Bis dahin sollten Sie sich daran gewöhnen, bei Verboten nicht auf Gegenliebe zu stoßen. Aber denken Sie immer daran, dass es sich lohnt.

Im Folgenden sind die Lebensmittel aufgeführt, die sich nachteilig auswirken und die Sie Ihren Kindern deshalb nicht ohne weiteres anbieten sollten.

Koffein

Kaffee und Tee sind keine Getränke für kleine Kinder. Das darin enthaltene Koffein wirkt stark anregend und kann Kinder schnell nervös oder hyperaktiv machen. Die Gerbstoffe im Tee können die Aufnahme lebenswichtiger Nährstoffe behindern, u. a. von Eisen und Magnesium. Halten Sie Ihre Kinder von beiden Getränken fern, bis sie mindestens 6 oder 7 Jahre alt sind. Sollten sie danach einmal eine Tasse schwarzen Tee mittrinken wollen, könnten Sie ihnen etwas Milch mit heißem Wasser und einem Schuss Tee anbieten.

Koffein findet sich außerdem in zahlreichen Erfrischungsgetränken, wie z. B. Cola. Lesen Sie sorgsam die Etiketten, um koffeinhaltige Produkte zu meiden.

Hamburger

Die Hamburger, die in Fast-Food-Restaurants oder in der Tiefkühltruhe des Supermarkts angeboten werden, bestehen in der Regel aus billigem Fleisch aus Massenzuchtbetrieben, weisen einen hohen Gehalt an gesättigten Fettsäuren und wahrscheinlich eine gute Portion Farb-, Aroma- und Konservierungsstoffe auf. Das Treffen mit der Clique im Hamburger-Imbiss gehört zu jenen vorübergehenden Teenager-Ritualen, die zu verbieten unklug und vermutlich sinnlos wäre. Doch ansonsten sollten Sie Hamburgerfrikadellen entweder frisch beim Metzger kaufen oder aus magerem Fleisch (oder auch Getreide und Gemüse) selbst herstellen. Im Kapitel »Abendessen« (S. 164–187) finden Sie zahlreiche Rezepte.

Erfrischungsgetränke und Säfte

All diesen Getränken ist eines gemein: Sie sind sehr süß. Außer bei reinem Fruchtsaft stammt diese Süße entweder aus Zucker oder Süßstoff. Erfrischungsgetränke enthalten zudem meist Aroma-, Farb- und Konservierungsstoffe (siehe »Zusatzstoffe« auf S. 68), Kohlendioxyd als Sprudelgas und Phosphorsäure, die Zähnen und Knochen Kalzium entzieht. Einer aktuellen Studie zufolge besteht ein Zusammenhang zwischen dem Konsum phosphathaltiger Getränke und Hyperaktivität sowie anderen Verhaltensproblemen. Über die Hälfte der Erfrischungsgetränke enthalten Koffein — ein Stoff, der bei Kindern schnell zur Abhängigkeit führt.

Getränke auf Saftbasis scheinen auf den ersten Blick immer die gesündere Wahl zu sein. Doch lesen Sie die Etiketten: Bei vielen dieser Getränke ist der eigentliche Fruchtsaftgehalt minimal, und auch sie verdanken Farbe, Geschmack und Haltbarkeit oft Zusatzstoffen. Selbst reine Fruchtsäfte sind nicht die beste Wahl für Kinder, zumindest nicht in größeren Mengen, denn die darin enthaltenen Fruchtsäuren können den Zahnschmelz angreifen. Auch ist der natürliche Fruchtzucker trotz allem Zucker, der nur in Maßen konsumiert werden sollte.

Lassen Sie Ihre Kinder deshalb nur zu besonderen Anlässen unverdünnten Fruchtsaft trinken, z. B. beim gemeinsamen Sonntagsfrühstück. Verdünnen Sie den Saft ansonsten mindestens zur Hälfte mit Mineralwasser. Und gegen den ganz großen Durst gibt es ohnehin nichts Besseres als Wasser.

Zucker

Zucker kommt in den überraschendsten Zusammensetzungen vor: Man findet ihn in Ketchup, Erdnussbutter, küchenfertiger Nudelsauce und sogar in Chips. Zucker ist bei den Nahrungsmittelherstellern sehr beliebt, denn er ist billig, ein hervorragendes Konservierungsmittel und verbessert oft die Konsistenz der Produkte. In Großbritannien, Kanada, Australien und den USA steigt der Zuckerkonsum unaufhaltsam — und zwar weniger direkt aus der Zuckerdose als vielmehr in vielen Lebensmitteln und Snacks versteckt, die von frühester Kindheit an verzehrt werden. Oft steht auf dem Etikett nicht »Zucker« zu lesen, sondern Saccharose, Maltose, Dextrose, Dextrin, Glukose oder Invertzucker, was harmloser klingen mag. Kinder benötigen Zucker nicht in diesen großen Mengen (siehe »Kohlenhydrate« auf S. 13).

Süßstoffe

Die Unbedenklichkeit der Süßstoffe Saccharin und Cyclamat steht noch immer in Frage. Viele Hersteller setzen deshalb heute auf Aspartam, einen künstlichen Süßstoff, der unter dem Markennamen »NutraSweet« vertrieben wird. Er kommt u. a. in Cerealien, aromatisierten Joghurts und Süßspeisen, in Erfrischungsgetränken und Kaugummi vor. Viele Produkte werden sowohl mit Zucker als auch mit Süßstoff hergestellt, denn NutraSweet ist noch billiger als Zucker. Die wissenschaftliche Bilanz dieses verbreiteten Süßstoffs ist nicht unbedingt beruhigend.

Ein regelmäßiger Verzehr von Aspartam wird mit Kopfschmerzen, Gehirntumoren, epileptischen Anfällen und affektiven Psychosen in Verbindung gebracht. Laut dem Hersteller von NutraSweet gibt es »überwältigende wissenschaftliche Beweise« für die Sicherheit seines Süßstoffes. Von den 166 Studien über Auswirkungen von Aspartam auf die Gesundheit wurden jedoch 74 Studien, die alle die Unbedenklichkeit des Süßstoffes bestätigten, von der Nahrungsmittelindustrie finanziert. Von den restlichen 92 unabhängig finanzierten Studien stellten nur 12 keine unerwünschten Wirkungen fest. Am Londoner King's College wird seit 1999 untersucht, ob Aspartam Gehirntumore verursachen könnte.

Anderen Studien zufolge lösen Süßstoffe über das Gehirn Hungergefühle aus, die zu Heißhunger und damit zu Übergewicht führen.

Zusatzstoffe

In den sechziger Jahren des letzten Jahrhunderts wurden Tausende extrem hyperaktiver Kinder sehr viel umgänglicher, als man darauf achtete, dass sie eine Reihe von verbreiteten Lebensmittelzusätzen mieden, insbesondere Farbstoffe wie E102 (Tartrazin). Einige dieser Zusatzstoffe wurden zwar inzwischen verboten, doch viele sind noch immer zugelassen. Eine Vielzahl dieser Stoffe wird mit Gesundheitsproblemen wie Asthma und Ekzemen oder Verhaltensstörungen wie Hyperaktivität (siehe S. 206) in Verbindung gebracht — trotz bestandener Sicherheitstests. Bisher wurde noch nie untersucht, wie schädlich diese Stoffe in den zahllosen Kombinationen und hohen Mengen sind, in denen sie von Kindern verzehrt werden. Auch dienen die Zusatzstoffe meist zur Verbesserung von Aussehen, Geschmack oder Haltbarkeit der Lebensmittel, die auf Grund ihres hohen Fett-, Zucker- oder Salzgehaltes ohnehin schon nicht gesund sind. Spezielle Kinderjoghurts enthalten z. B. meist viel Zucker und Zusatzstoffe. Informieren Sie sich im Zweifelsfall genauer über E-Stoffe (siehe »Literaturhinweise«, S. 216).

Schokolade und Süßigkeiten

Für ein Kind ist ein Schokoriegel einfach eine reine Freude. Der objektive Betrachter dagegen sieht ungesunde gehärtete Fette, Zucker, Zusatzstoffe und etwas Kakaomasse. Fast alle Süßigkeiten werden nach demselben Muster hergestellt. Eine deutlich bessere Wahl als die meisten Kinderriegel ist eine Schokolade mit mindestens 70% Kakaomasse, im Idealfall ein Bioprodukt. Allerdings schmeckt diese Schokolade leicht bitter und wird kleinen Kindern vermutlich wenig zusagen. Versuchen Sie, eine Strategie zu finden, wie Sie Süßigkeiten und Schokolade einschränken können, ohne dass diese zu allzu begehrenswerten Objekten werden — mit dem zusätzlichen Reiz des Verbotenen.

Kekse und Kuchen

Jeder selbst gebackene Keks bzw. Kuchen schmeckt besser als die minderwertigen Produkte in den Supermarktregalen — mit ihrem raffinierten Weißmehl, Zucker, gehärteten Fetten und Aromastoffen.

Chips

Chips sind eine leckere Knabberei für besondere Anlässe. Doch sie sollten die Ausnahme bleiben. Erstens bestehen sie zu über einem Drittel aus Fett (auch fettreduzierte Sorten enthalten noch über 20% Fett), und zwar aus ungesunden gesättigten Fettsäuren, die schon bei Kindern zu Arterienverstopfungen führen können. Zweitens haben Chips einen sehr hohen Salzgehalt: oft mehr als 1 g pro 100 g. Drittens enthalten sie in der Regel Zucker, aromatisierte Sorten außerdem noch künstliche Aromastoffe.

Eiscreme

Echte Eiscreme aus Sahne, Zucker und Früchten schmeckt köstlich. Sie ist zwar ein Dickmacher, aber zumindest in gewisser Hinsicht ein »richtiges« Lebensmittel. Die beste Strategie könnte sein, Familienessen gelegentlich mit echter Eiscreme zu krönen. Dafür sollten Kinder ansonsten ermuntert werden, die kommerziellen Produkte zu verschmähen. Lesen Sie mit ihnen die Etiketten: gehärtete Fette, Zucker, Wasser, Milchpulver und Zusatzstoffe — das ist so ziemlich alles, was ein Eis am Stiel enthält.

Frühstückscerealien

Die Werbung möchte, dass wir tatsächlich glauben, Cerealien seien ein sättigendes, nährstoffreiches Frühstück, mit dem wir unseren Kindern einen guten Start in den Tag ermöglichen. Bei den meisten Produkten sieht die Wirklichkeit allerdings ganz anders aus: Sie enthalten extrem viel Zucker, überraschend viel Salz und werden aus stark raffiniertem Getreide hergestellt. Der künstliche Zusatz einiger Vitamine kann diese ungesunde Zusammensetzung nicht wettmachen. Im Kapitel »Frühstück« (S. 120–127) finden Sie zahlreiche Alternativen für einen rundum besseren Tagesbeginn.

Mahlzeiten für jedes Alter

Kinder haben in jeder Phase ihrer Entwicklung andere Ernährungsbedürfnisse. Im Folgenden werden die für jede Altersgruppe wichtigsten Lebensmittel beschrieben. Die Speisepläne bieten Anregungen für leckere und gesunde Mahlzeiten.

Gutes Essen genießen

Noch für unsere Vorgängergeneration war die Kinderernährung relativ **einfach**: Mütter kochten für ihre Babys Brei, für Kleinkinder einfache Speisen, und später **aßen** die Kinder zusammen **mit der restlichen Familie**. Eis, Süßigkeiten, Schokolade und Chips waren **Ausnahmen**, und es gab nicht an jeder Ecke einen Schnellimbiss.

Heutzutage ist die Kinderernährung zu einer Art Verhandlungssache geworden. Eltern müssen umsichtig Regeln festlegen, Strategien entwickeln und oft konfliktgeladene Entscheidungen treffen. Die ersten zwei oder drei Jahre liegt die Ernährung der Kinder noch ganz in ihren Händen. Doch spätestens bei der ersten Feier mit kleinen Kindergartenfreunden tritt auch die Welt der kommerziellen Lebensmittelvermarktung in das Familienleben.

Sie müssen sich unter Umständen gegen Freunde Ihrer Kinder behaupten, die regelmäßig Süßigkeiten, Kekse und Erfrischungsgetränke konsumieren. Sie treten in Konkurrenz zu zahllosen Werbespots für ungesunde Produkte, die im Kinderprogramm laufen. Sie müssen es mit den unwiderstehlichen Verlockungen des Fast-Food-Imbisses aufnehmen. Einige Schulen vertreten wenig gesundheitsbewusste Ansichten zu Pausenverkäufen, Getränkeautomaten, Schulessen oder Kiosken direkt vor dem Eingang. Und nicht zuletzt werden Sie mit dem eindringlichen Wunsch aller Kinder konfrontiert, sich anpassen zu wollen — nicht »anders« zu sein als die anderen.

Sie müssen sicher öfter nein sagen, als Ihnen lieb ist. Und auch die Gratwanderung zwischen dem ganz strikten Verbot, das dem Junk Food zusätzlich noch den Reiz des Verbotenen verleiht, und einer allzu nachgiebigen Haltung ist nicht leicht durchzuhalten. Aber es lohnt sich: Sie werden erleben, dass Ihre Kinder gesund und lebhaft bleiben, vor geistiger und körperlicher Energie strotzen und dass sie langsam selbst zu der Einsicht gelangen, wie wichtig gesunde Essgewohnheiten sind. Sie werden sehen, wie Ihre Kinder gutes Essen genießen.

Altersgerechte Ernährung

Auf den folgenden Seiten finden Sie Ratschläge und Taktiken, wie man mit den Problemen bzw. Situationen umgehen kann, die in den verschiedenen Altersstufen auftreten können. Auch gibt es einen speziellen Abschnitt für vegetarische Ernährung.

Für jede Altersgruppe werden sechs besonders geeignete Fitmacher empfohlen. Die einzelnen Speisepläne für die fünf Werktage, jeweils im Sommer und im Winter, bauen weitgehend auf den Gerichten aus dem Rezeptteil dieses Buches auf. Für Kinder, die ein Lunchpaket mit zur Schule nehmen, umfassen die Speisepläne neben Ideen für einfache Mittagsmahlzeiten auch Vorschläge für die Zusammenstellung solcher Pakete.

Das Wochenende sollte für die ganze Familie eine Abwechslung vom Alltag sein. Termine spielen keine Rolle, und im Voraus festgelegte Essenspläne sind nicht nötig. Zu jedem Wochenende sollte mindestens eine entspannte, gemeinsame Familienmahlzeit gehören, zu der die Kinder, wenn es in den Wochenend-Plan passt, von Zeit zu Zeit auch Freunde einladen dürfen. Im Rezeptteil finden Sie hierfür zahlreiche Anregungen.

Babys: Vom ersten Tag an gesund

Ihr Kinderwunsch ist für künftige Eltern ein guter Zeitpunkt, um einen kritischen Blick auf ihren **Lebensstil** und ihre **Essgewohnheiten** zu werfen. Um **gesunde Spermien** und eine hohe Fruchtbarkeit zu erreichen, bedarf es einer optimalen Ernährung mit viel **Betacarotin, Folsäure, Vitamin E, Zink, Eiweiß, B-Vitaminen** und **Eisen**.

Alkohol und Koffein schaden den Spermien und sollten deshalb in den drei Monaten vor der geplanten Empfängnis auf ein Minimum reduziert werden. Nikotin ist sowohl für den Fetus als auch für das Sperma schädlich (die durchschnittliche Spermienzahl ist in den letzten 30 Jahren um 50% zurückgegangen). Raucher beiderlei Geschlechts sollten dieses Laster unbedingt aufgeben. Am wichtigsten ist jedoch, dass Sie sich beide möglichst abwechslungsreich und kräftigend ernähren. Fast die Hälfte aller Frauen in Fruchtbarkeitskliniken haben sich vor ihrem Klinikbesuch einer restriktiven Diät unterzogen — ein klares Indiz dafür, welch wesentliche Rolle die Ernährung für die Fruchtbarkeit spielt.

Ernährung für werdende Mütter

Während manche Fachleute einen völligen Verzicht auf Alkohol in der Schwangerschaft empfehlen, sind andere der Ansicht, dass ein Glas Rotwein nicht schaden kann. Größere Koffeinmengen sind unbedingt zu vermeiden, da Koffein die Aufnahme von Eisen und Zink aus der Nahrung beeinträchtigt.

Essen Sie keine Leber oder Leberwurst. Diese Produkte sind reich an Vitamin A, das in zu großen Mengen Geburtsdefekte verursachen kann. Meiden Sie nicht-pasteurisierte Milch, Rohmilch- und Blauschimmelkäse, da diese Produkte Listeria-Erreger enthalten können, die für das Baby gefährlich sind.

Verzehren Sie rotes Fleisch ausschließlich ganz durchgebraten, um das Risiko einer Toxoplasmose oder einer Kolibakterien-Infektion auszuschließen. Garen Sie Geflügel stets gut durch. Beugen Sie Salmonelleninfektionen vor, indem Sie Eier immer so lange kochen, bis das Eigelb fest ist. Gerade während der Schwangerschaft sollten Sie möglichst oft zu Bioprodukten greifen, um nicht über das Essen unerwünschte Antibiotika, Schadstoffe oder Wachstumshormone zu sich nehmen.

Ein Tee aus Himbeerblättern dient schon seit Jahrhunderten als Stärkungsmittel für die weiblichen Fortpflanzungsorgane. Dieser Tee, der nur in den letzten sechs Wochen der Schwangerschaft regelmäßig getrunken werden sollte, hilft die Gebärmuttermuskeln zu kräftigen und wirkt wehenunterstützend.

Vor der Zeugung – Tipps für Männer

Dieser Plan, mit dem Männer drei Monate vor dem ersten Zeugungsversuch beginnen sollten, mag etwas berechnend klingen, aber er verbessert die Gesundheit und Fruchtbarkeit der Spermien erheblich und trägt auch allgemein zu Ihrer Fitness bei.

Geben Sie das Rauchen auf. Es mehren sich Hinweise, dass Zigaretten den männlichen Hormonspiegel senken, die Spermienbildung stören und sogar Geburtsschäden beim Baby verursachen.

Trinken Sie keinen Alkohol oder schränken Sie Ihren Konsum zumindest stark ein. Alkohol kann die Spermien schwer schädigen. Sie sollten daher in den Monaten vor der Zeugung nicht mehr als zwei Getränke pro Woche zu sich nehmen.

Achten Sie auf Ihr Gewicht. Starkes Übergewicht stört das hormonelle Gleichgewicht und kann zu Unfruchtbarkeit führen.

Nehmen Sie täglich 500 mg **Vitamin C** zu sich, um die Spermienbeweglichkeit zu steigern. Erhöhen Sie die Dosis einen Monat vor dem ersten Zeugungsversuch auf 1 000 mg pro Tag.

Essen Sie **viel Obst**, insbesondere Orangen und Kiwis, sowie Obst und Gemüse.

Erhöhen Sie Ihre Zufuhr an **Zink** (einem für die Fortpflanzung besonders wichtigen Spurenelement), indem Sie viele Schalentiere, insbesondere Austern, und Kürbiskerne auf Ihren Speiseplan setzen.

Verzichten Sie auf **Kaffee** und **Cola**. Ein wenig schwarzer oder grüner Tee ist dagegen vertretbar.

Essen Sie ausschließlich **Bio-Fleisch**, um das Risiko von Wachstumshormonen zu verringern.

Ernährung für Schwangere

Man ist, was man isst — und auch Ihr Baby ist, was Sie essen. Ignorieren Sie Freundinnen, Schwiegermütter und alle, die Ihnen sagen, dass Sie »für zwei essen«. Sie essen weiterhin für sich, und Sie ernähren nur ein wenig mehr als sich selbst.

Achten Sie gut auf sich und auf Ihre Ernährung, denn Sie haben jetzt zusätzliche Nährstoffbedürfnisse. Doch machen Sie sich nicht über jeden Bissen

Gedanken. Sie brauchen nur einige vernünftige Grundregeln einzuhalten, um dafür zu sorgen, dass die Schwangerschaft gut verläuft, dass Sie ein gesundes Baby bekommen und auch genügend Energie haben werden, um sich nach der Geburt um das Kleine zu kümmern. Sie werden auf diese Weise auch relativ problemlos wieder Ihr altes Gewicht erreichen, selbst wenn dies länger dauert, wenn Sie stillen, da Sie zum Stillen noch zusätzliche Kalorien benötigen. Es ist sehr wichtig, dass Sie während der Schwangerschaft nicht versuchen abzunehmen, es sei denn, die Diät wurde ärztlich verordnet. Treiben Sie stattdessen lieber etwas Sport, solange keine medizinischen Einwände dagegen vorliegen.

Viele Frauen haben in den letzten Schwangerschaftsmonaten Verdauungsprobleme. Es kann dann angenehmer sein, öfter kleinere Mengen zu essen. Achten Sie aber darauf, dass Sie insgesamt nicht mehr Nahrung zu sich nehmen.

Sechs Fitmacher für werdende Eltern

Garnelen: Sind sehr eiweißreich und eine gute Quelle für Zink, Kalzium und Eisen. Machen Sie jedoch den geringen Fettgehalt dieser köstlichen Leckerbissen nicht durch Frittieren zunichte — kochen oder grillen Sie sie.

Heringe: Sind eine hervorragende Quelle für die Vitamine A, B und D und liefern außerdem große Mengen unverzichtbarer Mineralstoffe wie Jod, Selen, Phosphor, Kalium, Eisen und Kalzium. Für Schwangere besonders wichtig: Heringe sind reich an essenziellen Fettsäuren, die für die Gehirnentwicklung des Fetus erforderlich sind.

Naturreis: Hat einen hohen Gehalt an B-Vitaminen, Ballaststoffen, Kalium, Eisen und Eiweiß.

Brokkoli: Ist reich an den Vitaminen A und C sowie an Kalium und Folsäure.

Zitrusfrüchte: Sind zusammen mit Kiwis besonders reich an Vitamin C. Zitrusfrüchte liefern darüber hinaus wichtige Bioflavonoide, die zur Gesunderhaltung des Kreislaufsystems beitragen.

Probiotischer Joghurt: Joghurt enthält neben der zusätzlichen Portion Kalzium, die Sie benötigen, auch viele probiotische Bakterien, die für ein effektives Funktionieren des Verdauungssystems sorgen, so dass die Nährstoffe optimal vom Körper aufgenommen werden. Die Joghurtbakterien spielen zudem eine wichtige Rolle bei der Stimulierung des Immunsystems und schützen so vor Infektionen.

Ernährungsplan für werdende Mütter

Als werdende Mutter benötigen Sie mindestens 2200 Kalorien pro Tag — oder mehr, wenn Sie körperlich aktiv sind. Sie müssen diese Kalorien über eine gut gemischte Kost zu sich nehmen, denn während Sie Ihre gesamte Nahrungszufuhr nur um ca. 20% erhöhen sollten, steigt Ihr Bedarf an Folsäure, den Vitaminen B und C, Kalzium, Zink und Magnesium erheblich mehr.

Vegetarier und insbesondere Veganer leiden oft an Vitamin-B_{12}-Mangel. Auch bei allen Frauen, die einseitige Diäten eingehalten haben, kann eine Unterversorgung mit lebensnotwendigen Nährstoffen bestehen. Sprechen Sie in diesen Fällen mit Ihrem Arzt über ein Vitamin- und Mineralstoffpräparat.

Essen Sie viel frisches Obst, Gemüse und Salat, und konsumieren Sie möglichst Vollkornprodukte. Während der Schwangerschaft wird die Nahrung langsamer durch den Darm transportiert, damit die darin enthaltenen Inhaltsstoffe vom Körper optimal aufgenommen und für die Ernährung des Fetus verwendet werden können. Schwangere leiden deshalb häufig an Verstopfung — trinken Sie zur Vorbeugung viel Wasser.

Wichtige Nährstoffquellen

Empfehlenswert sind täglich ca. 60 g **Eiweiß**. Ein Hähnchenschenkel enthält ca. 30 g Eiweiß, 30 g Käse enthalten ca. 7 g, 175 g Kabeljau enthalten 35 g, ein Omelett aus zwei Eiern enthält 15 g und 125 g gekochte Linsen enthalten 19 g Eiweiß.

Ölsardinen mit Gräten, fettarme Milch, fettarmer Joghurt und Käse, Bohnen, Getreide und Nüsse helfen den zusätzlichen **Kalziumbedarf** abzudecken. Die Sardinen liefern außerdem noch **essenzielle Fettsäuren.**

Fleisch, Kichererbsen, grünes Blattgemüse, getrocknete Aprikosen, Datteln und Rosinen versorgen Sie mit einer Extraportion **Eisen** und **Folsäure.**

Karotten, Spinat, fette Fischsorten, Eier und Milchprodukte sowie dunkelgrünes, orangefarbenes und gelbes Gemüse enthalten **Vitamin A** in unbedenklichen Mengen.

Grüne Paprika, Zitrusfrüchte, Kiwis und die meisten Gemüsesorten (einschließlich Kartoffeln) liefern **Vitamin C** und **Bioflavonoide.**

Vitamin D kommt in fetten Fischsorten, Eiern und Lebertran vor. Es wird aber auch vom Körper selbst gebildet, wenn man sich bei Sonnenlicht im Freien aufhält.

Gewichtszunahme

Die Gewichtszunahme während der Schwangerschaft ist ein wichtiges Indiz für die Gesundheit von Mutter und Kind. Allerdings nimmt man im Verlauf der neun Monate unterschiedlich schnell zu: In den ersten 10 Wochen tritt nur eine sehr geringe Gewichtsveränderung ein. In den zweiten 10–12 Wochen liegt der gesunde Durchschnitt bei etwa 250 g Zunahme pro Woche, während in der Zeit danach normalerweise eine Gewichtszunahme von etwa 500 g pro Woche zu erwarten ist.

Wenn Sie das Gefühl haben, dass Sie während der Schwangerschaft zu viel zunehmen, dürfen Sie sich auf keinen Fall eine restriktive Diät verordnen. Fragen Sie stattdessen Ihren Arzt um Rat.

Stillen und erste Babymahlzeiten

Stillen ist der bestmögliche **Start ins Leben** für Ihr Baby. **Zahllose Studien** zeigen, dass selbst die nach neusten Erkenntnissen zusammengesetzten Säuglingsmilchprodukte der **Muttermilch** den Rang als **perfekte erste Babynahrung** nicht streitig machen können.

Eine 1998 veröffentlichte Studie über Frühgeborene deutet darauf hin, dass die Ernährung in den ersten Lebenswochen entscheidenden Einfluss auf die Entwicklung des Gehirns sowie allgemein auf die Gesundheit im späteren Leben hat. Einer der Gründe hierfür könnten bestimmte Fettsäuren sein, so genannte langkettige, mehrfach ungesättigte Fettsäuren wie z. B. die DHA und AA, die in der Muttermilch vorkommen, jedoch normalerweise nicht in Säuglingsmilchprodukten enthalten sind.

Stillen kräftigt das Immunsystem des Babys. Zahlreiche Studien in Industrie- und Entwicklungsländern belegen, dass gestillte Kinder weniger anfällig für Infektionskrankheiten sind, seltener an Blutarmut leiden und bei einer Stillzeit von mindestens vier Monaten weniger häufig an Asthma oder Ekzemen erkranken. Es wird aber wohl noch Jahre dauern, bis alle Schutzstoffe in der Muttermilch erforscht sind. So wurde erst kürzlich Laktoferrin in der Vormilch (Kolostrum) entdeckt, die kurz nach der Entbindung gebildet wird und das Neugeborene mit wertvollen abwehrstärkenden Stoffen versorgt.

Gestillte Babys neigen außerdem im späteren Leben weniger zu Übergewicht: Eine 1999 veröffentlichte Studie unter 9000 bayerischen Kindern zeigte, dass 4,5% der mit der Flasche gefütterten Babys als Kinder stark übergewichtig waren, im Vergleich zu nur 2,8% der gestillten Babys. Diese Schutzwirkung war umso ausgeprägter, je länger die Babys gestillt worden waren.

Es gibt noch weitere gute Gründe für das Stillen: Die Milch muss nicht in speziell sterilisierten Flaschen erwärmt werden, sie ist immer in genau der richtigen Menge vorhanden, und — ganz besonders wichtig — beim Stillen entsteht eine enge Bindung zwischen Mutter und Kind.

Muttermilch und ökologische Ernährung

Bei all ihren Vorzügen ist Muttermilch heutzutage leider oft durch Schadstoffrückstände belastet. Dioxine, polychlorierte Biphenyle (PCB) und schwer abbaubare Pestizide wie DDT oder Lindan sind in Besorgnis erregenden Mengen in Muttermilch nachgewiesen worden, während sie in Säuglingsmilchprodukten nur selten enthalten sind. In einer umfassenden niederländischen Studie, die Mitte der neunziger Jahre des letzten Jahrhunderts durchgeführt wurde, konnten jedoch bei gestillten Säuglingen mit messbaren Schadstoffspiegeln keine negativen Auswirkungen dieser Rückstände festgestellt werden. Alle Vorzüge des Stillens waren dagegen weiterhin gegeben. Stillen bleibt also weiterhin die beste Wahl, allerdings sollten sich stillende Mütter möglichst nur mit Bio-Erzeugnissen ernähren.

Viele der Probleme, die beim Stillen auftreten können, lassen sich mit fachmännischer Hilfe lösen. Selbst wenn das Stillen direkt nach der Geburt zu schwierig erscheint und man sich zunächst für die Flasche entscheidet, ist es oft möglich, mit Hilfe einer Stillberaterin zum Stillen zurückzukehren (siehe »Adressen« , S. 214).

Im Fall unüberwindlicher Stillschwierigkeiten sollten Sie für Ihr Baby die bestmögliche Säuglingsmilchnahrung auswählen (siehe »Adressen«, S. 214).

Ungeeignete Lebensmittel

Beim Stillen erreicht ein Großteil dessen, was Sie selbst essen und trinken, über die Milch auch Ihr Baby. Wenn in Ihrer Verwandtschaft bereits Allergien wie Heuschnupfen oder Asthma aufgetreten sind, ist es deshalb ratsam, den Konsum bekannter Allergieauslöser wie Weizen oder Milchprodukte stark einzuschränken (siehe S. 204). In einer aktuellen skandinavischen Studie über gestillte Babys mit Koliken zeigte sich, dass bei fast allen Babys die Beschwerden aufhörten, als deren Mütter den Verzehr von Milchprodukten einstellten.

Stark gewürzte, scharfe Speisen wie z. B. Currys oder mexikanische Gerichte sowie große Mengen Tee, Kaffee oder Alkohol können ebenfalls das Wohlbefinden Ihres Babys beeinträchtigen bzw. — im Fall von Koffein — Ihr Baby wach halten. Lebensmittel mit ausgeprägtem Aroma, wie Zwiebeln oder Knoblauch, verändern den Geschmack der Muttermilch und sollten von stillenden Müttern deshalb nur in Maßen konsumiert werden.

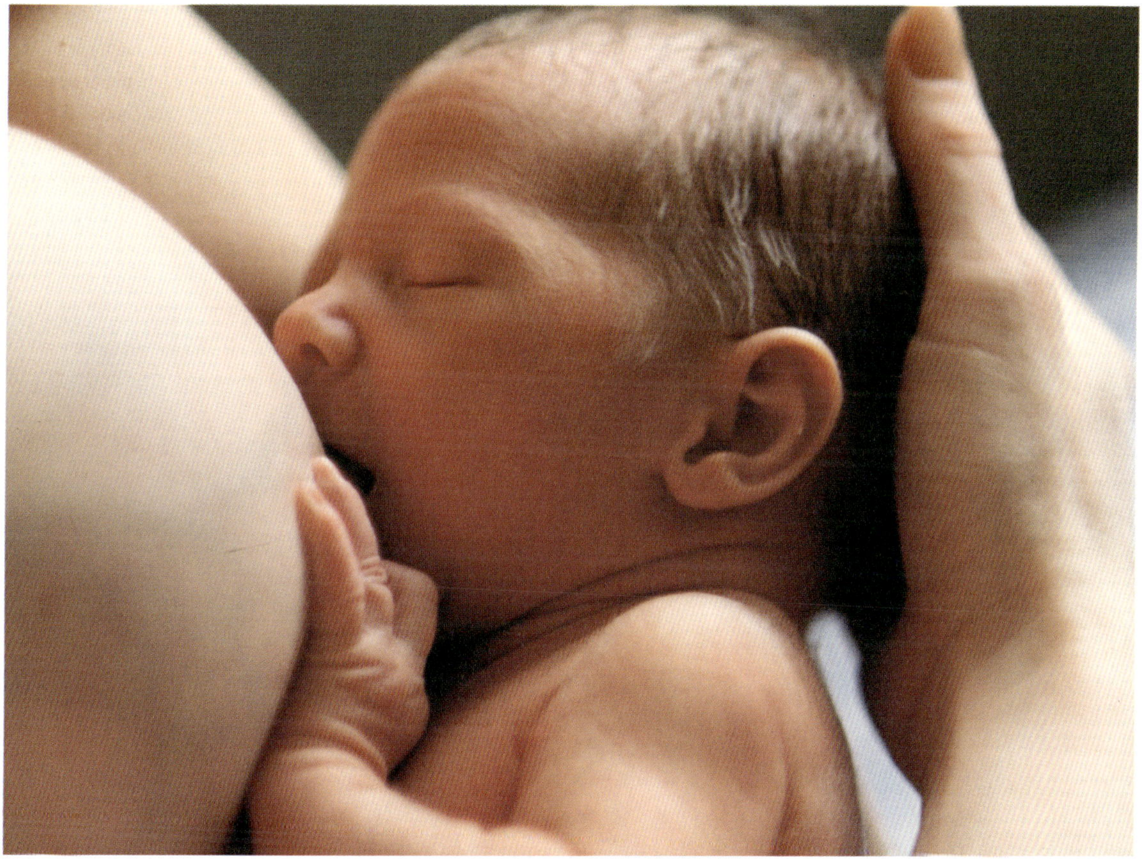

Babymahlzeiten (4–12 Monate)

Wenn Ihr Baby etwa 4 Monate alt ist, können Sie erste Versuche mit fester Nahrung wagen. Lassen Sie aber Ihr Baby das Tempo bestimmen. Wenn es bald nach der Brust bzw. Flasche einnickt und bis zur nächsten Mahlzeit friedlich durchschläft, kann der Brei noch warten.

Wirkt Ihr Baby jedoch schon deutlich vor der Zeit hungrig oder verlangt nach seiner Milch mehr, können Sie ihm etwas nahrhaftere Kost geben — allerdings immer erst nach Abschluss der Milchmahlzeit. Bieten Sie ihm ab und zu ein wenig Obst- oder Gemüsepüree auf einem Eierlöffel an. Wenn Ihr Baby das Püree nach dem ersten Probieren gleich wegschiebt, machen Sie einige Tage Pause und versuchen Sie es dann erneut. Bedenken Sie, dass Ihr Baby in diesem Stadium noch ausreichend über die Milch versorgt ist.

Verlangt Ihr Baby jedoch nach mehr, erfüllen Sie ihm seinen Wunsch. Nach zwei bis drei Monaten hat sich Ihr Baby ans Essen gewöhnt und lernt — meist noch ganz ohne Zähne — zu kauen. Sie können dann von den ganz feinen Pürees auf etwas gröbere Breie umstellen. Für diese Art Brei reicht es aus, wenn Sie das Essen mit einer Gabel zerdrücken. Auch können Sie jetzt für sich und Ihr Baby dieselben Mahlzeiten kochen — vorausgesetzt, dass Sie die Gerichte nicht schon beim Kochen würzen, sondern erst dann, wenn Sie die Portion für Ihr Kind bereits angerichtet haben.

Gerade in dieser frühen Phase treten oft schon die ersten Ernährungsprobleme auf. Babys bestimmen gern selbst über ihre Mahlzeiten, um ihre Selbstständigkeit zu demonstrieren. Das liebevoll zubereitete Essen wegzuschieben, bietet hierfür eine ideale Gelegenheit. (Es kann natürlich auch einfach heißen, dass Ihr Kind gerade keinen Hunger hat.) Wenn Sie Ärger, Frust oder Enttäuschung zeigen, lassen Sie sich auf das Spiel ein. Je mehr Sie sich aufregen, umso heftiger bleibt Babys Mund provozierend geschlossen. Verhalten Sie sich einfach lächelnd ungerührt. Nach einer Weile nehmen Sie das Essen weg und bieten auch keine Alternative an.

Sechs Fitmacher für Babys

Brokkoli: Am besten dämpfen oder in wenig Wasser weich kochen, bis man ihn zerdrücken bzw. passieren kann. Brokkoli ist hervorragend als erste Kost geeignet. Da er aber ein wenig streng schmeckt, sollten Sie ihn mit gekochten, passierten Kartoffeln oder mit Babyreisbrei mischen.

Rüben: Ebenfalls am besten dämpfen oder in wenig Wasser weich kochen, bis man sie zerdrücken bzw. passieren kann. Wie alle Wurzelgemüsesorten ergeben sie ein gutes Püree.

Avocados: Wählen Sie weiche und reife Früchte aus. Zerdrücken Sie ein kleines Stück mit einer Gabel oder verarbeiten Sie es mit Mutter- bzw. Säuglingsmilch zu einem Püree.

Karotten: Sie ergeben eine süßlich schmeckende, nährstoffreiche Anfangskost. Karotten genau wie Brokkoli und Rüben entweder dämpfen oder in wenig Wasser weich kochen, bis man sie pürieren kann.

Spinat: Ist etwa vom sechsten Monat an für Babys geeignet. Füttern Sie Ihr Baby z. B. mit einem Teelöffel aufgetautem, zimmerwarm serviertem Tiefkühlspinat.

Magerer Fisch: Ebenfalls eine nahrhafte Ergänzungskost für Babys ab dem sechsten Monat. Bieten Sie Ihrem Baby etwas Kabeljau, Scholle oder Hecht an, aber achten Sie darauf, dass der Fisch absolut grätenfrei ist.

Der Ernährungsplan

Im Alter von 4–6 Monaten sind Babys für viele Geschmacksrichtungen offen, u. a. für Brokkoli, Kohl und milde Currygerichte. Die Nahrung muss allerdings fein püriert und noch relativ flüssig sein. Selbst wenn Ihr Kind beim ersten Probieren vielleicht überrascht oder ablehnend reagiert, akzeptiert es oft den zweiten oder dritten Löffel.

Diese Phase der sich entwickelnden Geschmacksknospen dauert jedoch nur 7–8 Wochen. Schon im siebten Monat haben die meisten Babys ausgeprägte Vorlieben und Abneigungen entwickelt und spucken unbekannte Speisen oft aus. Wenn ein Baby in der entscheidenden Phase nur den eintönigen Geschmack von Fertignahrung kennen gelernt hat, müssen Sie oft Jahre daran arbeiten, ihm eine vielseitige, ausgewogene Ernährung schmackhaft zu machen.

Aus diesem Grund stammen die empfohlenen Lebensmittel (auf der vorigen Seite) vom kräftigen Ende der Geschmacksskala. Weitere geeignete Lebensmittel ab dem sechsten Monat sind alle Obstsorten, die weich und reif genug zum Zerdrücken sind, hart gekochte Eier sowie jedes gekochte Gemüse, das sich zerdrücken lässt. Probieren Sie es auch mit etwas pochiertem Lachs, Hähnchenfleisch oder Bratapfel mit einem Hauch Zimt oder Muskat. Geben Sie Ihrem Baby zum Einstieg in die Milchproduktpalette Joghurt und Hüttenkäse oder mischen Sie etwas geriebenen Käse unter den Gemüsebrei. Machen Sie Ihr Kind auch mit Getreidespeisen bekannt, wie z. B. mit über Nacht in Mutter- bzw. Säuglingsmilch eingeweichtem Hafermehl, mit Milchreis oder Hirsebrei. Im Alter von 6 Monaten — nicht früher — dürfen Sie ihm die ersten Weizenprodukte anbieten (Rezepte siehe »Frühstück«, S. 120–127).

Lassen Sie nach der Einführung eines neuen Lebensmittels immer zwei oder drei Tage verstreichen, bevor Sie den Speisezettel erneut erweitern. So können Sie bei eventuellen Verdauungsproblemen des Babys auf die wahrscheinliche Ursache schließen.

Im Alter von 9–12 Monaten hat Ihr Baby bereits einige Zähne und vermutlich schon feste Vorstellungen, was es zu essen bereit ist. Neben der unveränderten Portion Mutter- bzw. Säuglingsmilch sollte es jetzt auch drei Mahlzeiten am Tag erhalten. Es zahnt und braucht härtere Lebensmittel, um beißen zu lernen: etwa im Ofen getrocknete Vollkorntoaststreifen, ein Stück Karotte, knackiger Apfel oder junge Rübe und Brokkoli- oder Blumenkohlröschen. Bieten Sie ihm auch aromatischere Gerichte an, wie z. B. Suppen mit Kräutern, herzhafte Fisch-, Nudel- oder Reisgerichte, einige Gabeln Lammbraten, Röstgemüse mit Knoblauch und Couscous oder Brokkoli mit Käsesauce. Gestalten Sie den Speiseplan möglichst vielseitig (siehe folgende Seite).

Ungeeignete Lebensmittel

Alle bedenklichen Lebensmittel (siehe S. 66–69) sind für Babys grundsätzlich ungeeignet, teilweise sogar gefährlich. Vermeiden Sie Zucker generell, mit Ausnahme des in Obst und Gemüse natürlich vorkommenden Zuckers — Ihr Kind könnte sonst sein Leben lang naschhaft bleiben. Verwenden Sie kein Salz, selbst wenn Sie Gemüse bzw. Gerichte zubereiten, die Sie niemals ungesalzen essen wollten. Salz kann für Babys lebensgefährlich sein.

Studien zeigen, dass Babys durch Pestizidrückstände deutlich gefährdeter sind als Erwachsene und dass eine regelmäßige Einwirkung dieser Rückstände zu Krebs und einem geschädigten Immun- und Nervensystem führen kann. Daher sind Bioprodukte für Babys besonders wichtig (siehe S. 22–23).

Vermeiden Sie Nüsse: Nussallergien nehmen in alarmierendem Umfang zu.

Seien Sie sparsam mit Fruchtsäften. Auf Grund ihres konzentrierten Zuckergehalts sollten Säfte mindestens zur Hälfte mit Wasser verdünnt werden. Ihr Baby sollte sich in dieser Zeit auch an reines Wasser gewöhnen.

Gläschen mit fertiger Babynahrung können für viel beschäftigte Mütter manchmal die Rettung sein. Entscheiden Sie sich möglichst für Bioprodukte und achten Sie darauf, dass diese keine billigen, nährstoffarmen Zutaten wie modifizierte Stärke und keinen Zucker enthalten (siehe auch »Adressen«, S. 214.

Baby-Speiseplan (6 Monate)

Sonntag

10 Uhr: Apfel-Aprikosenmus (siehe S. 124) mit Joghurt.

14 Uhr: Kartoffelpüree mit Wurzelgemüse (siehe S. 136). Geschälte und geriebene reife Birne.

18 Uhr: Zerdrückte Kartoffel mit etwas Hüttenkäse. Zerdrückte Banane.

Montag

10 Uhr: Eigelb von einem hart gekochten Ei mit in Milch eingeweichten Vollkornbrotstreifen ohne Rinde.

14 Uhr: Püree aus Karotten und weißen Rüben. Geriebener Apfel mit etwas Orangensaft.

18 Uhr: Püriertes Aprikosenkompott mit Joghurt.

Dienstag

10 Uhr: Bananen-Haferbrei (siehe S. 120).

14 Uhr: Spinatpüree mit Hüttenkäse. Zerdrückte Banane.

18 Uhr: Püree aus Karotten, Brokkoli und Kartoffeln.

Mittwoch

10 Uhr: Zerdrückte Banane mit etwas Joghurt und Weizenkeimen.

14 Uhr: Gemüsepüree mit Brathähnchen (siehe S. 167). Frische zerdrückte Birne.

18 Uhr: Hirsemüsli (siehe S. 48) mit etwas zerdrücktem Pfirsich oder zerdrückter Nektarine.

Donnerstag

10 Uhr: Bircher Müsli (siehe S. 120)

14 Uhr: Kartoffelpüree mit Wurzelgemüse (siehe S. 136). Geschälter, geriebener reifer Pfirsich.

18 Uhr: Apfelmus mit Joghurt. In Milch eingeweichte Vollkornbrotstreifen.

Freitag

10 Uhr: Zerdrückte Banane mit etwas Joghurt und Weizenkeimen.

14 Uhr: Süßkartoffelpüree mit Brokkoli und grünen Bohnen (siehe S. 136). Pürierte Avocado mit einigen Tropfen Zitronensaft.

18 Uhr: Bircher Müsli (siehe S. 120) mit etwas geriebenem Apfel.

Samstag

10 Uhr: Eigelb von einem hart gekochten Ei mit Vollkornzwieback.

14 Uhr: Fisch-Kartoffelgratin (siehe S. 139). Püree aus weißen Rüben und Karotten.

18 Uhr: Zerdrückte Banane mit Orangensaft.

Baby-Speiseplan (18 Monate)

Sonntag

Frühstück: Rührei mit Vollkornbrotstreifen und Butter.

Mittag: Kaltes Brathähnchen (siehe S. 167) mit gedünsteten Karotten, Kartoffeln und Brokkoli. Pfirsichspalten.

Abend: Zerdrückte Ofenkartoffel mit Hüttenkäse und Spinatpüree. Apfel.

Montag

Frühstück: Müsli mit Joghurt und geriebenem Apfel.

Mittag: Eier-Spinat-Auflauf (siehe S. 198). Frischer Obstsalat.

Abend: Bratapfel mit Rosinenfüllung. Gebutterte Vollkorntoaststreifen mit Käseaufschnitt.

Dienstag

Frühstück: Bananen-Haferbrei (siehe S. 120).

Mittag: Schellfisch-Moussaka (siehe S. 164) mit Brokkolipüree. Frische Ananasstücke.

Abend: Bohnenfrikadelle (siehe S. 184) mit Kartoffelpüree. Sellerie- und Karottenstifte.

Mittwoch

Frühstück: Getrocknete Pflaumen und Aprikosen, über Nacht eingeweicht und mit Joghurt püriert.

Mittag: Tomatengratin (siehe S. 143) mit Spinatpüree.

Abend: Erbsensuppe mit Reis (siehe S. 134). Gebutterte Vollkorntoaststreifen. Karottenstifte.

Donnerstag

Frühstück: Bircher Müsli (siehe S. 120) mit Joghurt und Pfirsich- oder Birnenscheiben.

Mittag: Pochiertes Hähnchen (siehe S. 166). Gedämpfter Brokkoli mit etwas Butter und Muskat. Ein Pfirsich.

Abend: Minestrone mit Reis und Tomaten (siehe S. 130). Haferecken (siehe S. 158) mit etwas Käse.

Freitag

Frühstück: Obstsalat aus Kiwi, Apfel und Weintrauben mit Sahne-Naturjoghurt.

Mittag: Reisfrikadellen (siehe S. 183) mit Erbsen. Eine Banane.

Abend: Sellerie- und Karottenstifte mit Hüttenkäse. Apfelkompott mit Vollkornzwieback.

Samstag

Frühstück: Vollkorncerealien mit Ziegenmilch und ein paar Rosinen.

Mittag: Eine Ofenkartoffel mit Röstgemüse (siehe S. 174) und einem fein gewürfelten Tomaten-Gurkensalat.

Abend: Lammschmortopf (siehe S. 168). Apfelmus mit Sahne-Naturjoghurt.

Kleinkinder

Kleinkinder besitzen ungeheure **Energiereserven** und einen wachsenden Forscherdrang. Für all ihre Aktivitäten benötigen sie viele **Kohlenhydrate**, die in Getreide wie **Weizen, Reis** und **Hafer**, in Hülsenfrüchten wie **Bohnen** und **Linsen**, in stärkehaltigem Gemüse wie **Karotten** und **Kartoffeln** sowie in Obst und Milch vorkommen.

Da dies zugleich eine aktive Wachstumsphase ist, benötigen Kleinkinder auch qualitativ hochwertiges Eiweiß. Dieses ist allerdings nicht nur in Fleisch, Fisch und Eiern enthalten. Auch Getreide beinhaltet Eiweiß, wobei z. B. Hafer, Hirse und das wiederentdeckte Urgetreide Amaranth (siehe S. 51) sich als besonders eiweißreich erwiesen haben. Vollkornprodukte liefern grundsätzlich mehr Eiweiß als raffiniertes Weißmehl oder weißer Reis.

Sobald Kleinkinder ihre Mahlzeiten mit der Familie einzunehmen beginnen, lernen sie auch ihre ersten Lektionen in Umgang und Benehmen — unter anderem, dass Schreien, Werfen mit Essen und sonstige Aufmerksamkeit heischende Taktiken bei Tisch auf keinen Fall geduldet werden.

Kleinkinder sollten möglichst dasselbe Essen erhalten wie alle anderen, wenn auch vielleicht in zerdrückter Form. Ein paar Nudeln, eine kleine Portion Gemüse und etwas Fleisch mit Sauce geben ihnen das Gefühl, wirklich Teil der Familie zu sein. Außerdem akzeptieren sie das Essen viel eher, wenn sie sehen, dass andere es auch gern essen.

Sechs Fitmacher für Kleinkinder

Hirse: Bietet als einzige Getreidesorte vollwertiges Eiweiß und ist reich an Eisen und anderen wichtigen Mineralstoffen. Hirse ist sehr bekömmlich.

Bohnen: Ein hervorragender Energiespender, der zugleich Eiweiß liefert. Weiße Bohnen in Tomatensauce mit Vollkorntoaststreifen und einem Stück Obst sind eine gute Mahlzeit für Kleinkinder. Achten Sie aber auf Produkte ohne Zuckerzusatz (in Bioläden erhältlich).

Lachs: Bietet wie alle fetten Fischsorten neben wertvollem Eiweiß auch Fettsäuren, die eine zentrale Rolle für die Nerven und das Gehirn spielen.

Joghurt: Probiotischer Naturjoghurt ist reich an Kalzium, Eiweiß und einigen wichtigen B-Vitaminen. Er ist leichter verdaulich als Milch. Die lebenden Joghurtbakterien unterstützen zudem eine gesunde Darmflora.

Kiwis: Ihr frisches, leicht säuerliches Aroma ist eine Herausforderung für junge Gaumen. Kiwis enthalten besonders viel Vitamin C, das auch bei langer Lagerung erhalten bleibt.

Blumenkohl: Stärkt wie alle Kreuzblütlergemüse die Abwehrkräfte und schützt vor Atemwegsproblemen.

Der Ernährungsplan

In diesem Alter gilt es, Kindern die Essgewohnheiten beizubringen, die ihnen ein Leben lang erhalten bleiben sollen: die Gewohnheit, Durst mit Wasser bzw. Milch zu stillen statt mit Erfrischungsgetränken oder Fruchtsaft, viel Obst zu essen — die ideale Zwischenmahlzeit (beschränken Sie sich allerdings nicht nur auf Bananen) — und gern und oft zu Gemüse zu greifen: z. B. leicht gedämpft, in etwas Wasser gegart oder im Wok gebraten und geschmacklich mit Kräutern oder Gewürzen verfeinert.

Kleinkinder benötigen drei vollständige Mahlzeiten, um ihren Ernährungsbedarf abzudecken. Sie brauchen ein kräftigendes Frühstück, das sie mit Energie für den ganzen Morgen versorgt, ein eiweißreiches Mittagessen (Eier, Hüttenkäse, Fisch, Hähnchen, Bohnen) und eine Abendmahlzeit mit vielen Kohlenhydraten, damit sie ruhig schlafen: Reis, Hirse, ein Teller Müsli oder eine Ofenkartoffel.

Ungeeignete Lebensmittel

Zucker steht in dieser Altersgruppe ganz oben auf der Liste der bedenklichen Lebensmittel. Kleinkinder sind mühelos mit dem natürlichen Zuckergehalt in Obst und Gemüse zufrieden zu stellen, sofern sie nicht die verführerische Süße kommerzieller Produkte kennen gelernt haben, wie z. B. von so genannten Kinderjoghurts, Fruchtsaftgetränken, Cerealien, Kuchen, Keksen oder Schokolade.

Nehmen Sie statt gesüßter, aromatisierter Joghurts einen cremigen Naturjoghurt und rühren Sie etwas frisches Obst ein (z. B. geriebene Äpfel oder Birnen, zerdrückte Pfirsiche oder Nektarinen, gewürfelte Kiwis oder Bananen). Bieten Sie Kindern statt süßer Kekse Roggenknäckebrot, Reiswaffeln oder dünn gebutterte Haferecken an. Und bringen Sie selbst hausgemachte Kuchen und Kekse nur am Wochenende auf den Tisch.

Erfrischungsgetränke sind die andere bedenkliche Lebensmittelgruppe für diese Altersstufe. Die besten Getränke für durstige Kleinkinder sind Wasser und Milch — aber ausschließlich Vollmilch, bevorzugt aus ökologischer Erzeugung.

Speiseplan für den Sommer

Montag

Frühstück: Etwas Rührei mit gebutterten Vollkornbrotstreifen. Ein Glas Milch.

Mittag: Nudeln mit Avocadosauce (siehe S. 175). Salat aus Tomaten- und Gurkenscheiben, Eisbergsalatstreifen und etwas Mayonnaise. Frisches Obst.

Abend: Hähnchenfrikadelle in Tortilla (siehe S. 178). Joghurt mit Pfirsich- oder Nektarinenstücken.

Dienstag

Frühstück: Müsli mit Rosinen und Bananenscheiben. Ein Glas frisch gepresster Orangensaft.

Mittag: Salat aus Tunfisch, Avocado und Tomate mit etwas Mayonnaise, dazu ein kleines knuspriges, gebuttertes Vollkornbrötchen. Ein Pfirsich.

Abend: Kartoffelbratlinge mit Frühlingszwiebeln (siehe S. 184), dazu Spinat. Eine in Scheiben geschnittene Kiwi.

Mittwoch

Frühstück: Cremiger Joghurt mit Apfelmus und Rosinen. Vollkorntoast mit Butter und Honig.

Mittag: Kaltes Brathähnchen mit Pisto (siehe S. 144), dazu ein kleiner grüner Salat. Frisches Obst.

Abend: Kartoffelrösti mit gegrilltem Speck (siehe S. 171), dazu grüne Bohnen. Ein Pfirsich oder eine Nektarine.

Donnerstag

Frühstück: Fünf-Korn-Kruska (siehe S. 123) mit Joghurt und Bananenscheiben oder einigen Erdbeeren.

Mittag: Lachsfrikadellen (siehe S. 139) mit gedämpften Brokkoli und neuen Kartoffeln. Ein Pfirsich.

Abend: Bohnen in Tomatensauce (ohne Zuckerzusatz) auf Vollkorntoast. Gurken-Tomatensalat. In Scheiben geschnittene Birne mit etwas Joghurt.

Freitag

Frühstück: Eingeweichtes Trockenobst mit Joghurt und etwas Honig.

Mittag: Pochiertes Ei mit Tomate (siehe S. 126), dazu neue Kartoffeln. Karotten- und Selleriestifte. Zum Dessert frisches Obst.

Abend: Minestrone mit Pesto (siehe S. 130). Haferecken (siehe S. 158) mit Frischkäse. Ein Apfel.

Speiseplan für den Winter

Montag

Frühstück: Frisch gepresster Orangensaft. Haferbrei (siehe S. 122) mit Milch oder Sahne und etwas Honig.

Mittag: Gemüseomelett (siehe S. 145). Sellerie- und Karottenstifte mit Hummus (siehe S. 156).

Abend: Kürbissuppe (siehe S. 133), dazu ein kleines knuspriges, gebuttertes Vollkornbrötchen. Bananenscheiben mit Joghurt.

Dienstag

Frühstück: Ein gekochtes Ei mit Vollkorntoaststreifen. Ein Glas frisch gepresster Orangensaft.

Mittag: Kichererbsen-Gemüsebratlinge (siehe S. 182). Eisbergsalat mit geriebenem Apfel, geriebenen Karotten und Mayonnaise. Ein Apfel.

Abend: Schellfisch-Moussaka (siehe S. 164).

Mittwoch

Frühstück: Zitrusshake (siehe S. 124). Vollkorntoast mit Butter und zuckerfreiem Fruchtaufstrich.

Mittag: Spaghetti Bolognese (siehe S. 177). Haferecken (siehe S. 158) mit Käseaufschnitt und Selleriestiften.

Abend: Lammschmortopf (siehe S. 168) mit gedämpftem Blumenkohl. Eine Birne.

Donnerstag

Frühstück: Hirsemüsli (siehe S. 48) mit Bananenstücken und Joghurt.

Mittag: Blumenkohl-Brokkoli-Auflauf (siehe S. 171) und eine Ofenkartoffel. Ein Apfel.

Abend: Naturreis mit Röstgemüse (siehe S. 173 und 174). Frischer Obstsalat.

Freitag

Frühstück: Grapefruitspalten. Haferbrei (siehe S. 122) mit Milch und etwas Honig.

Mittag: Bohnen in Tomatensauce (ohne Zuckerzusatz) auf Vollkorntoast. Kleiner gemischter Salat. Ein Apfel.

Abend: Lauchsuppe mit Brunnenkresse (siehe S. 131). Ein kleines knuspriges Vollkornbrötchen. Karotten- und Selleriestifte mit Hummus (siehe S. 156).

Vorschulkinder

Ab einem Alter von 4 Jahren brauchen Kinder deutlich **mehr Energie.** Sie sind jetzt körperlich viel aktiver, entwickeln ihre **geistigen Fähigkeiten** und wachsen schnell. Der wichtigste Aspekt der Ernährung sind deshalb **Kalorien,** und zwar in Form einer ausgewogenen Kost, die zugleich den Bedarf der Kinder an allen weiteren lebenswichtigen **Nährstoffen** abdeckt.

Jungen benötigen in diesem Alter durchschnittlich 1700 Kalorien am Tag, Mädchen etwa 1550 Kalorien. Hier lauert eine große Gefahr für unachtsame Eltern. Denn da Kinder in diesem Alter einen Riesenappetit entwickeln, um ihren Kalorienbedarf abzudecken, ist es für Eltern oft einfacher, dem ständigen Drängen nachzugeben und ihnen den Verzehr ungesunder Lebensmittel zu gestatten.

Kekse, Kuchen, Süßigkeiten, Schokolade, Chips und Erfrischungsgetränke scheinen eine schnelle und einfache Lösung zu sein. Doch diese Produkte mit ihrem hohen Fett-, Zucker- und Salzgehalt bergen drei große Gefahren:

- Sie machen Kinder vor den Mahlzeiten satt und verdrängen deshalb gesunde Lebensmittel vom täglichen Speiseplan.
- Sie enthalten Kindern den lebenslang wirksamen Schutz vor Herzerkrankungen, Osteoporose und auch vielen Krebsarten vor, da die schützenden Bioaktivstoffe nur in Vollwerterzeugnissen enthalten sind.
- Sie fördern gesundheitsgefährdende Essgewohnheiten und führen zu einer Präferenz für salz- und zuckerreiche Lebensmittel, die in der Regel ein Leben lang bestehen bleibt und eine der Hauptursachen für Übergewicht ist.

Sechs Fitmacher für Vorschulkinder

Bananen: Ob ganz, zerdrückt, gebacken oder als Milchshake — Bananen bieten in jeder Form eine optimale Nährwertbilanz, u. a. viel Kalium, Vitamin B_6, Folsäure und Ballaststoffe.

Buchweizen: Ergibt schmackhafte Pfannkuchen, die sich vielseitig füllen lassen. Streng genommen ist Buchweizen kein Getreide, sondern eine Nuss. Er ist reich an Rutin, das den Kreislauf schützt.

Hähnchen: Am besten sind Bio-Hähnchen aus Freilandhaltung. Hähnchenfleisch ist ein idealer Eiweißspender für Kinder und lässt sich schnell und einfach zubereiten, z. B. mit Gemüse im Wok oder als Füllung für Buchweizenpfannkuchen.

Weintrauben: Die kernlosen Sorten sind bei fast allen Kindern beliebt. Weintrauben wirken stärkend und sind exzellente Energiespender.

Kartoffeln: Ebenfalls bei Kindern gern gesehen. Pommes frites sollten jedoch die Ausnahme sein. Als Pell- oder Ofenkartoffeln, Püree oder geröstet sind Kartoffeln sättigend und liefern Ballaststoffe, B-Vitamine, Mineralstoffe und Vitamin C.

Vollkornbrot: Kinder sollten sich schon früh an Vollkornbrot gewöhnen, damit sie es dem substanzlosen Weißbrot bald von selbst vorziehen. Vollkornbrot bietet gesunde Kalorien sowie B-Vitamine, Eiweiß und Ballaststoffe.

Der Ernährungsplan

Ihr Kind geht inzwischen wahrscheinlich in den Kindergarten oder in eine Spielgruppe und lernt dort auch die Vorzüge des gemeinsamen Essens mit anderen Kindern kennen. In dieser entscheidenden Phase gilt es, sowohl die neu erworbenen sozialen Fähigkeiten als auch die kindliche Neugier und den weiter entwickelten Geschmackssinn zu nutzen, um Kindern echte Freude am Essen zu vermitteln.

Ihr Kind hat bereits gelernt, zusammen mit der Familie zu essen. Dies sollte jetzt die Regel und nicht mehr die Ausnahme sein. Auf Grund des Alltagsstresses ist es zwar nicht leicht, die ganze Familie zum Essen am Tisch zu versammeln, doch versuchen Sie zumindest regelmäßig im Kreis der Familie zu frühstücken, selbst wenn Sie dafür etwas früher aufstehen müssen. Es lohnt sich. Bemührn Sie sich auch, das traditionelle Sonntagsessen wieder einzuführen, das in vielen Familien immer mehr in Vergessenheit gerät.

Interessanterweise sind gerade in Südeuropa, wo insgesamt eine gesündere Ernährung der Kinder zu beobachten ist als bei uns, Mahlzeiten im Kreis der Familie nicht auf Weihnachten und Ostern beschränkt, sondern bilden noch einen festen Bestandteil des Familienlebens.

Ungeeignete Lebensmittel

Bei Vier- bis Fünfjährigen sollten Sie dieselben Lebensmittel meiden wie bei Kleinkindern: zuckerreiche Snacks, Cerealien und Getränke. Am besten kaufen Sie diese Produkte gar nicht erst ein — sie sind in jedem Alter schädlich.

Speiseplan für den Sommer

Montag

Frühstück: Bircher Müsli (siehe S. 120)

Mittag: Fisch-Kartoffelgratin (siehe S. 139), dazu gebuttertes Vollkornbrot. Kernlose Weintrauben.

Abend: Gemüse-Couscous (siehe S. 172). Zerdrückte Banane mit Joghurt und Honig.

Dienstag

Frühstück: Joghurt-Bananenshake (siehe S. 124). Ein gebutterter Vollkorntoast.

Mittag: Minestrone mit Reis und Tomaten (siehe S. 130), dazu ein kleines Vollkornbrötchen. Zum Dessert Sahne-Naturjoghurt.

Abend: Fischauflauf mit Kartoffelkruste (siehe S. 167), dazu Erbsen. Apfelkompott mit etwas Crème fraîche.

Mittwoch

Frühstück: Arme Ritter (siehe S. 126). Ein kleiner, in Spalten geschnittener Apfel.

Mittag: Schnittlauch-Ei (siehe S. 153) mit Vollkorntoaststreifen zum Eintauchen. Eine Banane.

Abend: Nudelsalat mit Tunfisch (siehe S. 147). Kernlose Weintrauben.

Donnerstag

Frühstück: Ein pochiertes Ei auf einem dünn gebutterten Vollkorntoast. Mandarine.

Mittag: Überbackener Käsetoast mit Apfelspalten (siehe S. 155). Ein kleiner Salat aus gewürfelter Tomate und Avocado.

Abend: Erbsensuppe mit Reis (siehe S. 134). Gestürzter Obstkuchen (siehe S. 188).

Freitag

Frühstück: Trockenobstkompott (siehe S. 124) mit Sahne-Naturjoghurt und etwas Honig. Ein kleines warmes Vollkornbrötchen mit Butter und Bio-Marmelade.

Mittag: Ofenkartoffel mit Bohnen in Tomatensauce. Frische Beeren mit Naturjoghurt und etwas Honig.

Abend: Kartoffelrösti mit gegrilltem Speck (siehe S. 171). Hinweis: Falls Ihr Kind keinen Räucherspeck mag, stattdessen Kochschinken oder Putenbrustaufschnitt in Streifen schneiden und kurz anbraten. Zum Dessert pürierte frische Erdbeeren mit Mascarpone.

Speiseplan für den Winter

Montag

Frühstück: Zuckerfreier Pfannkuchen (siehe S. 190, Zucker weglassen), darin eine reife Banane einwickeln.

Mittag: Marinierte Hähnchenbrüste (siehe S. 138) mit grünem Gemüse.

Abend: Makkaroni, gedünstete Karottenwürfel und Brokkoli mit einer Tomatensauce (siehe S. 176). Eine kleine Schale Apfelmus mit Vanillesauce.

Dienstag

Frühstück: Gerstenpfannkuchen (siehe S. 127) mit einer Füllung aus Hüttenkäse und kernlosen Weintrauben.

Mittag: Gemüseomelett (siehe S. 145). Dazu als Beilage Eisbergsalatstreifen, Gurkenscheiben und ein paar Kirschtomaten.

Abend: Hausgemachte Fischstäbchen (siehe S. 166) mit Kartoffelpüree und Mais. Geschälte und in Scheiben geschnittene Kiwi.

Mittwoch

Frühstück: Rührei mit Tomate und Champignon (siehe S. 125) auf Vollkorntoast.

Mittag: Blumenkohl-Brokkoli-Auflauf (siehe S. 171). Eine reife Birne.

Abend: Gemüse-Couscous (siehe S. 172) mit etwas Hähnchenfleisch (mit der Zwiebel anbraten). Einige Scheiben geschälte Mango.

Donnerstag

Frühstück: Fruchtjoghurt (siehe S. 123). Ein kleines Vollkornbrötchen mit einer Scheibe Edamer.

Mittag: Pikant gefülltes Pitabrot (siehe S. 149). Eine Mandarine und ein paar Weintrauben.

Abend: Tunfisch-Kartoffelpüree (siehe S. 152), dazu Karotten und grüne Bohnen. Ein Heidelbeer-Muffin (siehe S. 162).

Freitag

Frühstück: Haferbrei (siehe S. 122). Ein gebutterter Vollkorntoast.

Mittag: Kidneybohnen auf indische Art (siehe S. 185).

Abend: Pochiertes Hähnchen (siehe S. 166). Bio-Fruchtjoghurt.

Schulanfänger

Kleine Körper brauchen eine **ausgewogene Ernährung**, um den Schulalltag zu meistern. Doch noch hungriger als die Körper der Kinder sind ihre Gehirne, die reichlich **Sauerstoff, Energie** und **Nährstoffe** benötigen, insbesondere **Eisen, Magnesium** und **B-Vitamine**. Wird dieser Bedarf nicht abgedeckt, fällt es Kindern schwer, sich zu konzentrieren.

Diese Erkenntnis ergab eine Studie an 803 Schulen in New York City. Dort wurde zwischen 1979 und 1982 die Schulverpflegung nach und nach umgestellt: Erfrischungsgetränke, Süßigkeiten, zuckerreiche Snacks und farbstoffhaltige Speisen wurden durch Obst, Salate und Vollkornprodukte ersetzt. Die schulische Leistung der zwei Millionen Schüler (gemessen mit Hilfe eines unabhängigen Leistungstests) stieg von 11% unter dem amerikanischen Landesdurchschnitt im Jahr 1979 auf 5% über dem Durchschnitt im Jahr 1982. Die deutlichsten Verbesserungen wurden bei Kindern beobachtet, die als »lernbehindert« galten.

Wenn in der Schule Ihres Kindes Süßigkeiten oder Erfrischungsgetränke an Automaten verkauft werden oder wenn die Schulkantinenverpflegung Ihrer Kinder an Ganztagsschulen unausgewogen ist und kaum Vollkornprodukte, Obst und Salat auf dem Speiseplan stehen, sollten Sie mit gleichgesinnten Eltern etwas dagegen unternehmen.

Sechs Fitmacher für Schulanfänger

Äpfel: Schmecken lecker, liefern Energie, stärken die Abwehrkräfte und wirken positiv auf die Verdauung. Die Schale ist besonders nährstoffreich.

Trockenobst: Datteln, Feigen und Rosinen sind nahrhaft und exzellente Energiespender. Sie regen die Verdauung an und liefern wertvolle Mineralstoffe, u. a. Eisen und Kalzium.

Hafer: Hervorragende Nahrung für das Gehirn und das Nervensystem. Haferbrei ist ein ideales Frühstück für Schulkinder.

Eier: Enthalten Eiweiß, Eisen, Zink und Kalzium sowie Vitamin A zur Abwehrstärkung und Vitamin E. Bevorzugen Sie Bio-Eier aus Freilandhaltung.

Sardinen: Ebenfalls eine gute Gehirnnahrung, da sie viel Eisen, Zink und Kalzium enthalten. Ermutigen Sie Ihre Kinder, die Gräten mitzuessen.

Vollkornbrot: Einschließlich Mehrkornbrötchen oder Cracker. Schulkinder benötigen das Eiweiß und die Vitamine, Mineral- und Ballaststoffe, die nur im vollen Korn enthalten sind.

Der Ernährungsplan

Mit einem nahrhaften Frühstück erhalten Kinder einen glänzenden Start in ihren Schultag. Verzehren sie dagegen nur rasch ein paar Kekse oder eine Portion angeblich »gesunder« Cerealien mit hohem Zuckergehalt, wirkt sich der stark schwankende Blutzuckerspiegel (siehe »Kohlenhydrate«, S. 14) verheerend auf ihre Konzentrationsfähigkeit aus, denn das Gehirn benötigt 70% des Blutzuckers. Die Kinder brauchen schon bald wieder eine Zuckerration.

Einige Ganztagsschulen verfügen über eine Kantine und bieten ein richtiges Mittagessen an. Falls das bei Ihnen nicht der Fall ist, sollten Sie Ihrem Kind ein Lunchpaket mitgeben. Packen Sie stets ein Stück Obst ein, eine kleine Portion Salat (mit einer Gabel), einige Nüsse oder Trockenfrüchte und vielleicht einen gesunden Müsliriegel. Außerdem ein Sandwich, Brötchen oder Pitabrot mit einer eiweißreichen Füllung aus Eiern, Fisch oder Hähnchen.

Fast alle Kinder kommen müde und hungrig aus der Schule nach Hause und müssen erst einmal ausspannen. Während die meisten Schüler nach dem Vormittagsunterricht bald zu Hause mittagessen, sollten Ganztags- oder vom Nachmittagsunterricht heim kommende Schüler eine kleine Stärkung zu sich nehmen. Im Sommer bieten sich hierfür Dips mit einer Auswahl knackiger Gemüsesorten oder Brotstangen, ein frischer Obstsalat oder ein selbst gemachter Joghurt-Fruchtshake an. Im Winter servieren Sie ein Fruchtkompott und gelegentlich einen Muffin oder ein Stück Vollwertkuchen.

Ein leichtes Essen zum Tagesabschluss

Wenn das Abendessen zu schwer ist oder zu spät verzehrt wird, kann dies Schlaflosigkeit zur Folge haben. Bieten Sie Kindern als Vorspeise frische Karotten- oder Selleriestifte zum Knabbern an. Bringen Sie abends stets Gemüse auf den Tisch: Bereiten Sie z. B. Gemüsecremesuppe mit Knoblauchcroûtons oder grünen Salat zu. Auch selbst gemachte Fisch- oder Fleischfrikadellen, Gemüsebratlinge, Ofenkartoffeln mit Hüttenkäse oder Bohnensuppe mit Toast sind gut geeignete Abendgerichte.

Geben Sie Kindern Bio-Vollmilch zu trinken: je ein Glas zum Frühstück und Abendessen, ansonsten Wasser oder stark verdünnten Fruchtsaft.

Die Problemlebensmittel für diese Altersgruppe sind Süßigkeiten — oftmals die »Währung« auf dem Spielplatz — sowie Erfrischungsgetränke, denen Ihr Kind spätestens jetzt erstmals begegnet. Seien Sie Ihrem Kind nicht böse, wenn es Sie um diese Lebensmittel bittet, aber erklären Sie ihm, warum man diese Produkte nur ausnahmsweise verzehren sollte.

Speiseplan für den Sommer

Montag

Frühstück: Vollkorncerealien mit Milch. Eine Banane.

Mittag: Minestrone mit Reis und Tomaten (siehe S. 130). Gurkensalat mit Hüttenkäse. Ein Pfirsich oder eine Nektarine.

Abend: Dips mit knackigem Gemüse (siehe S. 149). Reisfrikadellen (siehe S. 183) mit grünen Bohnen. Frisches Obst.

Dienstag

Frühstück: Trockenobstkompott (siehe S. 124) mit Müsli.

Mittag: Tunfisch-Ei (siehe S. 196). Ein grüner Salat mit Tomaten und Gurke.

Abend: Sardinen auf Toast. Pfannkuchen (siehe S. 190), mit etwas zuckerfreiem Fruchtaufstrich bestrichen und aufgerollt.

Mittwoch

Frühstück: Pochiertes Ei mit Tomate (siehe S. 126).

Mittag: Pizza-Baguettebrötchen (siehe S. 154). Grüner Salat mit Gurke. Zum Dessert ein Pfirsich oder eine Nektarine.

Abend: Indonesischer Gemüseeintopf (siehe S. 178). Joghurt mit frischen Obststücken.

Donnerstag

Frühstück: Frisch gepresster Orangensaft. Ein hart gekochtes Ei mit gebuttertem Vollkorntoast.

Mittag: Hausgemachte Fischstäbchen (siehe S. 166) mit neuen Kartoffeln. Salat aus geriebenen Karotten, Roten Beten und Tomatenscheiben mit etwas Mayonnaise.

Abend: Naturreis (siehe S. 173) mit Käse. Chicoreesalat mit Brunnenkresse. Frisches Obst.

Freitag

Frühstück: Müsli mit Rosinen, über Nacht in Apfelsaft eingeweicht und mit Joghurt serviert.

Mittag: Gemüseomelett (siehe S. 145) mit grünen Bohnen. Ein Pfirsich oder eine Nektarine.

Abend: Nudeln mit Tomaten-Paprika-Sauce (siehe S. 176). Ein grüner Salat mit Gurke. Zum Dessert Sahne-Naturjoghurt mit Erdbeeren.

Speiseplan für den Winter

Montag

Frühstück: Haferbrei (siehe S. 122) mit Honig und etwas Sahne.

Mittag: Bohnenfrikadellen (siehe S. 184) mit Kohlsalat (siehe S. 198). Ein Apfel.

Abend: Hausgemachte Fischstäbchen (siehe S. 166), dazu Sellerie-Kartoffelpüree (siehe S. 180) und Erbsen. Birnenkompott mit Joghurt.

Dienstag

Frühstück: Rührei mit Tomate und Champignon (siehe S. 125), dazu Vollkorntoast.

Mittag: Spinatbrot (siehe 154). Haferecken (siehe S. 158) mit Butter und Selleriestangen. Ein Apfel.

Abend: Ofenkartoffel mit Bohnen in Tomatensauce. Danach eingeweichte Backpflaumen und Aprikosen mit Joghurt.

Mittwoch

Frühstück: Haferbrei (siehe S. 122) mit Milch oder Sahne. Vollkorntoast mit Butter und zuckerfreiem Fruchtaufstrich.

Mittag: Mediterranes Omelett (siehe S. 169). Ein kleines Vollkornbrötchen mit Butter. Eine Birne.

Abend: Wirsingkohleintopf mit Käse (siehe S. 132). Sellerie- und Karottenstifte mit Hummus (siehe S. 156). Apfelkompott mit Joghurt.

Donnerstag

Frühstück: Gekochtes Ei mit Vollkorntoast und Butter.

Mittag: Gemüsebratlinge mit Spinat-Käsekruste (siehe S. 182). Kohlsalat (siehe S. 198).

Abend: Brathähnchen mit Sellerie-Kartoffelpüree (siehe S. 180). Ein mit Trockenobst gefüllter Bratapfel.

Freitag

Frühstück: Eine Mandarine. Fünf-Korn-Kruska (siehe S. 123) mit einem Löffel Joghurt und einer in Scheiben geschnittenen Banane.

Mittag: Lachsfrikadellen (siehe S. 139) mit Spinatpüree. Ein Apfel.

Abend: Nudeln mit Brokkoli und Sardellen (siehe S. 175). Reiswaffeln mit Frischkäse und Selleriestiften.

Lunchpakete

Bei Ganztagsschülern entfällt das Mittagessen zu Hause und wird durch eine Mahlzeit in der Schule ersetzt. Im Folgenden finden Sie Vorschläge für eine gesunde Mittagsverpflegung außer Haus.

- Vollkornsandwiches belegt mit Hummus (siehe S. 156), Alfalfasprossen und Tomate. Eine kleine Portion Rosinen. Frisches Obst.
- Vollkornsandwiches belegt mit Tunfisch, Gurke und Mayonnaise. Kernlose Weintrauben. Dazu ein Müsliriegel.
- Ein Vollkornbrötchen belegt mit kaltem Hähnchenfleisch, Salat und Mayonnaise. Eine kleine Portion Trockenobst. Eine Banane.
- Vollkornsandwiches belegt mit zerdrückten Sardinen, etwas Mayonnaise und ein oder zwei Salatblättern. Ein kleiner Behälter mit Kohlsalat (siehe S. 198) — Gabel nicht vergessen! Dazu ein Apfel.
- Tunfischsalat mit Mais, Tomate und gehackter Petersilie in einem kleinen Behälter. Ein Müsliriegel. Frisches Obst.

Wachstumsjahre

Das Alter zwischen 9 und 13 Jahren ist für Kinder eine ungewisse **Übergangszeit**. Sie kommen langsam in die Pubertät und beginnen, sich zu jungen Erwachsene zu entwickeln. **Ernährung** ist zwar in jedem Alter wichtig, aber in dieser Phase des **Wachstums** müssen ganz spezielle Bedürfnisse abgedeckt werden.

Ihre Kinder möchten mittlerweile immer öfter selbst bestimmen, was sie essen. Die Entscheidungen, die sie treffen, sind von großer Bedeutung. Denn was Ihre Kinder jetzt essen, wirkt sich nicht nur auf ihre tägliche Lebensqualität und Leistungsfähigkeit, sondern auch langfristig auf ihre Gesundheit aus.

Eine gesunde Ernährung in dieser Phase bietet doppelten Schutz vor vielen Krankheiten, die gemeinhin als unvermeidbare Folgen des Altwerdens gelten. Denn erstens werden große Mengen jener Schutzstoffe aufgenommen, die vor Herz- und Kreislauferkrankungen, vorzeitiger Vergreisung und Osteoporose schützen. Und zweitens wird ein bedrohlich hoher Verzehr gesundheitsschädlicher Lebensmittel vermieden, wie z. B. von gesättigten tierischen Fetten, Transfettsäuren, Salz, Zucker oder Junk-Food-Produkten.

Eine ausgewogene Ernährungsweise lässt sich aber nicht mit harter Hand oder Verboten erzwingen. Um Ihren Kindern auf lange Sicht gute Essgewohnheiten beizubringen, müssen Sie mit gutem Beispiel vorangehen, das Interesse Ihrer Kinder am Essen wecken oder sie auch einmal selbst in die Küche holen. Zeigen Sie ihnen die Grundlagen des Kochens und beteiligen Sie sie an der Zubereitung des Essens ebenso wie am Tischdecken und Abwaschen.

Die meisten Kinder in diesem Alter haben Spaß am Kochen. Wenn Sie Ihre Kinder richtig unterweisen und beaufsichtigen, sind sie in der Küche gut aufgehoben und ungefährdet.

Sechs Fitmacher für Heranwachsende

Datteln: Eine gesunde Leckerei mit einem hohen Gehalt an Eisen und Kalium.

Orangen: Frische Orangenspalten vor dem Essen verbessern auf Grund ihres hohen Vitamin-C-Gehalts die Aufnahme von Eisen, Kalzium und anderen Mineralstoffen aus der Nahrung.

Haferbrei: Der beste Start in den Tag! Hafer liefert Eisen, Zink, Kalzium und B-Vitamine.

Linsen: Eine hervorragende Eiweißquelle, die zugleich Eisen und Zink enthält.

Fisch: Eine exzellente Eiweißquelle. Für eine ausreichende Zufuhr essenzieller Fettsäuren neben magerem auch fetten Fisch auf den Speiseplan setzen.

Eier: Bio-Eier oder zumindest Eier aus Freilandhaltung sind preiswert, schnell und einfach zubereitet und reich an Eiweiß und B-Vitaminen.

Der Ernährungsplan

In diesen Jahren des Wachstums und der Entwicklung brauchen sowohl Jungen als auch Mädchen viel Energie. Streben Sie im Idealfall täglich sechs Portionen kohlenhydratreiche Speisen (wie Reis, Vollkornbrot, Kartoffeln, Nudeln oder Vollkorncerealien), fünf Portionen Obst und Gemüse sowie je zwei Portionen Milchprodukte und tierische oder pflanzliche Eiweißspender an. Je vielseitiger die Ernährung ist, umso mehr verschiedene Vitamine, Mineralstoffe, Spurenelemente und pflanzliche Schutzstoffe erhalten Ihre Kinder. Es kann nicht oft genug betont werden, dass dies die entscheidende Zeit ist, um gesunde Essgewohnheiten für den Rest des Lebens zu festigen.

Versuchen Sie, frittierte und stark zuckerhaltige Speisen auf ein Minimum zu reduzieren. Solche Fertiggerichte und Junk-Food-Produkte verdrängen auf Grund ihres hohen Kaloriengehalts immer die gesünderen Lebensmittel vom Speisezettel. US-amerikanischen Studien zufolge nehmen einige Kinder dieser Altersstufe mehr als 45% ihrer Kalorien in Form von Fett auf. Sie laufen dadurch große Gefahr, später ganz oben auf der Liste der Herzinfarktkandidaten zu stehen.

Hüten Sie sich allerdings vor übertriebenem Fanatismus: Dann werden Kinder leicht zu Rebellen, die sich bei jeder Gelegenheit, wenn die Eltern nicht hinsehen, auf Junk Food stürzen. Zu heftiger Fanatismus in Bezug auf Bio- und Vollkornprodukte kann sogar zu Mangelernährung führen: Es gibt bereits Eltern mit einer derartigen Phobie vor Schadstoffrückständen, dass sie ihren Kindern gar kein frisches Obst oder Gemüse mehr zu essen geben, wenn keine Bio-Erzeugnisse erhältlich sind.

Bedenkliche Lebensmittel

Salz, Koffein und Colagetränke stören die Aufnahme von Kalzium aus der Nahrung. Kleiereiche Speisen haben dieselbe Wirkung und beeinträchtigen zudem die Eisenaufnahme. Besonders bei Mädchen sollten Sie vor dem Einsetzen der ersten Periode auf eine gute Eisenversorgung achten.

Speiseplan für den Sommer

Montag

Frühstück: Sardinen auf Toast: Sardinen mit etwas Essig zerdrücken, auf einen Vollkorntoast streichen, mit dünnen Tomatenscheiben belegen und unter dem Grill überbacken; dazu Ketchup. Ein Vollkorntoast mit Butter und Honig.

Mittag: Heißes Pancetta-Sandwich (siehe S. 154), dazu gemischten Salat.

Abend: Gemüsepfanne mit Garnelen (siehe S. 164). Sommerdessert (siehe S. 188).

Dienstag

Frühstück: Bircher Müsli (siehe S. 120). Vollkornbaguette und ein Stück einer milden Käsesorte.

Mittag: Fischsuppe (siehe S. 135). Zur Zeitersparnis vorab eine größere Portion kochen und mittags einfach aufwärmen; Rouille und Croûtons weglassen. Dazu ein knuspriges Vollkornbrötchen. Zum Dessert Orangenscheiben mit gehackten Datteln und Naturjoghurt.

Abend: Hähnchenfrikadellen: Durchgelassenes Hähnchenfleisch mit fein gehackter Zwiebel und rohem Ei mischen, zu dünnen Frikadellen formen und unter dem Grill gut durchbraten. Auf einem Salatbett mit Tomaten, Ketchup und Backfrites servieren. Französischer Obstkuchen (siehe S. 186).

Mittwoch

Frühstück: Zitrusshake (siehe S. 124). Zwei Scheiben Vollkorntoast mit Butter und Honig.

Mittag: Quiche mit Räuchermakrele (siehe S. 140), dazu ein Salat aus Tomate, Brunnenkresse und Gurke.

Abend: Minestrone (siehe S. 128), dazu Brot, Käse und einen Apfel.

Donnerstag

Frühstück: Kalte Lachsfrikadellen (siehe S. 139) vom Vortag. Mit dünnen Vollkornbrotscheiben und Butter servieren.

Mittag: Kohl-Kartoffelpüree (siehe S. 141). Melonen- und Orangenstücke.

Abend: Geflügelsalat mit Honig und Chili (siehe S. 138). Frisches Obst.

Freitag

Frühstück: Zwei gekochte Eier und zwei Scheiben Vollkorntoast mit Butter. Eine halbe Grapefruit.

Mittag: Tomaten-Brot-Salat (siehe S. 147). Eine geschälte und gewürfelte Kiwi in einem Becher Naturjoghurt.

Abend: Nudeln mit Brokkoli und Sardellen (siehe S. 175). Zum Dessert Schokoladenfondue (siehe S. 186).

Speiseplan für den Winter

Montag

Frühstück: Haferbrei (siehe S. 122). Zwei Scheiben Vollkorntoast mit Butter. Banane.

Mittag: Spinatsoufflé (siehe S. 152). Eingeweichtes gemischtes Trockenobst.

Abend: Kräuterfrikadellenspieße (siehe S. 169) mit Reis und Erbsen. Gestürzter Obstkuchen (siehe S. 188).

Dienstag

Frühstück: Pochiertes Ei mit Tomate (siehe S. 126), dazu knusprig gebratener Bauchspeck und eine Scheibe Vollkorntoast.

Mittag: Fischfrikadellen (siehe S. 153). Eine Fleischtomate in dünne Scheiben schneiden und mit etwas Olivenöl beträufeln.

Abend: Kürbissuppe (siehe S. 133). Überbackener Käsetoast mit Apfelspalten (siehe S. 155).

Mittwoch

Frühstück: Haferpfannkuchen (siehe S. 127), teils mit Marmelade und teils mit Käse serviert.

Mittag: Gemüsecurry mit Dal (siehe S. 181), dazu Pita- oder Fladenbrot.

Abend: Marinierte Hähnchenbrust (siehe S. 138) mit gedünstetem Gemüse nach Geschmack. Danach Milchreis (siehe S. 191).

Donnerstag

Frühstück: Fisch in Curryreis (siehe S. 140): ein sehr nahrhaftes Gericht, ideal als Frühstück vor Schulsportfesten oder Bundesjugendspielen.

Mittag: Pizza-Baguettebrötchen (siehe S. 154). Eine reife Birne.

Abend: Lammschmortopf (siehe S. 168), dazu ein Püree aus Steckrüben und Pastinaken. Zum Dessert frisches Obst.

Freitag

Frühstück: Weiße Bohnen in Tomatensauce auf einer Portion Kohl-Kartoffelbratlinge (siehe S. 174). Eine halbe Grapefruit oder eine ganze frische Orange.

Mittag: Gemüseomelett (siehe S. 145), dazu ein kleiner grüner Salat.

Abend: Frisches Fischfilet nach Wahl, mit Tomaten gegrillt, dazu gekochte Kartoffeln und grünes Gemüse. Brombeer-Apfelauflauf (siehe S. 189).

Lunchpakete

Wenn Ihre Kinder nicht zu Hause mittagessen, sollten Sie ihnen sorgfältig zusammengestellte Lunchpakete mitgeben, die sowohl nahrhaft als auch lecker sind. Im Folgenden finden Sie einige Anregungen.

- Ein hart gekochtes Ei, eine Tomate, ein gebuttertes Vollkornbrötchen. Ein Becher Sahne-Naturjoghurt.
- Pitabrot mit einer Füllung aus Tunfisch, gewürfeltem Apfel, etwas Naturjoghurt und 1 TL Zitronensaft. Eine dicke Scheibe Grünteekuchen (siehe S. 161).
- Eine kleine Flasche frisch gepresster Orangensaft. Ein Vollkornsandwich belegt mit dünnen Hähnchenbrustscheiben, in feine Streifen geschnittener roter Paprika, Mayonnaise und zerzupften Basilikumblättern. Aprikosen-Scone (siehe S. 159).
- Gefüllte Selleriestangen (verschiedene Sorten, siehe S. 155). Eine Mandarine. Ein Müsliriegel. Ein Becher Naturjoghurt.
- Zwei dünne Scheiben Bananen-Walnuss-Kuchen (siehe S. 163), als Sandwich mit einer Scheibe Edamer. Eine reife Birne, eine kleine Portion Studentenfutter und ein Riegel Bio-Schokolade.

Teenager

Die Teenager-Jahre sind sowohl **aufregend** als auch **anstrengend.** Damit sich die Jugendlichen in ihrer **größer werdenden Welt** — mit neuen Mitschülern und wachsendem Leistungsdruck — gut zurechtfinden, brauchen sie viel **Selbstvertrauen** und Energie. Eine gesunde Ernährung zu Hause kann wahre Wunder wirken.

Auch außerhalb der Schule herrscht für Jugendliche meist starker Konkurrenzdruck, insbesondere in Bezug auf Aussehen und Besitz. Hierzu kommen noch die Belastungen der Pubertät mit ihren hormonellen Umwälzungen.

Damit Teenager all diese Herausforderungen bewältigen und ihren pubertäts- und wachstumsbedingt großen Nährstoffbedarf abdecken können, brauchen sie die bestmögliche Ernährung. Leider ist aber gerade in dieser Altersgruppe Junk Food wie Hamburger, Pommes frites und Cola zu einem festen Bestandteil des Alltags geworden. Jetzt zeigt sich der wahre Wert vernünftiger, am Familientisch erlernter Essgewohnheiten.

Sechs Fitmacher für Teenager

Hafer: Ist auf Grund seines hohen B-Vitamin-Gehaltes erstklassige Nervennahrung und gut gegen Erschöpfung und Lustlosigkeit — ideal für Teenager. Hafer enthält außerdem viel Zink (wichtig für aktives Denken und reine Haut), Eisen für gute Ausdauer, Kalzium für gesunde Knochen und Magnesium für innere Ausgeglichenheit.

Lachs: Eine exzellente Quelle für essenzielle Fettsäuren, die insbesondere für das Gehirn, die Nerven und die Haut wichtig sind.

Brunnenkresse: Reich an Schutzstoffen und wertvollen Mineralstoffen. Geben Sie einige Blätter zu Salaten, Suppen und Sandwiches hinzu.

Sesam und Sonnenblumenkerne: Sind genau wie Nüsse hervorragende Eiweißquellen. Beide Samen sollten zusammen mit Vitamin-C-reichen Lebensmitteln verzehrt werden. Sie sind reich an Zink, das eine wichtige Rolle in der Pubertät spielt (siehe »Ess-Störungen«, S. 213).

Hähnchen: Kaltes Brathähnchen ist ein guter Snack für hungrige Teenager, die nicht in Ruhe eine ganze Mahlzeit einnehmen wollen. Hähnchen liefert hochwertiges Eiweiß sowie Zink und B-Vitamine.

Äpfel: Eine sehr gesunde Zwischenmahlzeit — sorgen Sie immer dafür, dass eine Schale mit Äpfeln auf dem Küchentisch steht.

Der Ernährungsplan

Je älter Ihre Kinder werden, umso öfter essen und trinken sie außer Haus: in der Schule, bei Freunden oder in der Stadt. Als Eltern sollten Sie jetzt dafür sorgen, dass die Mahlzeiten, die die Jugendlichen noch zu Hause einnehmen, eventuelle Mängel in ihrer sonstigen Ernährung ausgleichen.

Das Frühstück sollte inzwischen als feste Mahlzeit etabliert sein, die von der ganzen Familie gemeinsam am Tisch eingenommen wird. Servieren Sie im Winter Haferbrei und im Sommer ein Müsli mit Sesam und Sonnenblumenkernen, über Nacht eingeweicht, zu dem Sie morgens noch etwas Sahne und einige Beeren zufügen. Versuchen Sie auch, mindestens einen Abend in der Woche fest für ein Essen mit der Familie zu reservieren. Auch das Mittagessen am Wochenende sollte nach Möglichkeit Gelegenheit für entspannte Mahlzeiten zu Hause bieten.

Gesunde Snacks

Viele Eltern haben keine Lust, sich auf eine ständige Invasion fremder Teenager einzustellen, die zu jeder Tages- und Nachtzeit Mahlzeiten und Snacks bei ihnen konsumieren wollen. Wenn Sie aber ein offenes Haus für die Freunde Ihrer Kinder haben, werden Sie Ihre Kinder nicht nur viel öfter sehen, sondern auch deren Freunde kennen lernen. Außerdem können Sie dafür sorgen, dass Ihre Kinder bei diesen Gelegenheiten Gerichte und Snacks verzehren, die nicht nur lecker, sondern auch gesund sind.

Der Verzehr vieler kleiner Snacks statt richtiger Hauptmahlzeiten scheint heutzutage eine weit verbreitete Gewohnheit unter Teenagern zu sein. Mit einem Junk-Food-freien Kühlschrank und Vorratsregal können Sie zumindest gewährleisten, dass Ihre Kinder bei solchen Gelegenheiten gesunde Lebensmittel konsumieren. Füllen Sie Ihren Gefrierschrank zu diesem Zweck z. B. mit Bratlingen bzw. Frikadellen (siehe S. 182–184) und Vollkorn-Hamburgerbrötchen oder mit Tomaten- und Bologneser Saucen für schnelle Nudelgerichte. Auch sollten Ihre Kinder jederzeit Hüttenkäse, Schnittkäse, Eier, Sardinen- und Tunfischkonserven, Räuchermakrele, Naturjoghurt und viel Obst in Ihrer Küche finden können.

Problemlebensmittel

Chips und Erfrischungsgetränke (letztere meist mit Süßstoff, weil viele Teenager sich eine der für ihre Altersstufe typischen Dauerdiäten verordnen) erweisen sich für Jugendliche als besonders unwiderstehlich — vermutlich, weil diese auch vom Rest ihrer Clique konsumiert werden.

Ihre Kinder sollten inzwischen wissen, dass man diese Produkte nur ausnahmsweise verzehren sollte und sie von ihrem eigenen Taschengeld kaufen müssen. Auch sollten sie wissen, dass Süßstoffe ein ernsthaftes Gesundheitsrisiko darstellen können. Und sie sollten mittlerweile genug gelernt haben, um auch ohne Ihr Drängen das Kleingedruckte auf dem Etikett zu lesen.

Speiseplan für den Sommer

Montag

Frühstück: Müsli mit Sesam und Sonnenblumenkernen, über Nacht in Wasser eingeweicht, serviert mit Joghurt und einigen Himbeeren oder Erdbeeren.

Mittag: Schnittlauch-Ei (siehe S. 153). Vollkornbrötchen mit Butter. Frisches Obst.

Abend: Kaltes Brathähnchen mit neuen Kartoffeln. Tomaten-Gurkensalat. Zum Dessert frisches Obst.

Dienstag

Frühstück: Joghurt-Bananenshake (siehe S. 124).

Mittag: Bohnenfrikadellen (siehe S. 184) mit einem grünen Salat. Frisches Obst.

Abend: Gemüsepfanne mit Garnelen (siehe S. 164). Birnenkompott mit Joghurt.

Mittwoch

Frühstück: Rührei mit Tomate und Champignon (siehe S. 125). Vollkorntoast mit Butter.

Mittag: Minestrone (siehe S. 128) mit einem kleinen knusprigen Vollkornbrötchen. Salat aus Avocado, Tomaten und Hüttenkäse mit frisch gehacktem Schnittlauch oder etwas Koriander.

Abend: Nudeln mit Avocadosauce (siehe S. 175). Spinatpüree. Frisches Obst.

Donnerstag

Frühstück: Fünf-Korn-Kruska (siehe S. 123).

Mittag: Gemüseomelett (siehe S. 145). Grüner Salat. Frisches Obst.

Abend: Chili mit schwarzen Bohnen (siehe S. 168), dazu grüne Bohnen. Reiswaffeln mit Käse. Eine Birne.

Freitag

Frühstück: Gekochtes Ei mit Vollkorntoast. Ein Pfirsich.

Mittag: Hausgemachte Fischstäbchen (siehe S. 166), dazu neue Kartoffeln und einen grünen Salat. Zum Dessert frisches Obst.

Abend: Gemüsebratlinge mit Spinat-Käsekruste (siehe S. 182). Gedünsteter Fenchel. Zum Dessert frisches Obst mit Joghurt.

Speiseplan für den Winter

Montag

Frühstück: Haferpfannkuchen (siehe S. 127), dazu Apfelmus.

Mittag: Naturreis (siehe S. 173) mit gewürfeltem Mischgemüse. Chicoreesalat mit Brunnenkresse.

Abend: Brathähnchen mit Kartoffelpüree und gedünstetem Lauch. Eingeweichtes Trockenobst mit Joghurt.

Dienstag

Frühstück: Trockenobstkompott (siehe S. 124) mit Sahne-Naturjoghurt.

Mittag: Sardinen auf Toast (siehe S. 98). Kohlsalat (siehe S. 198).

Abend: Sellerie-, Karotten- und Fenchelstifte mit Hummus (siehe S. 156). Kaninchen mit Backpflaumen (siehe S. 166), dazu eine Ofenkartoffel und Spinatpüree. Dessert (siehe S. 186–191).

Mittwoch

Frühstück: Haferbrei mit Rosinen (siehe S. 122), mit Milch oder Sahne serviert.

Mittag: Heißes Pancetta-Sandwich (siehe S. 154). Karotten- und Selleriestifte mit Frischkäse. Ein Apfel.

Abend: Lachsfrikadellen (siehe S. 139) mit Karotten und grünen Bohnen. Mit gemahlenen Mandeln gefüllter Bratapfel.

Donnerstag

Frühstück: Frisch gepresster Orangensaft. Speckeier (siehe S. 125). Vollkorntoast.

Mittag: Überbackener Käsetoast mit Apfelspalten (siehe S. 155). Chicoreesalat mit Brunnenkresse. Eine Birne.

Abend: Nudeln mit Bolognese Sauce (siehe S. 177). Im Wok gebratener Blumenkohl und Brokkoli.

Freitag

Frühstück: Vollkorncerealien mit Bananenscheiben und etwas Joghurt.

Mittag: Schnittlauch-Ei (siehe S. 153). Ein grüner Salat. Ein Vollkornbrötchen mit Käseaufschnitt.

Abend: Bohnenfrikadellen (siehe S. 184), dazu Brokkoli mit Spinat (siehe S. 180). Pfannkuchen (siehe S. 190) mit Apfelmusfüllung.

Lunchpakete

Ob für lange Schultage, Ausflüge, Sportfeste oder Projekttage — auch Teenager brauchen oft noch ein gutes Lunchpaket. Im Folgenden finden Sie einige nahrhafte Ideen.

- Vollkornsandwiches belegt mit Erdnussbutter und Bananenscheiben. Frisches Obst. Ein Müsliriegel.
- Ein Salat aus Tunfisch, Tomate und Mayonnaise. Ein Vollkornbrötchen mit grünem Salat und Gurke. Ein Apfel.
- Ein Vollkornbrötchen belegt mit kaltem Hähnchen, Tomate, grünem Salat und Mayonnaise. Ein Riegel Bio-Schokolade und eine Portion Studentenfutter.
- Vollkornsandwiches belegt mit Brunnenkresse, Karotte, Gurke und Mayonnaise. Käsebrezeln (siehe S. 157). Dazu ein Apfel.
- Ein Vollkornbrötchen belegt mit Chicoree und einer Creme aus Sardinen und Mayonnaise. Eine Banane. Ein Stück Karottenkuchen (siehe S. 162).

Vegetarische Ernährung

Die Entscheidung eines Kindes, **Vegetarier zu werden**, führt — außer bei vegetarischen Eltern — oft zu Panik und Warnungen von Seiten des Hausarztes. Doch eine **vegetarische** Ernährung kann gesünder sein als eine Mischkost mit Fleisch: Es kommt zu **weniger** Herzerkrankungen, weniger Schlaganfällen, weniger Bluthochdruck, weniger Darmkrebs und weniger Übergewicht.

Ein einfaches Vitamin- und Mineralstoffpräparat ist zwar bei vielen Kindern angebracht, doch bei Vegetariern halten Ernährungsexperten es für unverzichtbar. Wählen Sie ein auf das Alter Ihres Kindes abgestimmtes Präparat aus, um trotz fleischloser Ernährung eine ausreichende Versorgung mit Vitamin B_{12} und Eisen zu gewährleisten.

Falls Ihr Kind einfach aufhört, Fleisch, Fisch und Geflügel zu essen, und sich fast nur noch von Brot, Käse, Eiern und Junk Food ernährt, sind Probleme leider vorprogrammiert. Versuchen Sie, bei solchen Kindern Interesse für nährstoffreichere, gesündere Lebensmittel zu wecken. Eine der besten Möglichkeiten hierfür besteht darin, Kinder Obst, Salat und Gemüse selbst ziehen zu lassen — übrigens auch ein guter Trick für nicht-vegetarische Obst- und Gemüsemuffel.

Falls Sie einen Garten besitzen, ist das natürlich optimal: Überlassen Sie Ihren Kindern am besten ein eigenes kleines Beet. Aber auch ein Hinterhof, eine Terrasse, ein Balkon oder sogar ein Blumenkasten sind für eine kleine Salat- oder Gemüsezucht ausreichend. Wenn Ihre Kinder die Samen selbst gesät, die zarten Keimlinge umhegt und die Pflanzen voller Stolz geerntet haben, werden sie das Ergebnis auch mit Appetit verzehren.

Sechs Fitmacher für Vegetarier

Radieschen: Bei Kindern beliebt, weil sie so schnell wachsen. Säen Sie regelmäßig kleine Mengen in einen Blumenkasten. Radieschen fördern die Verdauung und schützen die Leber.

Karotten: Sind bei einem guten Boden pflegeleicht, ansonsten besser in Kübeln oder Blumenkästen ziehen. Reich an Betacarotin, das gut für die Haut, das Sehvermögen und die Abwehrkräfte ist.

Grüne Bohnen: Am besten Buschbohnen. Sie gedeihen gut in einem großen Balkonkasten oder noch besser in einem Kübel.

Kirschtomaten: Ebenfalls einer der Favoriten von Kindern. Sie sind reich an Vitamin C und dem Schutzstoff Lycopin, der Krebs und Herzerkrankungen vorbeugt. Strauchsorten gedeihen auch sehr gut in Blumenampeln.

Grüner Salat: Sobald Ihre Kinder selbst einmal Salat gezogen haben, werden sie nie wieder die Nase darüber rümpfen. Ziehen Sie verschiedene Blattsalate im Blumenkasten. Je dunkler die Blätter, umso nährstoffreicher ist der Salat.

Äpfel: Schenken Sie Ihrem Kind einen Miniapfelbaum im Topf. Es wird es kaum erwarten können, bis der erste Apfel reif ist und es ihn stolz seinen Freunden vorführen kann.

Vegetarier müssen ihren Eiweißbedarf über verschiedene Quellen abdecken. Neben Eiern und Käse sollten auch Getreide und Hülsenfrüchte fester Bestandteil ihrer Ernährung sein. Sojabohnen und daraus hergestellte Lebensmittel wie z. B. Tofu sind hervorragende Eiweißlieferanten und enthalten zudem hormonähnliche Stoffe, die vor Krebs, Herzerkrankungen und Osteoporose schützen.

Der Ernährungsplan

Bei vegetarischer Ernährung ist eine gute Organisation besonders wichtig. Sorgen Sie dafür, dass Sie immer Bohnenkonserven, Nudeln, Reis, Linsen, Kichererbsen, Nüsse, Samen und Trockenfrüchte im Haus haben. Auf diese Weise können Sie jederzeit eine nahrhafte, eiweißreiche Mahlzeit improvisieren, selbst wenn Sie keine Zeit zum Einkaufen hatten. Das Essen in Ganztagsschulen kann für Vegetarier ein Problem darstellen, denn in vielen Fällen können sie nur die fleischlosen Beilagen essen. Auf Grund der wachsenden Nachfrage haben in jüngster Zeit aber immer mehr Schulen auch vegetarische Gerichte wie z. B. Gemüse- oder Getreidebratlinge, Bohnengerichte oder vegetarische Lasagne im Angebot.

Im Winter liefern kräftige Eintöpfe und Schmorgerichte mit Wurzelgemüse, Bohnen und Reis ausreichend Wärme spendende Kalorien und körperaufbauende Nährstoffe. Kekse, Kuchen und andere fettreiche Speisen sind auch für Vegetarier als Kalorienspender absolut verzichtbar.

Problemlebensmittel

Die Hauptgefahr für Vegetarier besteht darin, dass sie ihren Kalorienbedarf über Kuchen, Kekse und Süßigkeiten abdecken. Alle diese Lebensmittel haben in Bezug auf ihren hohen Kaloriengehalt einen schlechten Nährwert und führen leicht zu Übergewicht. Die andere große Gefahr liegt darin, dass einige junge Mädchen mit Vegetarismus Ess-Störungen zu vertuschen versuchen: Es ist relativ einfach, Nahrung wegen vegetarischer Anschauungen abzulehnen — auch wenn der wirkliche Grund eine beginnende Magersucht ist (siehe S. 211–212).

Speiseplan für den Sommer

Montag

Frühstück: Bircher Müsli (siehe S. 120). Ein Vollkornbrötchen mit Butter und Marmelade oder Honig.

Mittag: Röstgemüse (siehe S. 174) mit Naturreis (siehe S. 173). Dazu frische Pfirsichspalten.

Abend: Indonesischer Gemüseeintopf (siehe S. 178), dazu Basmati-Reis und ein gemischter Salat. Eiscreme mit Ananas.

Dienstag

Frühstück: Joghurt mit Nüssen und Honig (siehe S. 123) (ohne Nüsse für Kinder unter 5 Jahren). Eine Scheibe Melone und ein Croissant.

Mittag: Sellerie-Kartoffelpüree (siehe S. 180). Frischer Stangensellerie mit Hüttenkäse.

Abend: Tofubratling, dazu Kartoffelpüree und Mischgemüse aus Zucchini, Blumenkohl und jungen Saubohnen. Frisches Obst und ein kleines Stück Käse.

Mittwoch

Frühstück: Pilze und Tomaten auf Toast: Eine Hand voll Champignons mit etwas Butter in einem kleinen Topf langsam erhitzen. Wenn die Pilze Feuchtigkeit abzugeben beginnen, abdecken und 5 Minuten dünsten. Eine kleine Dose Tomaten zufügen und unter Rühren erhitzen. Dann auf einer dicken Scheibe Vollkorntoast servieren.

Mittag: Blumenkohl-Brokkoli-Auflauf (siehe S. 171). Frische Beeren nach Wahl mit einem Esslöffel Quark.

Abend: Gemüsebratlinge (siehe S. 182) mit Salat, Tomate und Ketchup in einem Sesam-Hamburgerbrötchen. Dazu Süßkartoffel-Frites: Süßkartoffeln in dicke Stäbchen schneiden, mit Olivenöl bestreichen und im heißen Ofen ca. 30 Minuten weich und knusprig rösten. Zum Dessert Früchtekompott mit Vanillesauce.

Donnerstag

Frühstück: Eine halbe Grapefruit. Arme Ritter (siehe S. 126).

Mittag: Pisto (siehe S. 144).

Abend: Paprika mit Quinoafüllung (siehe S. 144): möglichst Bio-Paprika verwenden. Zum Dessert Sojajoghurt mit frischem Obst.

Freitag

Frühstück: Mehrkornpfannkuchen (siehe S. 126). Frischer Obstsalat mit Joghurt.

Mittag: Auswahl verschiedener Käsesorten mit Vollkornbrot. Eine reife Nektarine und einige blaue Weintrauben.

Abend: Minestrone mit Pesto (siehe S. 130). Sommerdessert (siehe S. 188).

Speiseplan für den Winter

Montag

Frühstück: Haferbrei (siehe S. 122) in einer der genannten Variationen. Eine dicke Scheibe Vollkornbrot und ein Stück milder Käse.

Mittag: Mediterranes Omelett (siehe S. 169).

Abend: Tofubrühe (siehe S. 131). Brombeer-Apfelauflauf (siehe S. 189).

Dienstag

Frühstück: Tofuwürstchen, mit Olivenöl bestrichen und mit einer halben Fleischtomate gegrillt.

Mittag: Chili mit schwarzen Bohnen (siehe S. 168). Zum Dessert Weintrauben.

Abend: Nudeln mit einer Pilz-Tomatensauce. Großer gemischter Salat. Gebackene Banane mit Honig.

Mittwoch

Frühstück: Rührei mit Tomate und Champignon (siehe S. 125) auf Vollkorntoast.

Mittag: Gemüsetaschen (siehe S. 172), dazu Joghurt mit Minze oder Tomaten-Chutney. Ein kleiner Salat aus Stangensellerie, Brunnenkresse und grünen Salatblättern.

Abend: Brokkoli mit Spinat (siehe S. 180), dazu Dal (siehe Gemüsecurry mit Dal, S. 181). Gestürzter Obstkuchen (siehe S. 188).

Donnerstag

Frühstück: Vollkorncerealien mit heißer Milch. 2 Scheiben gebutterter Vollkorntoast. Eine Banane.

Mittag: Selleriecremesuppe (siehe S. 131), dazu dicke Stücke grobes Bauernbrot.

Abend: Rotkohl mit Apfel und Maronen (siehe S. 181): Speck weglassen und stattdessen vegetarischen Aufschnittersatz verwenden. Bratapfel mit einer Füllung aus Sultaninen, Rosinen, gehackten Datteln und Honig.

Freitag

Frühstück: Käsetoast: Käse reiben, mit etwas Milch und einem Spritzer Worcestersauce zu einer glatten Creme verrühren. Toast auf einer Seite toasten, die andere Seite mit der Käsecreme bestreichen und unter dem Grill überbacken. Mit Apfelspalten servieren.

Mittag: Brokkoli mit Kartoffeln. Studentenfutter aus Cashewnüssen, Haselnüssen, Walnüssen, Rosinen und getrockneten Aprikosen.

Abend: Röstgemüse (siehe S. 174), mit etwas geriebenem Käse bestreut und 2 Minuten unter dem Grill überbacken. Gewürzkuchen (siehe S. 189).

Lunchpakete

- Ein Baguettebrötchen aushöhlen und mit Röstgemüse (siehe S. 174) füllen. Eine Banane. Studentenfutter.
- Ein Vollkornbrötchen belegt mit Erdnussbutter, einer zerdrückten Banane und etwas Honig. Einige Baumkekse (siehe S. 162). Ein Apfel.
- Auswahl von Dips (siehe S. 149) mit verschiedenem Dipgemüse, z. B. Karotte, Sellerie, Paprika und Blumenkohl. Ein Heidelbeer-Muffin (siehe S. 162).
- Eine Thermosflasche mit Selleriecremesuppe (siehe S. 131), dazu einige Stücke Ciabatta-Brot. Eine dicke Scheibe gebutterter Grünteekuchen (siehe S. 161).
- Nudelsalat mit Tunfisch (siehe S. 147). Einige Käsebrezeln (siehe S. 157). Eine kleine Portion Rosinen, Sultaninen und getrocknete Aprikosen. Kernlose Weintrauben.

Familienküche

Die Küche ist das Zentrum des Familienlebens und der Ort, an dem Kinder wichtige Lektionen über Essen und ausgewogene Ernährung lernen. Planen Sie Ihre Vorratshaltung mit Umsicht, damit Sie immer eine gute Mahlzeit oder einen gesunden Snack improvisieren können – auch wenn einmal überraschend hungrige junge Gäste zu bewirten sind.

Grundausstattung

Mit den richtigen **Töpfen** und **Küchengeräten** und einer sorgfältig geplanten Auswahl von Lebensmitteln in **Vorrats-, Kühl-** und **Gefrierschrank** wird die Zubereitung von **bekömmlichen** und **appetitlichen** Mahlzeiten zum Kinderspiel.

Töpfe, Pfannen und Küchenhelfer

Töpfe
Verwenden Sie möglichst hochwertige Töpfe: Edelstahl hält ewig und lohnt die höhere Investition. Braten Sie Gemüse für Suppen immer gleich in dem Topf an, in dem Sie später auch die Suppe kochen. Töpfe aus Aluminium sollten vermieden werden, da sie ein Gesundheitsrisiko bergen. Zumindest sollten Sie darin keine säurehaltigen Speisen wie Obst zubereiten. Besser ist gusseiserne Ware.

Beschichtete Töpfe
Antihaftbeschichtungen sind unentbehrlich für Saucen, Rührreier und zum Erhitzen von Milch.

Beschichtete Pfannen
Möglichst verschiedene Größen (für Omeletts eine kleinere). Nur Holz- oder Kunststoffbesteck verwenden.

Wok
Sehr nützlich für rasch zubereitete Pfannengerichte, die zudem lecker und sehr gesund sind. Chinesische Woks aus Stahl sind preiswert, müssen jedoch vor dem Gebrauch gut eingefettet werden. Alternativ einen beschichteten Wok verwenden.

Feuerfeste Töpfe
Praktisch für Gerichte, die auf dem Herd angebraten werden müssen, dann aber direkt im Backofen fertig gegart werden können.

Unverzichtbare kleine Helfer

Gemüseschäler

Kartoffelstampfer

Küchenschere
Muss stabil genug sein, um auch Speckschwarten oder Hähnchenstücke zu schneiden.

Schneebesen

Knoblauchpresse

Messerschärfer

Minihefter
Praktisch zum Wiederverschließen von Tiefkühlpackungen.

Dosenöffner

Pastalöffel
Ein Schöpflöffel mit gezahnten Rändern zum Servieren von Nudeln. Auch nützlich, um gekochte Eier aus dem Topf in den Eierbecher zu heben.

Auflaufformen
Auflaufformen aus Porzellan oder Keramik werden für Aufläufe, Gratins und Röstgerichte benötigt.

Durchschlagsiebe
Eines dieser Siebe sollte feuerfest sein (Stahl oder Email), damit es auch als Dampfeinsatz dienen kann.

Salatschleuder
Nützliches Hilfsmittel, um gewaschenen grünen Salat zu trocknen.

Scharfe Küchenmesser
Drei oder vier verschiedene Messer sind empfehlenswert, darunter mindestens ein Wellenschliffmesser zum Schneiden weicherer Lebensmittel, wie z. B. Tomaten.

Holz-Schneidbretter
In unterschiedlichen Größen. Einmal pro Woche mit kochendem Wasser übergießen und reinigen.

Pfannenwender, Heber und Schaufeln
Neben einem Satz aus Edelstahl auch einen aus Kunststoff für beschichtete Pfannen und Töpfe.

Feine Siebe

Holzlöffel
In verschiedenen Größen. Sie sollten nicht in der Geschirrspülmaschine gereinigt werden.

Schüsseln
Verschiedene Größen, aus feuerfestem Glas oder Porzellan, zum Mischen und Aufbewahren.

Glas- oder Acrylbehälter mit Deckel
Damit alle Lebensmittel darin im Kühlschrank gut sichtbar sind.

Messbecher
Am besten verwenden Sie einen kleinen Messbecher aus Glas für Saucen sowie einen größeren Messbecher aus Kunststoff.

Küchenwaage

Pfeffermühle
Eines der Geräte, für die es sich durchaus lohnt, etwas mehr Geld auszugeben. Probieren Sie im Geschäft aus, wie gut die Mühle wirklich mahlt.

Reibe
Eine Standreibe mit unterschiedlich groben Reibflächen hat sich besonders bewährt. Rundreiben für Käse sind ebenfalls praktisch.

Nützliche Geräte

Küchenmaschine
Eine unersetzliche Hilfe für viel beschäftigte Köche. Praktisch für die Herstellung von Hackfleisch und Semmelbröseln, zum Zerkleinern oder Reiben von Gemüse, zum Pürieren, zum Rühren von Teigen und für vieles mehr.

Handrührgerät
Preiswerter als eine Küchenmaschine, aber fast ebenso nützlich.

Wasserkocher
Achten Sie auf einen automatischen Abschaltmechanismus.

Toaster

Entsafter
Mit einem Entsafter können Sie in Windeseile köstliche Getränke mit allem Guten der Natur zubereiten, insbesondere mit einer großen Portion lebenswichtiger Antioxidanzien (siehe »Getränke«, S. 192–195).

Passiermühle (»Flotte Lotte«)
Mit diesem handbetriebenen Küchenhelfer aus Frankreich können Sie gleichzeitig pürieren und passieren. Suppen werden so sämiger als bei der Zubereitung im Mixer bzw. in der Küchenmaschine.

Wiegemesser mit Brett
Kräuter können mit dem Wiegemesser in der Mulde des speziellen Brettes schnell und gründlich gehackt werden.

Vorratsschrank

Konserven

Italienische Flaschentomaten: *Bevorzugen Sie ganze Früchte gegenüber zerkleinerten oder passierten Tomaten.*
Kichererbsen.
Weiße Bohnen in Tomatensauce (ohne Zuckerzusatz).
Verschiedene Bohnenkonserven, u. a. Kidneybohnen, weiße Cannellini-Bohnen, Wachtelbohnen und dicke Limabohnen.
Tunfisch, Sardinen.

Öle

Natives Olivenöl extra und einfaches Olivenöl.
Weniger aromatische Öle, wie z. B. Erdnussöl oder Sonnenblumenöl.
Sesamöl: *für Wokgerichte.*

Saucen und Würzmittel

Shoyu oder eine andere natürlich fermentierte Sojasauce.
Worcestersauce.
Weißweinessig oder Apfelessig.
Salz: *Meersalz hat einen besseren Geschmack als normales Tafelsalz.*
Brühwürfel oder Gemüsebrühpulver (möglichst salzarm).
Tomatenmark in der Tube.
Sardellenpaste (möglichst eine zuckerfreie Sorte).
Bio-Marmelade ohne Zusatzstoffe und zuckerfreier Fruchtaufstrich: *nach Anbruch im Kühlschrank aufbewahren.*
Pesto: *nach Anbruch im Kühlschrank aufbewahren.*

Getreide und Nudeln

Weizenvollkornmehl und ungebleichtes Weißmehl.
Naturreis, Milchreis, Langkornreis und Basmati-Reis: *außerdem Instantreis für »Notfälle«.*
Bulgur.
Nudeln und Vollkornnudeln: *am besten aus 100% Hartweizen.*
Haferflocken.

Kräuter

Frische Kräuter verleihen Ihren Gerichten einen ganz besonderen Pfiff. Mit kleinen Kräutertöpfen auf der Küchenfensterbank sind Sie stets gut versorgt. Petersilie: *am besten frisch, lässt sich aber auch gut tiefkühlen.* Minze, Schnittlauch und Basilikum: *immer frisch verwenden.* Rosmarin, Salbei, Oregano, Thymian und Lorbeerblätter: *im Idealfall frisch, aber auch gut in getrockneter Form verwendbar. Getrocknete Kräuter und Gewürze verlieren schnell an Aroma. Deshalb sollten Sie diese im Dunkeln aufbewahren und regelmäßig das Haltbarkeitsdatum prüfen.*

Gewürze

Cayennepfeffer oder zerstoßene getrocknete Chilischoten.
Paprika.
Ganze Muskatnuss.
Schwarze Pfefferkörner: *Gemahlener Pfeffer ist ein praktischer Ersatz, jedoch geschmacklich nicht gleichwertig.*
Ganze Zimtstangen und gemahlener Zimt.
Gemahlener Koriander und Kreuzkümmel: *ersetzen, sobald sie ihr Aroma verlieren.*
Ganze Nelken.
Gemahlener Ingwer und in Sirup eingelegte Ingwerstücke: *Ein Teelöffel Sirup verleiht Saucen und Desserts ein tolles Aroma.*
Kurkuma.
Currypulver, nach Wunsch mild, mittelscharf oder scharf: *nicht zu lange aufbewahren.*

Gemüsekorb und Obstschale

Gemüse

Kartoffeln und Zwiebeln: *In Netzen oder Papiertüten (nicht in Plastiktüten) kühl und im Dunkeln aufbewahren. Verwenden, bevor sie zu treiben beginnen.*
Knoblauch: *Hält sich am besten in einem luftdurchlässigen Tongefäß.*
Avocados: *Früchte, die beim Kauf noch hart sind, werden in einer braunen Papiertüte schneller reif.*

Obst

Äpfel, Birnen.
Bananen.
Kiwis.
Orangen, Grapefruits.
Zitronen.

Kühlschrank

Käse

Ein Stück Gouda, Cheddar oder anderer milder Schnittkäse.
Frischer oder geriebener Parmesan: *über einen guten Feinkosthändler zu beziehen.*
Hüttenkäse und Quark.

Salat und Gemüse

Eisbergsalat: *hält sich lange und ist deshalb eine gute »Salatreserve«.*
Karotten.
Getrocknete Tomaten in Olivenöl: *heute schon in einigen Supermärkten erhältlich. Rasch aufbrauchen.*
Eine rote und eine grüne Paprika.
Frische Tomaten.
Stangensellerie.
Frühlingszwiebeln.
Gurke.

Verschiedenes

Milch.
Ein kleiner Becher Schlagsahne.
Butter.
Probiotischer Naturjoghurt und Sahne-Naturjoghurt.
Eier.
Geräucherter Frühstücksspeck (geschnitten): *nur Kleinmengen kaufen und Verfallsdatum beachten.*
Ganze Zitrone.
Frische Petersilie.
Hummus (siehe S. 156), Zaziki: *Verfallsdaten beachten.*
Mayonnaise.
Tomatenketchup.
Französischer Senf.
Verschiedene Chutneys: *als Beigabe zu Frikadellen und Bratlingen (siehe S. 182–184).*
Frisch gepresste Fruchtsäfte und Mineralwasser mit Kohlensäure: *als Ersatz für handelsübliche Erfrischungsgetränke.*

Gefrierschrank

Geschnittenes Vollkornbrot: *zum Toasten.*
Vollkornbrötchen und -Hamburgerbrötchen: *für gesunde Hamburger.*
Vollkorn-Pitabrote.
Selbst gemachte Knoblauchbaguettes.
Semmelbrösel: *aus altbackenem Brot selbst herstellen.*
Spinat (gehackt oder Blattspinat).
Mais (Körner oder ganze Kolben).
Grüne Bohnen.
Erbsen.
Brokkoli.
Suppengemüse: *als Basis für rasch zubereitete, nahrhafte Suppen und Eintöpfe.*
Gemüsemischungen für Pfannengerichte: *in verschiedenen Sorten erhältlich.*
Filets oder Steaks von mageren Fischsorten: *direkt aus dem Gefrierschrank verarbeiten.*
Garnelen.
Fischbrühe: *macht Fischsuppen viel schmackhafter.*
Küchenfertiger Mürbeteig, Blätterteig und Filloteig.
Tomaten- und andere Nudelsaucen.
Apfelmus.
Einfache Gemüsepürees für Babys.
Beeren: *schwarze und rote Johannisbeeren, Himbeeren, Brombeeren und Heidelbeeren.*
Butter.
Speiseeissorte nach Geschmack.
Verschiedene Kräuter.
Ganze und gemahlene Samen und Nüsse: *Sesam, Sonnenblumen-, Kürbis- und Pinienkerne, Erdnüsse. Alle können direkt aus dem Gefrierschrank verwendet werden.*

Küchenhygiene

Statistiken zufolge sind **Lebensmittelvergiftungen** mittlerweile ein ernst zu nehmendes Problem. Obwohl Infektionen an vielen Stellen in der **Nahrungskette** auftreten können, ist auch die häusliche Küche nicht ganz unschuldig an dem **Besorgnis erregenden Anstieg** von **nahrungsbedingten** Erkrankungen.

Bei den meisten gesunden Erwachsenen äußert sich eine leichte Lebensmittelvergiftung nur in Form kurzzeitiger Übelkeit, doch für kleine Kinder und Menschen mit geschwächtem Immunsystem können z. B. Salmonellen — einer der weit verbreiteten Erreger von Lebensmittelvergiftungen — sehr ernsthafte Folgen haben.

Infektionen können überall in der Nahrungskette auftreten. Intensive Erzeugungsmethoden und die Verwendung von Antibiotika im Tierfutter haben zur Entwicklung vieler resistenter Bakterienstämme geführt. Bei Fertiglebensmitteln steigt mit der Zahl der Verarbeitungsschritte das Kontaminationsrisiko. Und die bei Kindern beliebten Fast-Food-Schnellimbisse sind auch nicht immer sehr hygienisch. Grundsätzlich besteht bei jeder Verarbeitung das Risiko einer Verunreinigung — das gilt auch, wenn Sie die Lebensmittel selbst zubereiten. Zu den häufigsten Gefahren in der häuslichen Küche zählen die Übertragung bzw. Vermehrung von Krankheitserregern aus rohem Hähnchenfleisch, die Aufbewahrung von Hackfleisch oder Gulasch bei Zimmertemperatur, Listeria-Erreger in Rohmilchweichkäse oder in Leberpastete (Schwangere sollten beide Produkte meiden) sowie der Verzehr von nicht durchgegartem Geflügel, Eiern oder Schalentieren.

Die Einhaltung der Grundregeln der Küchenhygiene ist zum Wohl Ihrer Kinder unverzichtbar. Aber verfallen Sie keinem allgemeinen Sauberkeitswahn. Jüngste Studien haben gezeigt, dass übermäßig keimfrei gehaltene Wohnungen Kinder nicht schützen, sondern sogar das Risiko von Asthma und anderen Allergien erhöhen. Denn das Immunsystem solcher Kinder kann sich auf Grund der mangelnden »Übung« im Umgang mit Keimen und Bakterien nicht voll entwickeln.

Grundregeln der Küchenhygiene

Allgemeines

Spültücher, Scheuerschwämme und Spülbürsten können eine Brutstätte für Bakterien sein. Nach Gebrauch gründlich in heißem Wasser auswaschen und regelmäßig ersetzen. Zur Reinigung der Arbeitsflächen nach der Verarbeitung von Fisch oder Fleisch immer Küchenpapier verwenden.

Beim Einkaufen

- Rohes Fleisch, Geflügel, Fisch und Schalentiere gesondert einwickeln und transportieren.
- Für Lebensmittel aus der Kühl- oder Tiefkühltheke entweder eine Kühltasche benutzen oder diese Produkte erst am Ende des Einkaufs auswählen und möglichst schnell nach Hause bringen.

Aufbewahrung der Lebensmittel

• Gekochte Speisen im oberen Teil des Kühlschranks aufbewahren, rohes Fleisch, Geflügel und Fisch im unteren.
• Gekochte Speisen nie auf Geschirr legen, auf dem vorher rohes Fleisch, Geflügel oder Fisch lag.
• Die Temperatur im Kühlschrank konstant zwischen 0 °C und 5 °C und im Gefrierschrank unter -18 °C halten. Sollten Ihre Geräte keine integrierte Temperaturanzeige besitzen, kaufen Sie ein Thermometer.
• Bevor Sie gebratene Geflügelreste in den Kühlschrank stellen, erst die Füllung aus der Bauchhöhle sorgsam entfernen. Wenn Sie bereits im Voraus mit Resten rechnen, die Füllung getrennt zubereiten.
• Gegarte Speisen abdecken und schnell abkühlen lassen. Innerhalb von zwei Stunden kalt stellen.
• Reste in mehreren kleineren Behältern kalt stellen — sie kühlen dann schneller ab.
• Kühlschrank nicht zu stark füllen, da nur die darin zirkulierende Luft für die richtige Temperierung und sichere Aufbewahrung Ihrer Lebensmittel sorgt.

Vorbereitung der Lebensmittel

• Hände vor und bei der Verarbeitung verschiedener Lebensmittel mit Seife und warmem Wasser waschen und mit Küchenpapier abtrocknen.
• Obst, Gemüse und Salat stets reinigen, selbst wenn diese laut Verpackungstext bereits gewaschen sind.
• Benutzte Messer, Schneidbretter und Arbeitsflächen mit warmem Seifenwasser reinigen.
• Nicht dieselben Messer und Bretter für rohe und für gekochte Lebensmittel verwenden.
• Haustiere nicht auf der Arbeitsfläche laufen lassen oder aus Geschirr füttern, das von Ihnen benutzt wird.

Sicherheit beim Kochen

• Geflügel und Frikadellen immer gut durchbraten, bis kein Rosa mehr zu sehen ist.
• Ein Fleischthermometer verwenden: Braten und Steaks sollten mindestens 145 °C, ganze Hähnchen oder Puten 180 °C und Frikadellen 160 °C erreichen. Wenn Sie auswärts essen, sollten Sie Frikadellen in der Mitte durchteilen und nicht verzehren, wenn sie noch rosa sind. Der Verzehr von nicht durchgebratenem Steak oder Braten (mindestens 145 °C) ist dagegen unbedenklich, da sich eventuelle Bakterien nur außen befinden, wo sie durch die stärkere Hitze sicher abgetötet werden. Da im Hackfleisch die Bakterien überall verteilt sind, müssen durchgehend 160 °C erreicht werden.
• Eier kochen, bis sie fest sind — es sei denn, Sie wissen, dass es sich um Bio-Eier oder salmonellenfreie Eier aus Freilandhaltung handelt. Frische Eier aus zuverlässiger Quelle sind insbesondere auch für ungekochte Süßspeisen und selbst gemachte Mayonnaise unerlässlich.
• Fisch immer garen, bis er sich mit einer Gabel leicht in Stücke zerteilen lässt und eine milchweiße Färbung angenommen hat.

Tiefgekühlte Lebensmittel

• Außer bei anders lautender Hersteller-Anweisung Tiefkühlgerichte vor der Zubereitung stets auftauen. Die angegebene Temperatur und Gar- bzw. Backdauer auf keinen Fall unterschreiten. Tiefgekühltes Geflügel langsam im Kühlschrank auftauen lassen — niemals in heißem Wasser!
• Manche Mikrowellen haben Bereiche, an denen Bakterien nicht abgetötet werden. Bei Geräten ohne Drehteller sollten Sie den Garvorgang deshalb mindestens zweimal unterbrechen und das Kochgut von Hand drehen. Wenn die Zubereitungsanweisungen nicht eindeutig sind, fragen Sie beim Hersteller nach. Die herkömmlichen Garmethoden gewährleisten noch immer die sicherste Zubereitung von Frikadellen, Fleisch und Geflügel.
• Aufgetaute Tiefkühlprodukte nicht wieder einfrieren. Fleisch, Geflügel oder Fisch wird manchmal zum Lagern und Transportieren tiefgekühlt und vor dem Verkauf wieder aufgetaut. Dies muss angegeben sein — achten Sie deshalb auf die Auszeichnungen.
• Lebensmittel immer im Kühlschrank auftauen oder marinieren.

Speisen aufwärmen

• Aufgewärmte Suppen, Eintöpfe und Saucen immer zum Kochen bringen. Andere Reste auf 165 °C erhitzen.
• Warme Speisen bis zum Servieren mindestens 63 °C heiß halten.
• Speisen nie mehr als einmal aufwärmen.

Rezepte

Im Folgenden finden Sie 160 Gerichte, die einfach zubereitet, köstlich und nährstoffreich sind. Sie alle enthalten viele der empfehlenswerten Lebensmittel. Die Rezepte sind nach Mahlzeiten sortiert, vom Frühstück bis zum Abendessen, und bieten für jedes Alter genau

das Richtige: vom ersten Babybrei über Snacks für hungrige Teenager bis hin zu Familiengerichten, die allen schmecken.

Die Rezepte

Kinder sind individuelle Persönlichkeiten und haben beim Essen — genau wie sonst auch — ihre Vorlieben und Abneigungen. Obwohl alle Rezepte in diesem Buch sorgfältig zusammengestellt wurden, um eine nährstoffoptimierende und schmackhafte Zubereitung der Lebensmittel zu erzielen, wird nicht jedes Kind alle Gerichte mögen.

Absolute Regeln darüber, was Kinder in welchem Alter bereit sind zu essen, sind wenig hilfreich. Es ist kaum anzunehmen, dass ein Kind mit 4 Jahren und 11 Monaten keine Fischfrikadellen mit Brokkoli mag, aber dasselbe Gericht vier Wochen später, im Alter von 5 Jahren, mit Begeisterung verzehrt. Natürlich gibt es wichtige Richtlinien für die Abstillzeit und die ersten Speisen Ihres Babys sowie für potenziell allergieauslösende Lebensmittel (an jeweiliger Stelle in diesem Buch behandelt). Doch davon abgesehen besteht kein Grund, warum Sie sich das Leben unnötig schwer machen sollten, nur um willkürliche Regeln zu befolgen.

Alle Rezepte in diesem Buch sind nahrhaft, lecker und gesund. Mit Ausnahme von Babys, für die es spezielle, mit einem Symbol gekennzeichnete Rezepte gibt (siehe Kasten gegenüber), können Sie allen Kindern alle Gerichte anbieten. Wenn sich der Geschmackssinn Ihres Kindes frühzeitig entwickelt, sollten Sie einfach froh sein, dass Sie auswärts essen gehen können, ohne durch die Bestellung Ihres 13-Jährigen — Pommes frites mit Ketchup — in Verlegenheit gebracht zu werden.

Selbst in unserer modernen multikulturellen Gesellschaft gibt es immer noch wohlmeinende, aber schlecht informierte Gesundheitsexperten, die entsetzt davon abraten, kleinen Kindern exotische Speisen wie z. B. ein Currygericht anzubieten — dabei ist dies in Asien seit Jahrtausenden kulinarische Tradition. Wenn ein Fünfjähriger Appetit auf ein scharfes Gericht hat, sollte er es auch erhalten.

Was Sie Kindern allerdings nicht regelmäßig anbieten sollten, sind die so genannten Kindermenüs der Fast-Food-Restaurants mit ihrer unvermeidbar katastrophalen Nährwertbilanz.

Einige Grundregeln

Bei der Ernährung von Kindern gilt es einige einfache Grundregeln zu beherzigen, die in diesem Buch jeweils an entsprechender Stelle erwähnt sind. Im Folgenden sind die wichtigsten Regeln kurz zusammengefasst:

- Keine Nüsse und keine nusshaltigen Speisen für Kinder unter 5 Jahren.
- Nur Vollmilch und Vollmilchprodukte für Kinder unter 5 Jahren, da die fettarmen Varianten nicht alle essenziellen Fettsäuren enthalten, die Kinder benötigen.
- Kohlenhydrate in der Ernährung variieren: Reis, Hafer, Hirse, Buchweizen, Amaranth, Dinkel und Quinoa. Nicht öfter als vier Mal am Tag Weizen servieren.
- Kindern schon möglichst früh eine sehr vielseitige Kost anbieten, und nicht aufgeben, wenn nicht gleich der erste Versuch auf Begeisterung stößt.
- Alle Kinder, auch Babys, sind gesellige Wesen und haben mehr Freude am Essen, wenn sie es zusammen mit dem Rest der Familie einnehmen.

In der Küche Zeit sparen

- Das Rezept vor der Zubereitung durchlesen und alle benötigten Zutaten und Geräte bereitstellen.
- Viel Küchenpapier bereitlegen, um Fleisch, Fisch und Gemüse trocken zu tupfen, überschüssiges Fett von Gebratenem abtropfen zu lassen, Pfannen auszureiben oder Verschüttetes aufzuwischen.
- Küchenchaos kostet Zeit: Alle Abfälle gleich beim Verarbeiten in den Mülleimer werfen.
- Salatdressing auf Vorrat zubereiten und in einer fest verschlossenen Flasche an einem kühlen, dunklen Ort aufbewahren. Kann auch als Marinade für Hähnchen und Fisch dienen.
- Zum Vorwärmen einer Nudelschale stellen Sie die Schale in das Spülbecken und legen ein Durchschlagsieb hinein. Die gekochten Nudeln in das Sieb gießen, dann das Sieb zum Abtropfen der Nudeln herunternehmen. Die Schale mit dem Kochwasser ausleeren und trocken reiben.
- Tomaten und Pfirsiche zum Häuten in eine Schüssel geben und mit kochendem Wasser bedecken. Die Haut mit der Spitze eines Messers testen: Wenn sie sich leicht löst, die Früchte abziehen.
- Knoblauchzehen schälen Sie am schnellsten, indem Sie sie mit der Messerklinge zerdrücken.
- Drei oder vier kleine Fläschchen mit Olivenöl füllen und überschüssige Kräuter oder Gewürze hineingeben — so haben Sie stets aromatisierte Öle zur Hand. Für eine mexikanische Marinade Knoblauch und Chilischoten verwenden, für Hähnchengerichte Rosmarin und Estragon, für Fisch Dill und für eine mediterrane Note Oregano.
- Führen Sie in der Küche einen Einkaufszettel für Lebensmittel bzw. Vorräte, die zur Neige gehen, damit Sie rechtzeitig für Nachschub sorgen können.

Tiefkühltipps

Die meisten Gerichte in diesem Buch sind schnell zubereitet und serviert. Damit es noch schneller geht, können Sie die Speisen jedoch auch tiefkühlen, sofern die Zutaten dies zulassen. Der Gefrierschrank gehört zu den praktischsten Geräten, um in der Küche Zeit zu sparen.

Einige Beispiele:

- Frisch zubereitete Babynahrung auf Zimmertemperatur abkühlen lassen und dann in sterilisierten Eiswürfelschalen tiefkühlen. Die gefrorenen Würfel in Gefrierbeutel füllen, beschriften und zurück in den Gefrierschrank legen. Nach Bedarf verwenden.
- Große Portionen fleischloser Bratlinge (siehe Rezepte auf S. 182–184) zubereiten und tiefkühlen. Die vorbereiteten Frikadellen 30 Minuten im Kühlschrank abkühlen lassen, dann mit Pergamentpapier getrennt in Gefrierbeuteln tiefkühlen. Man kann sie auch direkt tiefgekühlt braten, muss dann aber die Garzeit verlängern. Fleischfrikadellen grundsätzlich nicht tiefkühlen — wenn sie nicht ganz aufgetaut oder durchgebraten sind, können sie ein Gesundheitsrisiko darstellen.
- Petersilie ist äußerst vielseitig und lässt sich gut tiefkühlen. Eine große Portion mit der Küchenmaschine fein hacken, einfrieren und nach Bedarf in kleinen Mengen verwenden.
- Altbackenes Brot (ohne Rinde) in der Küchenmaschine zu Semmelbröseln verarbeiten. Die Brösel in einem verschlossenen Behälter im Gefrierschrank aufbewahren und für Fleischbällchen und Frikadellen oder zum Panieren verwenden.

Allgemeine Hinweise

- Die Angaben in Löffeln beziehen sich auf gestrichene Löffel, sofern nicht anders angegeben. 1 TL = 5 ml, 1 EL = 15 ml.
- Die verwendeten Eier entsprechen der Gewichtsklasse L (ca. 65–70 g).
- Die Backzeiten sind nur Richtlinien, da die Backleistung je nach Ofen stark variiert. Für Umluftöfen die Temperaturen entsprechend anpassen.

 Dieses Symbol steht bei Rezepten, die für Babys geeignet sind. Die Zahl neben dem Symbol gibt an, ab welchem Alter ein Baby das Gericht erstmals probieren darf.

Frühstück

Ein gutes **Frühstück** ermöglicht Kindern einen optimalen **Start** in den Tag. Diese Rezepte liefern viel **Energie** und **gute Nährstoffe**. Alles sieht appetitlich aus und schmeckt – die **perfekte Grundlage** für einen aktiven Tag.

Bircher Müsli

★ Fitmacher

Für 2 Personen

Dieses einfache Frühstücksrezept ist ein exzellenter Energiespender und eine gute Quelle für Mineralstoffe und B-Vitamine.

- Das Müsli am Vorabend in Portionsschalen vorbereiten. Zu jeder Portion Müsli so viel Fruchtsaft zufügen, bis es gut feucht ist. Dann Joghurt und Honig unterrühren. Über Nacht kalt stellen.
- Morgens das Müsli möglichst früh aus dem Kühlschrank nehmen. Kurz vor dem Verzehr frisches Obst nach Wahl untermischen, z. B. geriebene Äpfel oder Birnen, Bananenscheiben, Pfirsichstücke oder Erdbeeren. In der Bircher-Benner-Klinik in der Schweiz, wo dieses Müsli entstanden ist, gibt man frische Brombeeren und ein wenig Sahne hinzu.

2 EL ungesüßtes Bio-Müsli
Fruchtsaft, zum Befeuchten
★ 2 EL probiotischer Naturjoghurt
2 TL Honig
★ frisches Obst, zum Servieren

Abbildung rechts

Bananen-Haferbrei

Für 1 Person
ab 6 Monate

Dieser Haferbrei liefert viel Energie, zahlreiche Mineralstoffe und B-Vitamine und kann an das Alter Ihres Babys angepasst werden.

- Für 8–9 Monate alte Babys die Haferflocken direkt aus der Packung verwenden und Sultaninen zufügen. Für jüngere Babys ab dem sechsten Monat die Haferflocken in einer sauberen Kaffeemühle oder einem Mörser fein zermahlen.
- Die Haferflocken mit den Sultaninen bzw. das Hafermehl mit 2–3 EL Wasser oder Mutter- bzw. Säuglingsmilch (oder einer Mischung von beidem) in einen Topf geben. Bei mittlerer Hitze zum Kochen bringen, herunterschalten und unter gelegentlichem Rühren 3–4 Minuten leicht köcheln lassen. Banane untermischen.

★ 1 EL Bio-Haferflocken
★ 1 TL Bio-Sultaninen, gewaschen (für ältere Babys)
Wasser oder Milch (siehe Zubereitung)
★ ½ reife Banane, zerdrückt

Haferbrei

★ Fitmacher

Für 2 Personen

500 ml Wasser
★ 60 g mittelfeines Hafermehl
1 kräftige Prise Salz
Honig, Ahornsirup oder brauner Rohrzucker (nach Wunsch)
★ Milch oder Sahne, zum Servieren

In Großbritannien wird der traditionelle Haferbrei nicht aus Haferflocken, sondern mit Hafermehl zubereitet. Falls Sie kein Hafermehl bekommen können, nehmen Sie einfach Haferflocken und zermahlen Sie diese im Mixer oder in der Küchenmaschine mittelfein.
• Wasser zum Kochen bringen, das gesiebte Hafermehl langsam einrühren und unter ständigem Rühren aufkochen lassen. Herunterschalten und abgedeckt 10 Minuten leicht köcheln lassen. Salz zufügen, umrühren und weitere 10 Minuten köcheln lassen.
• Vor dem Servieren nach Wunsch ein Süßungsmittel zugeben.
• Mit Milch oder Sahne servieren. Alternativ Soja- oder Hafermilch oder eine aus Mandeln oder Haselnüssen hergestellte »Milch« dazu reichen.

Weitere Ideen für Haferbrei

• Mit Rosinen, Honig und Zimt: Haferbrei wie oben beschrieben zubereiten, jedoch das Salz weglassen. Nach 20 Minuten den Haferbrei vom Herd nehmen und 2 TL Rosinen, 1 TL Honig und 1 kräftige Prise Zimt unterrühren. Abgedeckt 5 Minuten ruhen lassen, dann servieren.
• Mit Fruchtaufstrich: Anstelle von Zucker, Ahornsirup oder Honig 1 EL zuckerfreien Fruchtaufstrich nach Wahl unter den Haferbrei rühren.
• Mit Apfel und Sultaninen: Haferbrei wie oben beschrieben zubereiten. Nach 20 Minuten 1 EL geschälten, frisch geriebenen Apfel und einige Sultaninen unterrühren.
• Thermos-Haferbrei: Eine Thermosflasche mit breiter Öffnung mit heißem Wasser füllen, kurz stehen lassen, dann wieder leeren. 175 g Haferflocken in die Flasche geben, mit kochendem Wasser auffüllen, verschließen und über Nacht quellen lassen. Der Haferbrei ist zum Frühstück verzehrbereit und immer noch heiß. Falls er zu dick ist, noch etwas heiße Milch oder heißes Wasser unterrühren.

Fünf-Korn-Kruska

Für 4 Personen

Diese gesunde Getreidespeise mit ihrer hervorragenden Nährwertbilanz eignet sich ideal für heranwachsende Kinder. Sie wurde von den namhaften schwedischen Naturheilkundlern Are Waerland und Paavo Airola entwickelt und weit über die Grenzen Schwedens hinaus bekannt gemacht. Verwenden Sie möglichst nur Körner und Getreideprodukte aus ökologischem Landbau. Die Kruska ergibt ein sättigendes Frühstück oder Abendessen.

- Weizen, Hirse, Hafer, Roggen und Gerste in einer sauberen Kaffeemühle oder der Küchenmaschine grob mahlen. In einen feuerfesten Topf geben, das Wasser zugießen und über Nacht einweichen.
- Morgens den Backofen auf 150 °C vorheizen. Die Getreidemischung auf dem Herd zum Kochen bringen. Weizen- bzw. Haferkeime, Kleie und Rosinen bzw. Sultaninen zugeben.
- In den Ofen schieben und 30 Minuten backen. Die Kruska sollte eingedickt, aber nicht zäh sein — falls sie zu dick ist, noch etwas heißes Wasser unterrühren. Mit heißer oder kalter Milch oder mit Sahne und nach Wunsch mit ein wenig Honig servieren.

★ 1 EL Weizenkörner
★ 1 EL ganze Hirse
★ 1 EL Haferkörner
★ 1 EL Roggenkörner
★ 1 EL Gerstenkörner
250 ml heißes Wasser
★ 1 EL Weizen- oder Haferkeime
★ 1 EL Weizen- oder Haferkleie
★ 2 EL Rosinen oder Sultaninen
Milch oder Sahne, zum Servieren
Honig (nach Wunsch)

Joghurt mit Nüssen und Honig

Für 1 Person

Nüsse und Honig in den Joghurt einrühren. Mit Naturjoghurt erhalten Ihre Kinder einen nahrhaften, leckeren und eiweißreichen Start in den Tag.

★ 30 g gemischte Nüsse, gehackt
2 TL Honig
★ 100 g probiotischer Naturjoghurt oder Sahne-Naturjoghurt

Fruchtjoghurt

Für 2 Personen

Das Obst in den Joghurt einrühren. Ergibt ein schnelles und gesundes Frühstück.

★ 100 g ganze Himbeeren oder in Scheiben geschnittene Erdbeeren, Pfirsiche oder Nektarinen oder anderes Lieblingsobst der Saison
★ 100 g probiotischer Naturjoghurt oder Sahne-Naturjoghurt

Frühstück im Becher

★ Fitmacher

Selbst beim besten Willen reicht die Zeit nicht immer für ein gemütliches Frühstück. Im Folgenden finden Sie zwei hervorragende, eiweiß- und energiereiche »Schnell-Lösungen«, die in Windeseile im Mixer zubereitet sind.

Joghurt-Bananenshake

Für 1 Person

Alle Zutaten im Mixer zu einem leckeren, cremigen Shake verquirlen.

★ 100 g probiotischer Naturjoghurt
★ 1 Banane, in Scheiben geschnitten
2 TL Bierhefe
1 TL flüssiger Honig

Zitrusshake

Für 1 Person

Alle Zutaten in den Mixer geben (einschließlich weißer Zitrusfruchthaut aus der Saftpresse). Gut verquirlen.

★ Saft von 2 Orangen
Saft von 1 Limette
★ 1 Banane, geschält
★ 300 ml Milch
★ 150 g Naturjoghurt
★ 2 gehäufte EL Weizenkeime

Apfel-Aprikosenmus

Für 1 Person

4–6 Monate

• Das vorbereitete Obst in einen Topf geben und mit Wasser bedecken. Zum Kochen bringen, herunterschalten und 8–10 Minuten köcheln lassen.
• Abgießen und abtropfen lassen (das Kochwasser auffangen). Das Obst durch ein Sieb passieren oder im Mixer pürieren. Das Mus mit dem aufgefangenen Kochwasser, mit abgekochtem Wasser oder mit Mutter- bzw. Säuglingsmilch auf die richtige Konsistenz verdünnen.

★ 1 Apfel aus Bioanbau, geschält, entkernt und gewürfelt
★ 2 Aprikosen aus Bioanbau, entsteint

Trockenobstkompott

Für 4 Personen

• Trockenobst gründlich waschen und gut abtropfen lassen. In eine Schüssel geben, das kochende Wasser darüber gießen und Orangenschale und Zimtstange zufügen. Abgedeckt über Nacht einweichen.
• Am nächsten Tag Orangenschale und Zimtstange entfernen. Auf kleine Schüsseln verteilen und je einen Löffel Naturjoghurt auf das Kompott geben.

★ 500 g gemischtes Trockenobst (z. B. Aprikosen, Pflaumen, Äpfel, Birnen, Sultaninen)
1,2 l kochendes Wasser
★ 1 Streifen Orangenschale
★ 1 Stück (7 cm) Zimtstange
★ Naturjoghurt, zum Servieren

Rührei mit Tomate und Champignon

Für 1 Person

★ 1 mittelgroße Tomate
1 großer Champignon mit dunklen Lamellen
★ etwas Olivenöl
★ 1 Ei
Salz und schwarzer Pfeffer
★ 1 kleines Stück Butter
★ Vollkorntoast, zum Servieren

• Ein Grillblech mit Alufolie auslegen und unter dem Backofengrill vorheizen. Tomate halbieren und beide Hälften sowie den Pilz mit Öl bestreichen. Die Tomatenhälften mit der Schnittfläche nach oben und den Pilz mit den Lamellen nach oben auf das Blech setzen und unter dem Grill bräunen (den Pilz einmal wenden).
• Unterdessen das Ei verquirlen und leicht mit Salz und Pfeffer würzen. Butter in einem kleinen beschichteten Topf zerlassen. Das Ei hineingeben und bei starker Hitze unter Rühren stocken lassen. Mit der Grilltomate, dem gegrillten Champignon und Vollkorntoast servieren.

Speckeier

Für 6 Personen

★ 60 g Butter
★ 175 g Frühstücksspeck, ohne Schwarte, gewürfelt
★ 6 EL frische Petersilie, fein gehackt
etwas Salz und schwarzer Pfeffer
★ 6 Eier
★ 100 ml Schlagsahne oder Crème double
★ Vollkorntoast, zum Servieren

• Backofen auf 180 °C vorheizen. Mit der Hälfte der Butter 6 kleine Auflaufformen (je ca. 150 ml) einfetten. Die gebutterten Formen in einen Bräter stellen.
• Die restliche Butter in einer kleinen Pfanne erhitzen. Speckwürfel hineingeben und bei mittlerer Hitze braun und knusprig braten. Den Speck auf Küchenpapier abtropfen lassen, dann zerstoßen und auf den Boden der Formen streuen. Petersilie, Salz und Pfeffer zufügen. Je 1 Ei in die Formen schlagen.
• Heißes Wasser (aus dem Wasserhahn) in den Bräter gießen, bis die Formen halbhoch im Wasser stehen. Den Bräter mit Alufolie abdecken. Im Ofen 16–18 Minuten backen.
• Etwas Sahne über die gebackenen Eier geben und sofort mit gebutterten Toaststreifen servieren.

Pochiertes Ei mit Tomate

★ Fitmacher

Für 1 Person

Bei diesem Rezept wird das Ei zuerst kurz in kochendes Wasser getaucht. Dadurch stockt das Eiweiß leicht, so dass es hinterher beim Pochieren kompakt bleibt.

• Wasser in einem kleinen Topf sprudelnd zum Kochen bringen. Tomate hineingeben. Das rohe Ei auf einem Schaumlöffel 30 Sekunden in das kochende Wasser tauchen. Anschließend aus dem Wasser nehmen, aufschlagen und (ohne Schale) wieder ins Wasser gleiten lassen.

• 4 Minuten pochieren. Ei und Tomate mit einem Schaumlöffel aus dem Topf nehmen. Mit gebuttertem Vollkorntoast servieren.

★ 1 mittelgroße Tomate
★ 1 Ei
★ Vollkorntoast, zum Servieren

Arme Ritter

Für 1 Person

• Butter in einer Pfanne zerlassen. Die Toaststreifen in das verquirlte Ei tauchen und in der Pfanne auf beiden Seiten goldbraun braten.

• Aus der Pfanne nehmen, mit etwas braunem Zucker und Zimt bestreuen und heiß servieren.

★ 30 g Butter
★ 1 dicke Scheibe Vollkorntoast, in fingerbreite Streifen geschnitten
★ 1 Ei, verquirlt
brauner Zucker, zum Bestreuen
★ Zimt, zum Bestreuen

Mehrkornpfannkuchen

Ergibt 12–16 Stück

• Mehrkornmischung, Backpulver, Natron und Salz in einer großen Schüssel gut mischen.

• In einer anderen Schüssel Eier, Buttermilch, Honig und zerlassene Butter verquirlen. Zu den übrigen Zutaten geben und kurz zu einem Teig verrühren (einige Klümpchen sind in Ordnung — wenn Sie zu lange rühren, werden die Pfannkuchen zäh). Vorsichtig die gerösteten Pekannüsse unterheben.

• Eine Crêpepfanne oder eine flache Bratpfanne auf mittlerer Stufe erhitzen, bis ein hineingespritzter Wassertropfen zischend verdampft. Jeweils 1 knappe Schöpfkelle (ca. 100 ml) Teig in die Pfanne geben und 2–3 Minuten backen, bis die am Rand entstehenden Bläschen aufplatzen. Wenden und die andere Seite goldbraun backen. Mit dem restlichen Teig ebenso verfahren.

★ 400 g selbst gemachte Mehrkornmischung, bestehend aus Maismehl, Haferflocken, Weizenvollkornmehl, Roggenmehl, Weizenkleie und Leinsamen
1 EL Backpulver
1½ TL Natron
½ TL Salz
★ 3 Eier
★ 750 ml Buttermilch
150 g Honig
★ 125 g Butter, zerlassen und abgekühlt
125 g Pekannusskerne, gehackt und geröstet

Gerstenpfannkuchen

Ergibt
ca. 6 Stück

Diese weizenfreien Pfannkuchen werden nach schottischer Tradition auf einer speziellen gusseisernen Platte gebacken. Doch eine Crêpepfanne oder eine flache Bratpfanne leistet ebenso gute Dienste.

- Mehl in eine Schüssel sieben. In die Mitte eine Vertiefung drücken und die Eier hineinschlagen. Die zerlassene Butter zugeben. Alle Zutaten mit ausreichend Wasser zu einem glatten Teig verrühren. Den Teig 30 Minuten quellen lassen.
- Eine Crêpepfanne oder eine flache Bratpfanne mittelstark erhitzen. Eine kleine Schöpfkelle Teig hineingeben, die Pfanne dabei schwenken, damit sich der Teig in der ganzen Pfanne verteilt. 2–3 Minuten backen, dann wenden und die andere Seite weitere 2–3 Minuten backen. Mit dem restlichen Teig ebenso verfahren.
- Eine Füllung in die Mitte der Pfannkuchen geben, die Pfannkuchen zweimal zusammenfalten und noch heiß verzehren. Empfehlenswerte Füllungen sind z. B. Apfelmus, Joghurt mit Rosinen, Bananenscheiben mit Joghurt, Brombeergelee mit Sahne-Naturjoghurt, ein Püree aus eingeweichten Backpflaumen und getrockneten Aprikosen oder ein Löffel Beerenkompott (z. B. bei schwacher Hitze 2 Minuten gedünstete Himbeeren, Brombeeren oder Erdbeeren).

★ 125 g Gerstenmehl (oder in der Küchenmaschine gemahlene Gerstenflocken)
★ 3 Eier
★ 30 g Butter, zerlassen
Wasser, zum Mischen

Haferpfannkuchen

Ergibt
ca. 20 Stück

- Hafermehl, Salz und Zucker in eine große Schüssel geben. Sirup in der Milch auflösen. Milch unter das Hafermehl rühren. Abgedeckt über Nacht quellen lassen.
- Am nächsten Tag eine Crêpepfanne oder eine flache Bratpfanne mittelstark erhitzen. Eier und Natron unter den Teig rühren. Der Teig sollte eingedickt und cremig sein (bei Bedarf noch Milch zufügen).
- Jeweils 1 EL Teig in die heiße Pfanne geben: Er sollte zu einem 12–15 cm großen Kreis verlaufen. 2–3 Minuten backen, dann wenden und die andere Seite 2–3 Minuten backen.
- Die fertigen Pfannkuchen übereinander stapeln und in einem Geschirrtuch einschlagen, damit sie weich und heiß bleiben. Mit Butter und Marmelade servieren.

★ 375 g feines Hafermehl
1 TL Salz
1 EL Zucker
1 EL heller Sirup
★ 600 ml Milch
★ 2 Eier, leicht verquirlt
1 TL Natron

Suppen

Die **Zubereitung von Suppen** ist kurzweilig und macht auch Kindern Spaß. Ob heiß oder kalt, dick oder dünn, grob oder cremig — Suppen enthalten viel **Gutes aus der Natur** und sind eine Mahlzeit für jede Gelegenheit.

Minestrone

★ Fitmacher

Für 6 Personen

Diese herzhafte italienische Suppe ist eine vollwertige Mahlzeit: Reichen Sie dazu nur noch etwas knuspriges Brot und als kleine Vorspeise frische Karotten- und Selleriestifte zum Knabbern. Minestrone schmeckt übrigens am nächsten Tag aufgewärmt sogar noch besser.

• Olivenöl in einem gusseisernen Topf erhitzen. Speck darin braten, bis er glasig zu werden beginnt. Herausnehmen und beiseite stellen. Knoblauch und Zwiebel in den Topf geben und glasig dünsten. Tomaten und den angebratenen Speck zufügen.

• Die heiße Brühe zugießen und umrühren. Karotten, Rübe, Zucchini, Sellerie und Kartoffeln zugeben. Zum Kochen bringen, herunterschalten und abgedeckt 40 Minuten leicht köcheln lassen.

• Bohnen und Erbsen zufügen und erhitzen. Petersilie unterrühren. Mit Salz und Pfeffer abschmecken. Die Suppe in vorgewärmten Schalen servieren. Den Parmesan getrennt reichen und nach Geschmack über die Suppe streuen.

★ 1 EL Olivenöl
★ 3 Scheiben Frühstücksspeck, gewürfelt
★ 1 Knoblauchzehe, fein gehackt
★ 1 kleine Zwiebel, fein gehackt
★ 1 kleine Dose (200 g) Tomaten, zerkleinert
★ 1 l heiße Hühner- oder Gemüsebrühe
★ 2 Karotten, fein gewürfelt
★ 1 kleine weiße Rübe, fein gewürfelt
2 kleine Zucchini, in dünne Scheiben geschnitten
★ 1 Selleriestange, in Scheiben geschnitten
★ 2 Kartoffeln, gewürfelt
★ 1 Dose (425 g) Cannellini-Bohnen, abgespült
★ 60 g tiefgekühlte Erbsen
★ 1 EL frische, fein gehackte Petersilie
Salz und schwarzer Pfeffer
★ frisch geriebener Parmesan, zum Servieren

Abbildung rechts

Minestrone mit Pesto

★ Fitmacher

Für 6 Personen

- ★ 1 EL Olivenöl
- ★ 1 Zwiebel, gehackt
- ★ 2 Knoblauchzehen, gehackt
- ★ 1 Lauchstange, in Ringe geschnitten
- ★ 1 Karotte, in Scheiben geschnitten
- ★ 2 Selleriestangen, in Scheiben geschnitten
- ★ 1 Kartoffel, in Scheiben geschnitten
- ★ 1 kleine Dose (200 g) Tomaten
- ★ 1½ l Hühner- oder Gemüsebrühe
- 2 Zucchini, in Scheiben geschnitten
- ★ 1 dicke Scheibe Weißkohl, in Streifen geschnitten
- ★ 1 Prise getrockneter Oregano
- ★ 1 Dose (425 g) Cannellini-Bohnen, abgespült
- Salz und schwarzer Pfeffer
- Pesto, nach Geschmack
- ★ frisches Basilikum, zum Garnieren
- ★ frisch geriebener Parmesan, zum Servieren

• Öl in einem gusseisernen Topf erhitzen. Zwiebel und Knoblauch hineingeben und bei schwacher Hitze abgedeckt glasig dünsten. Lauch, Karotte, Sellerie, Kartoffel, Tomaten mitsamt Saft und Brühe zufügen.
• Zum Kochen bringen, herunterschalten und 15 Minuten köcheln lassen.
• Zucchini, Kohl und Oregano zugeben und weiter köcheln lassen, bis der Kohl weich ist. Bohnen zufügen und erhitzen.
• Mit Salz und Pfeffer abschmecken. Pesto nach Geschmack unterrühren. Mit zerzupften Basilikumblättern garnieren. Den Parmesankäse getrennt zur Suppe reichen.

Minestrone mit Reis und Tomaten

Für 4 Personen

- ★ 500 g Tomaten, gehäutet und gewürfelt
- ★ 1 kleine Zwiebel, grob gehackt
- ★ 1 Selleriestange, grob gehackt
- 1 l Gemüsebrühe
- ★ 100 g Langkornreis
- ★ 30 g Butter
- etwas schwarzer Pfeffer
- ★ 1 Bund frisches Basilikum oder 2 TL Pesto
- ★ 2 EL frisch geriebener Parmesan, zum Garnieren

Diese sättigende Suppe sollten Sie möglichst im Sommer zubereiten, wenn Tomaten besonders preiswert und aromatisch sind. Falls Sie Naturreis verwenden, müssen Sie die Garzeit um 20 Minuten verlängern.
• Tomaten, Zwiebel und Sellerie in einen gusseisernen Topf geben. Abgedeckt bei schwacher Hitze dünsten, bis die Tomaten weich sind und zerfallen.
• Die Tomatenmischung in der Küchenmaschine oder im Mixer glatt pürieren, dann zurück in den Topf geben. Brühe zugießen und zum Kochen bringen. Den Reis zugeben. Abgedeckt bei schwacher Hitze 15 Minuten köcheln lassen.
• Butter und Pfeffer unterrühren. Mit gehacktem Basilikum bestreuen bzw. den Pesto unterziehen. Mit geriebenem Parmesan bestreut servieren.

Tofubrühe

Für 4 Personen

• Brühe in einem gusseisernen Topf erhitzen und alle übrigen Zutaten mit Ausnahme des Korianders hineingeben. Zum Kochen bringen, herunterschalten und abgedeckt 10 Minuten köcheln lassen.
• Die Brühe mit frisch gehacktem Koriander bestreuen und sofort servieren.
Hinweis: Tamari ist eine reine Sojasauce (ohne Weizenzusatz), die in Naturkostläden erhältlich ist.

450 ml Gemüsebrühe
★ 125 g Tofu, gewürfelt
★ 1 große Karotte, in sehr dünne Scheiben geschnitten
★ 2 Frühlingszwiebeln, gehackt
★ 1 kleine Lauchstange (nur Weißes), in dünne Ringe geschnitten
★ 1 EL Bio-Tamari oder Sojasauce
schwarzer Pfeffer
★ 1 kleines Bund frischer Koriander, gehackt

Lauchsuppe mit Brunnenkresse

Für 4 Personen

• Butter in einem gusseisernen Topf zerlassen. Lauch hineingeben und bei schwacher Hitze weich dünsten. Kartoffeln zufügen und unter Rühren 1–2 Minuten anbraten. Wasser zugießen, zum Kochen bringen und abgedeckt 10 Minuten köcheln lassen.
• Unterdessen die dicken Stiele der Brunnenkresse entfernen. Einige Blätter zum Garnieren beiseite stellen. Den Rest fein hacken, kurz vor Ende der Garzeit zur Suppe geben und 1–2 Minuten köcheln lassen.
• Leicht abkühlen lassen, dann in der Küchenmaschine oder im Mixer grob pürieren. Zurück in den Topf geben, erhitzen und mit Salz und Pfeffer abschmecken. Sahne unterziehen und mit der aufbewahrten Brunnenkresse garnieren.

★ 60 g Butter
★ 1 Lauchstange, geputzt und in dünne Ringe geschnitten
★ 2–3 Kartoffeln, in Scheiben geschnitten
900 ml Wasser
★ 1 Bund Brunnenkresse, sorgfältig gewaschen
Salz und schwarzer Pfeffer
★ 2 EL Sahne

Selleriecremesuppe

Für 4 Personen

• Sellerie großzügig schälen, in Scheiben schneiden und in eine Schüssel mit Wasser und Zitronensaft bzw. Essig geben (um ein Verfärben zu verhindern).
• Butter in einem gusseisernen Topf zerlassen. Zwiebel darin 1–2 Minuten andünsten. Stangensellerie, Kartoffel und den abgetropften Knollensellerie zufügen. Brühe zugießen. Zum Kochen bringen, herunterschalten und abgedeckt 25–30 Minuten köcheln lassen.
• Die Suppe in der Küchenmaschine oder im Mixer kurz pürieren, dann zurück in den Topf oder in eine Suppenschüssel geben. Kurz vor dem Servieren das Eigelb unter die Crème double rühren und die Mischung unter die Suppe ziehen — nicht noch einmal erhitzen. Mit Selleriegrün, Schnittlauch oder Petersilie bestreuen.

★ 1 kleiner Knollensellerie
1 EL Zitronensaft oder Weißweinessig
★ 30 g Butter
★ 1 Zwiebel, gehackt
★ 4 Selleriestangen, in Scheiben geschnitten; grüne Spitzen zum Garnieren aufbewahren
★ 1 kleine Kartoffel, gewürfelt
★ 900 ml Geflügel- oder Gemüsebrühe
★ 1 Eigelb
★ 3 EL Crème double oder Crème fraîche
★ 1 EL frisch gehackter Schnittlauch oder Petersilie, zum Garnieren (nach Wunsch)

Rote-Beten-Apfel-Suppe

★ Fitmacher

Für 4 Personen

Reichen Sie zu dieser leuchtend roten, süßlichen Suppe viel frisches, knuspriges Brot.

- Rote Beten, Zwiebel und ¼ l Apfelsaft in der Küchenmaschine oder im Mixer zu einem glatten Püree verarbeiten. Den restlichen Apfelsaft, Zitronensaft, Salz und Pfeffer unterrühren.
- Die Suppe 1–2 Stunden kalt stellen. Auf Portionsschalen verteilen und kurz vor dem Servieren die Sahne zugeben und spiralförmig verziehen.

★ 500 g frische Rote Beten
★ 1 kleine Zwiebel, fein gehackt
★ 600 ml Apfelsaft ohne Zuckerzusatz
★ 1 TL Zitronensaft
1 Prise Meersalz und schwarzer Pfeffer
★ 150 ml saure Sahne oder Schlagsahne

Wirsingkohleintopf mit Käse

Für 6 Personen

Dieser wärmende Eintopf ähnelt eher einem Auflauf und ergibt eine sättigende Wochenendmahlzeit für eine sechsköpfige Familie. Am besten schmeckt er mit italienischem Fontina-Käse, aber auch mittelalter Gouda, Cheddar, Greyerzer oder Emmentaler Käse eignen sich sehr gut.

- Backofen auf 200 °C vorheizen. 2 EL Olivenöl in einem großen feuerfesten Topf erhitzen. Knoblauch darin bei schwacher Hitze glasig dünsten. Mit einem Schaumlöffel herausnehmen und beiseite stellen. Das Brot in 2½ cm dicke Scheiben schneiden. Das restliche Öl in den Topf geben und erhitzen. Die Brotscheiben darin portionsweise auf beiden Seiten goldgelb braten. Aus dem Topf nehmen und beiseite stellen.
- Brühe in einem anderen Topf erhitzen und den Kohl hineingeben. Zum Kochen bringen, herunterschalten und 5 Minuten köcheln lassen. Abgießen (die Brühe auffangen).
- Einige geröstete Brotscheiben auf den Boden des feuerfesten Topfes legen. Etwas Knoblauch darüber streuen, eine Schicht Kohl darauf verteilen, einige Sardellen darüber geben und gleichmäßig mit einer Hand voll geriebenem Käse bestreuen. Den Schichtvorgang wiederholen, bis alle Zutaten verbraucht sind (mit einer Schicht Käse abschließen). Die Kohlbrühe zugeben.
- Im Ofen 30–40 Minuten goldbraun überbacken. In vorgewärmten Suppentellern mit etwas Petersilie garniert servieren.

★ 4 EL Olivenöl
★ 2 Knoblauchzehen, in dünne Scheiben geschnitten
½ Ciabatta oder ½ Baguette vom Vortag (ca. 200 g)
★ 1 l Hühnerbrühe
★ 1 Wirsingkohl, gewaschen, ohne dicke Mittelrippen, in feine Streifen geschnitten
★ 60 g gesalzene Sardellen
★ 200 g geriebener Käse
★ frisch gehackte glattblättrige Petersilie, zum Garnieren

Kürbissuppe

Für 6 Personen

• Kürbis schälen, entkernen und in grobe Würfel schneiden. Öl in einem gusseisernen Topf erhitzen. Kartoffel darin bei schwacher Hitze goldgelb werden lassen (nicht bräunen). Zwiebel und Knoblauch untermischen. Brühe zugießen. Salbei und den Kürbis zugeben. Zum Kochen bringen, herunterschalten und abgedeckt 20–25 Minuten köcheln lassen.

• Die Suppe in der Küchenmaschine oder im Mixer zu einer glatten Creme pürieren. Zurück in den Topf geben und erhitzen. Crème fraîche unterziehen. Die Suppe auf Schalen verteilen und mit geriebenem Käse bestreut servieren. Croûtons getrennt dazu reichen.

★ 1 Kürbis (ca. 1 kg)
★ 2 EL Olivenöl
★ 1 kleine Kartoffel, gewürfelt
★ 1 Zwiebel, gehackt
★ 1 Knoblauchzehe
900 ml Gemüsebrühe
★ 4 frische Salbeiblätter, gehackt
★ 150 ml Crème fraîche
★ 60 g Greyerzer Käse, gerieben
Croûtons, zum Servieren

Erbsensuppe mit Reis

★ Fitmacher

Für 4 Personen

- ★ 250 g Schälerbsen
- 1 l Wasser
- ★ 2 EL Olivenöl
- ★ 2 große Zwiebeln, gehackt
- ★ 1 Knoblauchzehe, zerdrückt
- ★ 1 TL ganzer Kreuzkümmel
- 500 ml Gemüsebrühe
- ★ 2 TL Zitronensaft
- ★ 1 Hand voll gekochter Naturreis
- schwarzer Pfeffer
- ★ frisch gehackter Koriander, zum Servieren

• Schälerbsen abspülen und abtropfen lassen. In einen gusseisernen Topf geben und das abgemessene Wasser zugießen. Zum Kochen bringen, herunterschalten und abgedeckt 1 Stunde köcheln lassen.

• Gegen Ende der Garzeit in einem anderen gusseisernen Topf das Öl erhitzen. Zwiebeln und Knoblauch darin unter Rühren glasig dünsten (nicht bräunen). Kreuzkümmel zufügen und einige Minuten unter Rühren anschwitzen.

• Die Erbsen abgießen und zurück in ihren Topf geben. Gemüsebrühe, Zitronensaft, gekochten Reis und die Zwiebelmischung zufügen. Erhitzen und mit Pfeffer abschmecken. In vorgewärmte Portionsschalen füllen und mit gehacktem Koriander garniert servieren.

Kartoffelcremesuppe mit geräuchertem Schellfisch

Für 4 Personen

- ★ 90 g Butter
- ★ 1 große Zwiebel, in dünne Ringe geschnitten
- ★ 125 g Kartoffeln, gewürfelt
- ★ 500 g geräuchertes Schellfischfilet, ohne Haut und Gräten, gewürfelt
- ★ 1,2 l Milch
- ★ 6 EL frisch gehackte glattblättrige Petersilie
- Salz und weißer Pfeffer

Eine leckere und nahrhafte Suppe für kalte Wintertage. Als Variante geben Sie mit den Kartoffeln zusätzlich einige Pastinaken zu — ihre leichte Süße verleiht der Suppe ein wunderbares Aroma.

• Butter in einem gusseisernen Topf zerlassen. Zwiebel darin bei mittlerer Hitze 2–3 Minuten glasig dünsten (nicht bräunen). Kartoffeln zufügen, dann herunterschalten und den Topf fest verschließen. Unter häufigem Rühren 10 Minuten dünsten. Schellfisch und Milch zugeben. Zum Köcheln bringen und 10–15 Minuten kochen, bis der Fisch weich ist.

• Die Suppe im Mixer oder in der Küchenmaschine zu einer glatten Creme pürieren. Zurück in den Topf geben und die Hälfte der Petersilie unterrühren. Aufkochen lassen. Mit Salz und Pfeffer abschmecken.

• Die Suppe auf vier vorgewärmte Schalen verteilen. Mit der restlichen Petersilie bestreuen und sofort servieren. Dazu viel knuspriges Brot reichen.

Fischsuppe mit Rouille und Croûtons

Für 4 Personen

- Den Fisch säubern, häuten und sorgsam alle Gräten entfernen. Das Fischfleisch in grobe Stücke schneiden und beiseite stellen.
- Öl in einem großen Topf erhitzen. Zwiebel, Knoblauch und Lauch darin bei schwacher Hitze unter gelegentlichem Rühren weich dünsten (nicht bräunen). Tomaten zufügen und leicht anschwitzen, dann Oregano, Salz und Pfeffer unterrühren. Die Fischstücke zugeben und die Brühe zugießen. Abgedeckt 15-20 Minuten köcheln lassen.
- Unterdessen für die Rouille die Mayonnaise in eine kleine Schüssel geben und Tomatenmark, Knoblauch und Cayennepfeffer unterrühren. Für die Croûtons die Brotscheiben im Backofen bei 200 °C 20 Minuten backen, dann in Würfel schneiden.
- Wenn der Fisch gar ist, den Inhalt des Topfes in der Küchenmaschine zu einer glatten Creme pürieren. Zurück in den Topf geben, Crème fraîche unterziehen und erhitzen. Die Suppe mit gehackter Petersilie bestreut servieren. Die Rouille und Croûtons getrennt dazu reichen.

★ 675 g magerer Fisch
★ 2 EL Sonnenblumenöl
★ 1 Zwiebel, gehackt
★ 2 Knoblauchzehen
★ 2 Lauchstangen (nur Weißes), in Ringe geschnitten
★ 3–4 große saftige Tomaten, gewürfelt
★ 1 Prise getrockneter Oregano
1 Prise Salz und etwas schwarzer Pfeffer
★ 1,2 l Fischbrühe oder halb Brühe, halb Wasser
★ 1 EL Crème fraîche
★ 1 Hand voll Petersilie, fein gehackt

Für die Rouille:

4 EL Mayonnaise
★ 2 TL Tomatenmark
★ 2 Knoblauchzehen, zerdrückt
1 kräftige Prise Cayennepfeffer

Für die Croûtons:

4 Scheiben Weißbrot

Mittagessen

Kinder benötigen mittags eine **nahrhafte** Mahlzeit, damit sie die zweite Tageshälfte mit Schwung und **Konzentration** meistern. Hier finden Sie leckere Rezepte, von Babybrei bis hin zu Gerichten, die hungrige Teenager begeistern.

Kartoffelpüree mit Wurzelgemüse

★ Fitmacher

Für 1 Person

4–6 Monate

Für dieses Püree brauchen Sie von jeder Gemüsesorte etwa dieselbe Menge (möglichst aus ökologischem Landbau).

- Rübe, Pastinake und Kartoffel in einen Topf geben und mit Wasser bedecken. Zum Kochen bringen, herunterschalten und abgedeckt 10 Minuten köcheln lassen.
- Abgießen (das Wasser auffangen). Das Gemüse in der Küchenmaschine pürieren oder durch ein Sieb passieren. Das Püree mit etwas Gemüsewasser, mit abgekochtem Wasser oder mit Mutter- bzw. Säuglingsmilch auf die richtige Konsistenz verdünnen.

¼ Steckrübe, grob gewürfelt
1 kleine Pastinake, grob gewürfelt
★ 1 kleine Kartoffel, geschält und gewürfelt

Süßkartoffelpüree mit Brokkoli und grünen Bohnen

Für 1 Person

5–6 Monate

Im Alter von 5–6 Monaten darf Ihr Baby seinen ersten Brei mit grünem Gemüse essen — im Idealfall aus ökologischem Anbau.

- Süßkartoffel in einen Topf geben und mit Wasser bedecken. Zum Kochen bringen, herunterschalten und 5 Minuten köcheln lassen. Brokkoli und Bohnen zufügen und 5–6 Minuten weich kochen.
- Abgießen (das Wasser auffangen). Das Gemüse in der Küchenmaschine pürieren oder durch ein Sieb passieren. Das Püree mit etwas Gemüsewasser, mit abgekochtem Wasser oder mit Mutter- bzw. Säuglingsmilch auf die richtige Konsistenz verdünnen.

★ ½ Süßkartoffel, geschält und grob gewürfelt
★ 3–4 Brokkoliröschen, klein geschnitten
★ einige Busch- oder Stangenbohnen, geputzt und klein geschnitten

Abbildung rechts

Geflügelsalat mit Honig und Chili

★ Fitmacher

Für 4–6 Personen

• Eiweiß, Stärke und 1 Knoblauchzehe in einer Schüssel verrühren. Hähnchenstücke zufügen und in der Eiweißmischung wenden. In einer anderen Schüssel Honig, Reisessig, Sojasauce und Senf verrühren. Beiseite stellen. Radicchioblätter auf Teller verteilen.

• Öl in einen Wok oder eine Bratpfanne geben und erhitzen. Wenn das Öl dampft, die Hähnchenstücke hineingeben und unter Rühren goldbraun braten. Mit einem Schaumlöffel aus dem Wok nehmen und beiseite stellen. Erdnüsse in den Wok geben und unter Rühren goldbraun rösten. Herausnehmen und beiseite stellen. Chilischoten, Frühlingszwiebeln und die zweite Knoblauchzehe im Wok unter Rühren 1 Minute anbraten. Die Hähnchenstücke und die Erdnüsse zurück in den Wok geben. Die Honig-Essig-Sauce zufügen und etwas einkochen lassen.

• Die Hähnchenmischung mit der Sauce in die Radicchioblätter füllen. Mit halben Kirschtomaten, Koriander und Petersilie bestreuen. Sofort servieren.

★ 1 Eiweiß
★ 1 EL Speisestärke
★ 2 Knoblauchzehen, zerdrückt
★ 4 Hähnchenbrustfilets, in 5 cm große Stücke geschnitten
2 EL flüssiger Honig
2 EL Reisessig
★ 2 EL Sojasauce
1 TL Senf
★ 8 gewölbte Radicchioblätter
★ 4 EL Olivenöl
★ 125 g ungesalzene Erdnüsse (für kleine Kinder weglassen)
★ 1–2 kleine getrocknete rote Chilischoten (für kleinere Kinder 1 verwenden oder weglassen)
★ 12 Frühlingszwiebeln, geputzt und diagonal in Stücke geschnitten
★ 12 Kirschtomaten, halbiert
★ frischer Koriander
★ glattblättrige Petersilie

Marinierte Hähnchenbrustfilets

Für 4 Personen

Servieren Sie diese köstlichen Hähnchenbrustfilets mit gegrilltem oder gedünstetem Gemüse und einer Knoblauchmayonnaise.

• Hähnchenbrustfilets zwei- oder dreimal mit einem scharfen Messer einschneiden und in eine Auflaufform legen. Die restlichen Zutaten mischen und darüber geben. Mindestens 2 Stunden kalt stellen.

• Die Filets aus der Marinade nehmen, die Kräuterzweige darauf legen und entweder unter dem Backofengrill bei starker Hitze auf jeder Seite 8–10 Minuten grillen oder im Backofen bei 200 °C 20–25 Minuten backen. Dabei gelegentlich mit der Marinade bestreichen. Zur Garprobe mit einem Spieß ins Fleisch stechen: Wenn der Saft klar austritt, ist das Fleisch gar.

★ 4 Hähnchenbrustfilets
★ Saft von 1 Zitrone
★ 4 Rosmarinzweige
★ 4 Thymianzweige
★ 2 Knoblauchzehen, grob gehackt
★ 2 EL Sojasauce
1 EL Honig
Meersalz und schwarzer Pfeffer

Fisch-Kartoffelgratin

Für 2 Personen

Dieses Rezept ist ausreichend für ein Kleinkind und den Erwachsenen, der ihm beim Essen hilft.

- Milch in einem kleinen Topf mit Minze oder Petersilie und Zitronenschale zum Kochen bringen. Herunterschalten, Fisch und Kartoffelscheiben hineingeben und 3–4 Minuten köcheln lassen. Fisch mit dem Schaumlöffel herausnehmen. Die Kartoffeln weiter kochen.
- Den Fisch häuten und in Stücke zerteilen, dabei sorgsam alle Gräten entfernen. Die Fischstücke in eine kleine gebutterte Auflaufform geben. Den Topf mit den gekochten Kartoffeln vom Herd nehmen und die Zitronenschale entfernen. Die Kartoffeln mit einer Gabel in der Milch zerdrücken und die Masse über den Fisch geben. Mit Weizenkeimen bestreuen, Butterflöckchen darauf setzen und unter dem Backofengrill überbacken.

★ 300 ml Milch
★ 1 EL frisch gehackte Minze oder Petersilie
★ 1 Streifen Zitronenschale
★ 100 g geräucherter Schellfisch
★ 2 Kartoffeln, geschält und in dünne Scheiben geschnitten
★ 1 kleines Stück Butter
★ 2 TL Weizenkeime

Lachsfrikadellen

Für 4 Personen

- Kartoffeln weich kochen. Abgießen, zurück in den Topf geben und einige Sekunden erhitzen, damit evtl. Wasserreste verdampfen. Die Kartoffeln stampfen und Butter, Frühlingszwiebeln und Petersilie untermischen.
- Lachs mit einer Gabel in kleine Stücke teilen und unter das Kartoffelpüree mischen. Nach Geschmack mit Salz und Pfeffer würzen. Falls die Masse von zu dicker Konsistenz ist, noch etwas Milch untermischen. Zu vier Frikadellen formen.
- Öl in einer Pfanne erhitzen. Die Frikadellen hineingeben und auf jeder Seite einige Minuten braun und knusprig braten. Mit einem Schaumlöffel herausnehmen und auf Küchenpapier abtropfen lassen. Die Frikadellen schmecken heiß oder kalt.

★ 500 g Kartoffeln, geschält und geviertelt
★ 125 g Butter
★ 2 Frühlingszwiebeln, fein gehackt
★ 1 große Hand voll frische Petersilie, fein gehackt
★ 750 g gedämpftes Lachsfilet
Salz und schwarzer Pfeffer
★ 150 ml Olivenöl

Fisch in Curryreis

★ Fitmacher

Für 4 Personen

Verwenden Sie für dieses Rezept ungefärbten, geräucherten Schellfisch oder Kabeljau. Als zusätzliche Zutaten bieten sich Lachs, Räucherlachs und/oder Garnelen an, insbesondere wenn dieses Gericht die Hauptmahlzeit des Tages ist.

- Reis gut abspülen und abtropfen lassen. In einen Topf geben und das kochende Salzwasser zugießen. Zum Kochen bringen und abgedeckt bei schwacher Hitze 35 Minuten köcheln lassen. Abgießen und den Reis mit einer Gabel auflockern.
- Unterdessen den Fisch in einen Topf geben und mit Milch bedecken. Langsam zum Kochen bringen, dann abschalten und abgedeckt 10 Minuten ziehen lassen. Den Fisch mit einem Schaumlöffel aus der Milch nehmen, häuten und in Stücke zerteilen, dabei sorgsam alle Gräten entfernen.
- Die Fischstücke und die restlichen Zutaten (etwas Ei zum Garnieren aufbewahren) vorsichtig unter den heißen Reis mischen. Die Butterflöckchen sollten dabei schmelzen. Mit Salz und Pfeffer abschmecken. Mit dem restlichen Ei und nach Wunsch mit zusätzlicher gehackter Petersilie garniert servieren.

★ 250 g Langkorn-Naturreis
1,2 l kochendes Salzwasser
★ 250 g Räucherfisch
★ Milch, zum Bedecken
★ 4 Eier, hart gekocht und grob gehackt
★ 30 g Butter, in Flöckchen
1 TL mildes Currypulver
★ 1 EL frisch gehackte Petersilie
★ 1 kräftiger Spritzer Zitronensaft
Meersalz und schwarzer Pfeffer
★ 2 EL Sahne (nach Wunsch)

Quiche mit Räuchermakrele

Für 4 Personen

- Backofen auf 200 °C vorheizen. Den Teig auf einer leicht bemehlten Arbeitsfläche ausrollen und eine Quicheform damit auslegen.
- Die Makrelenstücke auf dem Teig verteilen und den gut abgetropften Mais darüber streuen. Ei in einer Schüssel leicht verquirlen. Sahne, Milch, Salz und Pfeffer zufügen und verrühren. Über Fisch und Mais geben.
- Im Backofen ca. 30 Minuten goldbraun backen.

400 g herzhafter Mürbeteig, ggf. aufgetaut
★ 2 Räuchermakrelenfilets (je 250 g), in Stücke zerteilt
★ 1 kleine Dose (325 g) Mais, abgespült
★ 1 Ei
★ 150 ml Schlagsahne
★ 150 ml Milch
1 Prise Salz und schwarzer Pfeffer

Kohl-Kartoffelpüree

Für 6 Personen

Dieses traditionelle irische Gericht wird Sie sogar mit den kältesten Wintertagen versöhnen.

• Kohl in kochendem Wasser weich kochen. Abgießen, fein hacken und beiseite stellen. Kartoffeln, Karotte und Rübe ebenfalls in Wasser weich kochen und abgießen. Lauch und Milch in einem anderen Topf köcheln lassen, bis der Lauch weich ist.

• Muskat, Pfeffer und den Lauch mitsamt Milch zu der Kartoffelmischung geben. Alles zu einem festen, glatten Püree zerstampfen (bei Bedarf noch Milch zufügen). Butter und den gehackten Kohl untermischen. Die Masse in eine Auflaufform geben, mit einer Gabel aufrauen und bei starker Hitze unter dem Backofengrill bräunen.

★ 250 g Weißkohl, ohne Strunk
★ 500 g Kartoffeln, in Scheiben geschnitten
★ 1 kleine Karotte, gewürfelt
★ 1 kleine weiße Rübe, gewürfelt
★ 1 kleine Lauchstange, gut gewaschen und in dünne Ringe geschnitten
★ 125 ml Milch
★ 1 Prise Muskat
etwas schwarzer Pfeffer
★ 90 g Butter

Gemüseauflauf mit Käsekruste

Für 4 Personen

• Zunächst für die Kruste Brotkrumen, Mehl, Salz, Pfeffer, Basilikum, Cornflakes und Käse in einer Schüssel mischen. Butter zugeben und mit den Fingern einarbeiten. Beiseite stellen.

• Öl in einem großen gusseisernen Topf erhitzen. Karotten, Zucchini und Pastinake darin unter gelegentlichem Rühren einige Minuten goldgelb braten.

• Mehl einrühren und Brühe zugießen. Unter ständigem Rühren zum Kochen bringen. Brokkoli und Blumenkohl zufügen. 15 Minuten köcheln lassen. Petersilie und Crème fraîche unterziehen. Mit Salz und Pfeffer abschmecken.

• Das Gemüse mit der Sauce in eine Auflaufform geben. Mit der Krustenmischung bestreuen und im Backofen bei 190 °C 30 Minuten goldbraun backen.

★ 2 EL Olivenöl
★ 2 Karotten, in Stifte geschnitten
2 Zucchini, in Stifte geschnitten
1 Pastinake, in Stifte geschnitten
1 EL Mehl
300 ml Gemüsebrühe
★ 125 g Brokkoliröschen
★ 125 g Blumenkohlröschen
★ 1 EL gehackte Petersilie
★ 2 EL Crème fraîche
etwas Salz und schwarzer Pfeffer

Für die Käsekruste:

2 Scheiben Vollkorntoast, zerkrümelt
★ 60 g Vollkornmehl
Salz und schwarzer Pfeffer
★ 1 TL getrocknetes Basilikum
★ 60 g Cornflakes
★ 2 EL Parmesan oder Cheddar, fein gerieben
★ 60 g Butter

Pesto-Tomatenküchlein

★ Fitmacher

Ergibt 6 Stück

375 g Blätterteig, ggf. aufgetaut
★ 300 ml passierte Tomaten
★ 175 g Kirschtomaten, halbiert
100 g Pesto
Meersalz und schwarzer Pfeffer
★ Olivenöl, zum Beträufeln
★ frisches Basilikum, zum Garnieren

• Backofen auf 200 °C vorheizen. Blätterteig auf einer leicht bemehlten Arbeitsfläche 5 mm dick ausrollen. Mit Hilfe einer Untertasse 6 Kreise (Ø ca. 15 cm) ausstechen. Die Kreise am Rand mit einem Messer eindrücken und in der Mitte mehrfach mit einer Gabel einstechen. Auf ein leicht bemehltes Backblech legen und 5 Minuten vorbacken. Blech aus dem Ofen nehmen.

• Jeden Kreis mit einer gleichmäßigen Schicht passierter Tomaten bestreichen. Die halbierten Kirschtomaten mit der Schnittfläche nach unten darauf legen und mit Salz und Pfeffer würzen. Pesto verteilen. Mit etwas Olivenöl beträufeln und weitere 10 Minuten backen. Die Küchlein mit Basilikumblättern garniert servieren — sie schmecken heiß und kalt.

Abbildung links

Tomatengratin

Für 4 Personen

★ 1 kg frische Tomaten
★ 60 g Semmelbrösel, aus Vollkornbrot vom Vortag
★ 60 g Parmesan, frisch gerieben
Salz und schwarzer Pfeffer
★ 30 g Butter, in Flöckchen

• Backofen auf 190 °C vorheizen. Eine Gratinform (ca. 1¾ l) leicht einfetten.

• Tomaten in ca. 5 mm dicke Scheiben schneiden, dabei den Fruchtansatz entfernen. Die Hälfte der Tomatenscheiben gleichmäßig in der gefetteten Form verteilen. Semmelbrösel und Käse in einer Schüssel mischen und kräftig salzen und pfeffern. Die Hälfte dieser Mischung über die Tomaten streuen. Die restlichen Tomatenscheiben darauf legen und mit der übrigen Käsemischung bestreuen.

• Butterflöckchen darauf verteilen. Den Gratin ca. 40 Minuten goldbraun backen. Heiß servieren.

Paprika mit Quinoafüllung

★ Fitmacher

Für 4 Personen

• Quinoa mehrfach in Wasser waschen und gut abtropfen lassen. In einen kleinen gusseisernen Topf geben und das abgemessene Wasser zugießen. Zum Kochen bringen, herunterschalten und abgedeckt auf kleinster Stufe 20 Minuten köcheln lassen. Vom Herd nehmen und abgedeckt an einem warmen Ort 15 Minuten ausquellen lassen.

• Backofen auf 200 °C vorheizen. Öl in einer Pfanne erhitzen. Zwiebel und Knoblauch darin einige Minuten glasig dünsten (nicht bräunen). Quinoa, Korinthen, Pinienkerne, Zitronensaft, Kräuter der Provence, Salz und Pfeffer zugeben und gut mischen.

• Einen Deckel von den Paprika abschneiden, Fruchtansatz und Kerne entfernen. Die Quinoamischung auf die 4 Schoten verteilen und die Deckel wieder aufsetzen. Die Paprika in eine kleine Auflaufform stellen, in die sie gerade nebeneinander passen, und mit Öl bestreichen. Tomatenmark mit 150 ml Wasser verrühren und um die Paprika gießen.

• Im Backofen ca. 45 Minuten backen. Falls die Flüssigkeit völlig verkocht, noch etwas heißes Wasser angießen. Mit Tomatensauce und grünem Salat servieren.

★ 175 g Quinoa
525 ml Wasser
★ 2 EL Olivenöl
★ 1 Zwiebel, gehackt
★ 2 Knoblauchzehen, zerdrückt
★ 1 EL Korinthen
★ 1 EL Pinienkerne
★ 1 TL Zitronensaft
1 Prise Kräuter der Provence
1 Prise Salz und etwas schwarzer Pfeffer
★ 4 große rote Paprika
★ Olivenöl, zum Bestreichen
★ 1 EL Tomatenmark

Pisto

Für 4 Personen

Dies ist die spanische Version jener aromatischen Gemüseschmorgerichte, die im ganzen Mittelmeerraum verbreitet sind. Genießen Sie es ohne weitere Beilage, zu gegrilltem Fleisch, Fisch oder Geflügel oder rühren Sie einige Minuten vor Ende der Garzeit noch ein verquirltes Ei unter.

• Öl in einem gusseisernen Topf erhitzen. Zwiebel, Paprika und Knoblauch darin bei schwacher Hitze weich dünsten. Aubergine zufügen und unter mehrfachem Rühren einige Minuten anbraten. Tomaten mit eigenem Saft, Kartoffel, Zucchini, 1 Prise Salz und eine kräftige Portion Pfeffer zugeben.

• Herunterschalten und abgedeckt 20–25 Minuten köcheln lassen. Den Deckel abnehmen und falls der Pisto noch zu feucht ist, bei starker Hitze einige Minuten einkochen lassen. Mit Kräutern bestreuen und servieren.

★ 3 EL Olivenöl
★ 1 Zwiebel, gehackt
★ 1 große rote, grüne oder gelbe Paprika, entkernt, in Streifen geschnitten
★ 1 Knoblauchzehe, zerdrückt
1 Aubergine, gewürfelt
★ 4 Tomaten, gehäutet und gewürfelt
★ 1 Kartoffel, gewürfelt
1 Zucchini, in Scheiben geschnitten
Salz und schwarzer Pfeffer
★ eine große Portion frisch gehackte Kräuter, z. B. Petersilie, Schnittlauch und Basilikum

Gemüseomelett

Für 4 Personen

- ★ 2 EL Olivenöl
- ★ 1 große Kartoffel, gewürfelt
- ★ 1 Zwiebel, gehackt
- ★ ½ rote Paprika, entkernt und gewürfelt
- ★ ½ grüne Paprika, entkernt und gewürfelt
- ★ 4 Eier, leicht verquirlt
- Meersalz und schwarzer Pfeffer

Sie können für dieses spanische Omelett auch Gemüsereste verwenden: Brokkoli, Erbsen, Spargel und grüne Bohnen sind z. B. gut geeignet. Backen Sie das Omelett in einer kleinen Pfanne, da es sonst zu dünn wird.

• Olivenöl in der Pfanne erhitzen. Kartoffel darin bei mittlerer Hitze goldgelb braten. Zwiebel zufügen und glasig dünsten (nicht bräunen). Paprika zugeben und 3-4 Minuten anbraten.

• Eier leicht mit Salz und Pfeffer würzen und über das Gemüse geben. Auf schwache Hitze herunterschalten. Sobald das Omelett zu stocken beginnt, ab und zu die Pfanne leicht schütteln. Abwarten, bis sich der Rand von der Pfanne zu lösen beginnt und das Omelett gut gestockt, aber oben noch nicht trocken ist (nach ca. 10 Minuten).

• Bei starker Hitze unter dem Backofengrill goldbraun überbacken. Heiß oder kalt servieren.

Fenchel mit Zitrone und Kräutern

Für 2–3 Personen

- 1 große Fenchelknolle
- ★ 50 g Butter
- ★ 1 TL getrocknete Kräutermischung
- ★ Saft von ½ Zitrone

Dieser Kräuterfenchel passt hervorragend zu Fisch. Auf dieselbe Weise lässt sich auch Lauch gut zubereiten.

• Boden und Stiele vom Fenchel entfernen. Die weiße Knolle quer in dünne Streifen schneiden. Die Hälfte der Butter in einer großen Pfanne zerlassen. Den Fenchel darin bei schwacher Hitze 10–15 Minuten weich dünsten und leicht bräunen (bei Bedarf noch etwas Butter zufügen). Den fertigen Fenchel in eine Servierschale geben.

• Die restliche Butter in der Pfanne zerlassen. Kräuter und Zitronensaft zufügen und die Mischung durch die Pfanne schwenken. Über den Fenchel geben. Servieren.

Brokkolipfanne mit Ingwer und Knoblauch

★ Fitmacher

Für 4 Personen

- Die dicken Stiele vom Brokkoli abschneiden, schälen und in Scheiben schneiden. Die Köpfe in kleine Röschen brechen. Pflanzenöl in einer Pfanne oder einem Wok erhitzen.
- Ingwer in das heiße Öl geben und einmal wenden. Vorbereiteten Brokkoli mit Salz und Knoblauch zugeben und unter kräftigem Rühren 1 Minute anbraten. Mit Brühe ablöschen. Abgedeckt bei starker Hitze 1½ Minuten dämpfen. Die Pfanne vom Herd nehmen. Sesamöl untermischen und sofort servieren.

★ 1–2 große Brokkoliköpfe
★ 2½ EL Pflanzenöl
★ 2 dünne Scheiben frischer Ingwer
1½ TL Salz
★ 3 Knoblauchzehen, leicht zerdrückt
3 EL Gemüsebrühe
★ 1 TL Sesamöl

Brokkoli mit Kartoffeln

Für 4 Personen

- Kartoffeln schälen und in der Größe der Brokkoliröschen würfeln. Öl auf mittlerer Stufe in einer großen beschichteten Pfanne erhitzen.
- Asant in das heiße Öl geben, dann sofort Senfkörner zufügen. Sobald die Senfkörner aufplatzen (innerhalb weniger Sekunden), Chilischote und Curryblätter zugeben. Einmal umrühren. Die Kartoffeln zufügen und unter Rühren ca. 4 Minuten leicht bräunen.
- Mit Salz bestreuen und umrühren. Brokkoli und Amchar Masala zugeben und unter Rühren 1–2 Minuten erhitzen. Die Chilischote entfernen. Sofort servieren.

★ 250 g fest kochende Kartoffeln, gekocht, abgetropft und abgekühlt
★ 3 EL Erdnussöl
1 große Prise Asant (»Teufelsdreck«)
½ TL braune oder gelbe Senfkörner
★ 1 frische grüne Chilischote, ohne Spitze
10 frische Curryblätter
1 kräftige Prise Salz
★ 375 g Brokkoliröschen, blanchiert
1 TL Amchar Masala (karibische Gewürzmischung)

Tunfisch-Bohnensalat

Für 4 Personen

- Cannellini-Bohnen in eine Schüssel geben. Tomaten, Gurke und Frühlingszwiebeln zufügen und sorgfältig umrühren.
- Öl, Zitronensaft, Salz und Pfeffer verrühren und unter den Salat mischen. Tunfisch mit der Gabel unterheben. Die hart gekochten Eierhälften auf dem Salat anrichten. Mit den fein gehackten Kräutern bestreuen.

★ 1 Dose (400 g) Cannellini-Bohnen, abgespült und abgetropft
★ 3 Tomaten, gehäutet und fein gewürfelt
½ Gurke, geschält und gewürfelt
★ 6 Frühlingszwiebeln, in Ringe geschnitten
★ 4 EL natives Olivenöl extra
★ 2 TL Zitronensaft
Meersalz und schwarzer Pfeffer
★ 1 Dose (200 g) Tunfisch, abgetropft und in Stücke zerteilt
★ 2 Eier, hart gekocht und halbiert
★ 1 kleines Bund Petersilie und Basilikum, fein gehackt

Tomaten-Brot-Salat

Für 4 Personen

Verwenden Sie für dieses Rezept reife Flaschentomaten, da diese besonders aromatisch sind. Dieser Salat gelingt nur mit selbst gebackenem (siehe S. 150) oder sehr frischem Vollkornbrot und schmeckt am besten, wenn Tomaten und Brot aus ökologischem Anbau stammen.

• Öl in einer großen Pfanne erhitzen. Brotwürfel mit Knoblauch hineingeben und unter ständigem Rühren knusprig rösten. Auf Küchenpapier abtropfen lassen.

• Die Brotwürfel in eine Schüssel geben. Tomaten, Zitronensaft, Basilikum, Salz und Pfeffer zufügen. Gut umrühren und servieren.

★ 3 EL natives Olivenöl extra
4 dicke Scheiben Brot, ohne Rinde, in 2,5 cm große Würfel geschnitten
★ 2 Knoblauchzehen, gehackt
★ 6 reife Flaschentomaten, gewürfelt
★ 1 EL frisch gepresster Zitronensaft
★ 2 EL frisches Basilikum, in Stücke gezupft
1 Prise Salz und reichlich frisch gemahlener schwarzer Pfeffer

Nudelsalat mit Tunfisch

Für 4 Personen

• Einen großen Topf mit Wasser zum Kochen bringen. Pflanzenöl und Salz zufügen und dann die Nudeln hineingeben.

• Während die Nudeln kochen, für das Dressing Olivenöl, Zitronensaft, Senf, Meersalz und Pfeffer verrühren.

• Die noch bissfesten Nudeln abgießen, gut abtropfen lassen und in eine Schale geben. Das Dressing darüber gießen und unterrühren. Vorsichtig Tomaten, Frühlingszwiebeln und Tunfisch unterheben. Mit Petersilie bestreuen.

★ 1 Schuss Pflanzenöl
★ 1–2 TL Salz
★ 250 g Spiralnudeln
★ 2 EL natives Olivenöl extra
★ 2 TL Zitronensaft
1 TL Dijon-Senf
Meersalz und schwarzer Pfeffer
★ 3–4 reife Tomaten, gehäutet und gewürfelt
★ 6 Frühlingszwiebeln, in Ringe geschnitten
★ 1 Dose (200 g) Tunfisch, abgetropft und in Stücke zerteilt
★ 1 EL frisch gehackte Petersilie

Buchweizencrêpes

★ Fitmacher

Ergibt 12 Stück

★ 450 ml Milch
★ 2 EL Butter, zerlassen
★ 125 g Buchweizenmehl
125 g Weizenmehl, gesiebt
½ TL Salz
★ 4 Eier
★ Pflanzenöl, zum Backen

Diese Crêpes schmecken am besten, wenn man sie füllt (siehe unten), aufrollt und noch warm verzehrt.

• Milch und zerlassene Butter verrühren. Buchweizenmehl, Weizenmehl und Salz in einer Schüssel oder in der Küchenmaschine mischen. Unter ständigem Rühren langsam die Milchmischung zugeben, dann einzeln die Eier zufügen und gut unterrühren. Den Teig mindestens 30 Minuten im Kühlschrank ruhen lassen.

• Eine Crêpepfanne (Ø 18 cm) mit etwas Öl auspinseln und auf mittlerer Stufe erhitzen. Wenn das Öl dampft, eine Schöpfkelle Teig hineingeben und durch Schwenken gleichmäßig in der Pfanne verteilen. Wenn die Unterseite goldbraun ist, die Crêpe wenden und auf der anderen Seite 1–2 Minuten backen.

• Die Crêpe auf einen vorgewärmten, mit Küchenpapier ausgelegten Teller gleiten lassen und warm halten. Mit dem restlichen Teig ebenso verfahren, dabei die Pfanne nach jeder Crêpe neu einfetten.

Füllungen für Crêpes

• Apfelscheiben, Walnusskerne und Rosinen mit etwas Zimt und braunem Zucker bestreuen und mit Frischkäse oder Sahne-Naturjoghurt servieren.

• Milder Ziegenfrischkäse mit Honig oder mit Erdbeeren und Heidelbeeren, etwas Zucker und einem Spritzer frisch gepresstem Zitronensaft.

• Herzhafte Füllungen wie z. B. geriebener Käse, gegrillte Tomaten, sautierte Champignons, Ratatouille, weiße Bohnen in Tomatensauce — lassen Sie Ihrer Fantasie freien Lauf.

Pikant gefüllte Pitabrote

Für 4 Personen

• Pitabrote unter dem Backofengrill auf einer Seite leicht anbräunen. Eine Tasche hineinschneiden. Radieschen, Zwiebel, Brunnenkresse und Tunfisch mischen. Die Pitabrote mit der Masse füllen.

• Dazu Schälchen mit Mayonnaise reichen. Für eine Tapenade-Mayonnaise schwarze Oliven, Kapern und einige Sardellenfilets fein hacken und mit 1 Spritzer Zitronensaft unter die Mayonnaise rühren.

★ 4 große Vollkorn-Pitabrote (nach Wunsch mit Sesam)
1 Bund Radieschen, in sehr dünne Streifen geschnitten
★ 1 kleine rote Zwiebel, in sehr dünne Ringe geschnitten
★ 1 Bund Brunnenkresse, gewaschen und grob zerzupft
★ 1 Dose (200 g) Tunfisch in Öl, abgetropft und in Stücke zerteilt
Mayonnaise, zum Servieren

Vier Dips

Reichen Sie diese Dips mit Vollkorn-Brotstangen oder heißem Fladenbrot und mit rohem Gemüse, wie z. B. Karottenstiften, Gurkenstücken, Radieschen, Kirschtomaten, Selleriestiften oder Blumenkohlröschen.

Avocado-Dip

Für 4 Personen

Tomate und Frühlingszwiebel bei Bedarf schon im Voraus zerkleinern. Kurz vor dem Servieren die Avocados halbieren, entkernen und schälen. Das Fruchtfleisch zu einem Brei zerdrücken. Limettensaft, Tomate, Frühlingszwiebeln, Salz und Pfeffer unterrühren.

★ 1 kleine Tomate, fein gewürfelt
★ 2 Frühlingszwiebeln, fein gehackt
★ 2 reife Avocados
★ Saft von 1 Limette
etwas Salz und schwarzer Pfeffer

Tomaten-Joghurt-Dip

Für 4 Personen

Joghurt, Tomaten, Öl und Kräuter (z. B. Basilikum, Minze, Petersilie oder Schnittlauch — oder eine beliebige Mischung) in einer Schüssel verrühren. Mit Salz und Pfeffer abschmecken.

★ 200 g Sahne-Naturjoghurt
★ 2 reife Tomaten, gehäutet und fein gewürfelt
★ 2 TL natives Olivenöl extra
★ 1 EL frisch gehackte Kräuter

Frischkäse-Dip

Für 4 Personen

Frischkäse, Joghurt und Olivenöl in einer Schüssel glatt rühren. Die restlichen Zutaten zugeben und gut untermischen. Vor dem Servieren kalt stellen.

★ 200 g fettarmer Frischkäse
★ 2 EL probiotischer Naturjoghurt
★ 1 TL natives Olivenöl extra
★ 1 EL gehackte rote Zwiebel
★ 2 TL fein geschnittener Schnittlauch
schwarzer Pfeffer

Räucher-Dip

Für 4 Personen

Forellenfilet und Hüttenkäse kurz in der Küchenmaschine pürieren. Limettensaft und Pfeffer zugeben und alles zu einer groben Creme verarbeiten. Mit Paprika bestreut servieren.

★ 1 geräuchertes Forellenfilet
★ 150 g Hüttenkäse
★ Saft von ½ Limette
etwas schwarzer Pfeffer
2 TL fein gehackte rote Paprika

Snacks

Nachmittags brauchen Kinder eine **energiereiche** Stärkung, um die verbrauchten Kalorienreserven aufzufüllen. Im Folgenden finden Sie eine **verlockende** Auswahl **rasch zubereiteter** Snacks und kleiner Speisen, die auch als leichtes Abendessen dienen können.

Vollkornbrot

★ Fitmacher

Ergibt 1 kg Brot

- ★ 750 g Weizenvollkornmehl
- 1 Päckchen (7 g) Trockenhefe
- ★ 2 TL natives Olivenöl extra
- 1 TL Sirup, brauner Rohzucker oder Honig
- ½ TL Salz
- 600 ml lauwarmes Wasser
- ★ 1 EL Sonnenblumenkerne (nach Wunsch)

Dieses schmackhafte Brot lässt sich vielfältig variieren: Ersetzen Sie z. B. 250 g des Weizenvollkornmehls durch dieselbe Menge Weiß-, Roggen- oder Buchweizenmehl. Oder verwenden Sie statt der Sonnenblumenkerne Kürbiskerne, Pinienkerne, Mohnsamen oder gehackte Walnüsse.

• Eine große Kastenform leicht einölen. Warm stellen.

• Mehl und Hefe in einer Schüssel mischen. Öl, Sirup und Salz im Wasser auflösen. Eine Vertiefung in die Mitte des Mehls drücken und das Wasser sowie die Sonnenblumenkerne hineingeben. Zunächst mit einem Holzlöffel verrühren, dann 3–4 Minuten kräftig kneten, bis der Teig sich vom Rand löst und zu einer Kugel formt. Falls der Teig zu klebrig ist, noch etwas Mehl zugeben. Ist er zu krümelig, noch etwas Wasser zugießen.

• Den Teig in die warme Form legen, mit einem sauberen, feuchten Geschirrtuch abdecken und an einem warmen Ort 30–40 Minuten bis zum oberen Rand der Form aufgehen lassen.

• Unterdessen den Backofen auf 200 °C vorheizen.

• Das Brot auf mittlerer Schiene 35–40 Minuten backen. Zur Garprobe auf den Boden der Form klopfen: Wenn es hohl klingt, ist das Brot durchgebacken. Sonst weitere 5 Minuten backen. In der Form auf einem Drahtgitter auskühlen lassen.

Lachs in weißer Sauce

★ Fitmacher

Für 1–2 Personen

6-9 Monate

★ 1 kleines Stück Butter
★ ½ kleine Zwiebel, fein gehackt
★ ½ TL Vollkornmehl
★ 2 EL Milch
★ ca. 60 g Lachsfilet

• Butter in einem kleinen beschichteten Topf zerlassen. Zwiebel darin bei schwacher Hitze glasig dünsten. Mehl darüber streuen und einrühren. Milch zugeben und zu einer cremigen Sauce verrühren (bei Bedarf noch etwas Milch zufügen).
• Die Sauce unter gelegentlichem Rühren 10 Minuten leicht köcheln lassen.
• Unterdessen den Fisch ggf. häuten und alle Gräten entfernen. Das Filet in die Sauce geben und 3–4 Minuten garen. Fisch in der Sauce zerdrücken.

Tunfisch-Kartoffelpüree

Für 1–2 Personen

6-9 Monate

★ 3–6 neue Kartoffeln (je nach Größe) oder 2 mittelgroße Kartoffeln, in dünne Scheiben geschnitten
★ Milch, zum Bedecken
★ ½ kleine Zwiebel, gerieben
★ 1 kleines Stück Butter
★ 3 EL Tunfisch aus der Dose, sorgsam auf Gräten geprüft
★ 1 EL Weizenkeime

• Kartoffelscheiben in einen Topf geben und mit Milch bedecken. Zwiebel zufügen. Zum Kochen bringen, herunterschalten und köcheln lassen, bis die Kartoffeln weich sind und die Milch weitgehend verkocht ist. Eine kleine Auflaufform leicht einfetten.
• Kartoffeln mit der Butter zerdrücken, Tunfisch untermischen. In die Form geben, mit Weizenkeimen bestreuen und unter dem Grill bei starker Hitze bräunen.

Spinatsoufflé

Für 2 Personen

6-9 Monate

★ Butter, zum Einfetten
★ 125 g gekochter Spinat, abgetropft
★ 4 EL Hüttenkäse
★ 2 Eier, getrennt
★ 60 g Käse, gerieben

Dieses Rezept ergibt — wie die beiden oben stehenden Rezepte — eine leichte Mahlzeit für Mutter und Baby.
• Backofen auf 190 °C vorheizen. Eine kleine Soufléform oder zwei kleine Auflaufformen leicht buttern.
• Spinat fein hacken. Hüttenkäse untermischen. Die Eigelbe leicht verrühren und mit dem geriebenen Käse unter den Spinat mischen.
• Eiweiße steif schlagen und unter die Spinatmischung heben. In die vorbereitete Form geben. Im Ofen 35–40 Minuten backen (Backzeit bei Verwendung von zwei Formen ein wenig verkürzen).

Fischfrikadellen

Ergibt 4 Stück

★ 500 g Kartoffeln, geschält und geviertelt
900 ml Gemüsebrühe
★ 375 g Lachsfilet
★ 375 g Kabeljaufilet
★ 125 g Butter
★ 1 EL gehackter Schnittlauch
etwas Salz und weißer Pfeffer
★ 150 ml Olivenöl

• Kartoffeln in kochendem Wasser weich kochen. Abgießen, zurück in den Topf geben und einige Sekunden erhitzen, damit evtl. Wasserreste verdampfen.
• Brühe in einen Topf gießen. Beide Fischsorten hineingeben, zum Kochen bringen und 10 Minuten pochieren. Abgießen und die Filets in Stücke zerteilen, dabei sorgsam alle Gräten entfernen. Kartoffeln mit Butter, Schnittlauch, Salz und Pfeffer zerdrücken. Den zerkleinerten Fisch untermischen. Die Masse zu 4 Frikadellen formen.
• Öl in einer Pfanne erhitzen und die Frikadellen darin auf jeder Seite einige Minuten braun und knusprig braten. Mit einem Schaumlöffel herausnehmen und auf Küchenpapier abtropfen lassen. Die Frikadellen schmecken warm und kalt.

Schnittlauch-Ei

Für 1 Person

★ Butter, zum Einfetten
★ gehackter Schnittlauch
★ 1 TL geriebener Käse
★ 2 TL Milch
★ 1 Ei

• Backofen auf 220 °C vorheizen. Eine kleine Auflaufform buttern.
• Schnittlauch, Käse und Milch in die Form geben. Vorsichtig das Ei hineinschlagen. Die Form in einen kleinen Bräter stellen und diesen mit kochendem Wasser füllen, bis die Form halbhoch im Wasser steht. 15–20 Minuten backen, bis das Ei gestockt ist.

Überbackener Pilztoast

Für 2 Personen

★ 30 g Butter
★ ¼ mittelgroße Zwiebel, gehackt
★ 1 Knoblauchzehe, gehackt
4 Riesenchampignons, möglichst aus Bioanbau, in Scheiben geschnitten
★ 8 Scheiben magerer Frühstücksspeck
★ 2 Scheiben Vollkornbrot, getoastet
★ 60 g Gouda oder Cheddar, in Scheiben geschnitten

• Butter in einer Pfanne zerlassen. Zwiebel, Knoblauch und Pilzscheiben darin bei schwacher Hitze weich dünsten. Unterdessen den Speck unter dem Backofengrill knusprig braten.
• Die Pilze auf die Brotscheiben verteilen und den Käse darauf legen. Unter dem Backofengrill überbacken, bis der Käse schmilzt. Den Speck darüber geben und alles servieren.

Spinatbrot

★ Fitmacher

Für 2 Personen

Es ist nicht immer leicht, Kindern Spinat schmackhaft zu machen, aber Sie werden staunen, wie beliebt dieses Spinatbrot ist, insbesondere, wenn Sie aromatischen Bio-Spinat verwenden und das Gericht nach italienischer Art nicht heiß, sondern warm servieren.

• Öl in einem kleinen Topf erhitzen. Knoblauch darin 5 Minuten bei schwacher Hitze glasig dünsten. Pinienkerne zufügen und 5 Minuten anrösten.

• Spinat ohne zusätzliches Wasser in einen großen Topf geben und abdecken, bis er zusammenfällt. Etwas abkühlen lassen, dann Zitronensaft und das warme Öl mit Knoblauch und Pinienkernen untermischen. Auf Brotscheiben anrichten.

- ★ 4 EL Olivenöl
- ★ 2 Knoblauchzehen, in Scheiben geschnitten
- ★ 1 kleine Hand voll Pinienkerne
- ★ 500 g junger Blattspinat, gewaschen
- ★ Saft von 1 Zitrone
- ★ dicke Scheiben Vollkornbrot

Heißes Pancetta-Sandwich

Für 2–4 Personen

• Pancetta in einer Pfanne ohne Öl knusprig braten. Auf Küchenpapier abtropfen und abkühlen lassen, dann mit Mozzarella mischen.

• Alle Brotscheiben auf einer Seite buttern. 2 Scheiben auf der nicht gebutterten Seite mit der Pancetta-Mischung bestreichen. Einige Basilikumblätter darauf geben und die restlichen 2 Brotscheiben mit der Butterseite nach oben darauf legen.

• Öl in einer Pfanne erhitzen. Die Sandwiches darin auf jeder Seite einige Minuten braten, bis der Käse geschmolzen und das Brot goldbraun und knusprig ist. Diagonal durchschneiden und sofort servieren.

- ★ 60 g Pancetta oder Bauchspeck, gewürfelt
- ★ 60 g Mozzarella, gerieben
- ★ 4 Scheiben Vollkornbrot
- ★ 30 g weiche Butter
- ★ einige Basilikumblätter
- ★ 1 EL Olivenöl

Pizza-Baguettebrötchen

Für 4 Personen

Für dieses Rezept ist auch ein Zwiebelstangenbrot oder Mehrkornbaguette sehr gut geeignet.

• Backofen auf 180 °C vorheizen. Tomaten, Knoblauch und Basilikum in einem Topf mischen und leicht erhitzen. Baguettebrötchen aufschneiden und die Schnittfläche mit der Tomatenmischung bestreichen. Nach Wunsch mit etwas Olivenöl beträufeln. Mit geriebenem Käse bestreuen.

• Im Backofen ca. 10 Minuten überbacken, bis der Käse geschmolzen und das Brot knusprig ist.

- ★ 1 Dose (400 g) Tomatenstücke oder 400 g frische Tomaten, gehäutet und gewürfelt
- ★ 1 Knoblauchzehe, zerdrückt
- ★ frische Basilikumblätter
- 4 Baguettebrötchen oder entsprechende Menge Stangenbrot
- ★ Olivenöl (nach Wunsch)
- ★ 4 EL geriebener Gouda oder Cheddar

Überbackener Käsetoast mit Apfelspalten

Für 4 Personen

Dieses englische Rezept braucht den Vergleich zum bekannteren Hawaii-Toast keineswegs zu scheuen.

- Toastscheiben toasten, mit 60 g Butter bestreichen und warm halten.
- Käse, Crème fraîche und Senfpulver in einem gusseisernen Topf langsam unter Rühren erhitzen, bis eine dicke Creme entsteht.
- Die restliche Butter in einer Pfanne zerlassen. Apfelspalten darin bei schwacher Hitze andünsten. Den Toast mit der Käsecreme bestreichen und unter dem Backofengrill bräunen. Mit je 4 Apfelspalten servieren.

★ 4 mitteldicke Scheiben Vollkorntoast
★ 90 g Butter
★ 250 g pikanter Gouda oder Cheddar, gerieben
★ 4 EL Crème fraîche
½ TL Senfpulver
★ 2 große grüne Äpfel (z. B. Granny Smith), geschält, entkernt und jeweils in 8 Spalten geschnitten

Gefüllte Selleriestangen

Für 2–4 Personen

Mit diesen Selleriestangen können Sie Kinder mühelos für Gemüse begeistern. Die Stangen einfach mit folgenden Mischungen füllen:

- Hüttenkäse mit gehacktem Schnittlauch.
- Geriebene Karotten und Sultaninen mit etwas Öl und Zitronensaft.
- Geriebene Karotten und in feine Streifen geschnittene Brunnenkresse mit Frischkäse.

★ 4–6 Selleriestangen, geputzt
★ Hüttenkäse
★ Schnittlauch, gehackt
★ Karotten, gerieben
★ Sultaninen
★ Pflanzen- oder Olivenöl
★ Zitronensaft
★ Brunnenkresse
★ Frischkäse

Hummus

★ Fitmacher

Für 4–6 Personen

★ 1 Dose (400 g) Kichererbsen, abgetropft, oder dieselbe Menge frisch gekochte Kichererbsen, abgetropft (in beiden Fällen etwas Flüssigkeit auffangen)
★ Saft von 1 Zitrone
★ 2 Knoblauchzehen
★ 2 EL Tahini (Sesampaste)
Salz und schwarzer Pfeffer
★ 1 TL frisch gemahlener Kreuzkümmel
★ 125 ml Olivenöl

Dieses Kichererbsenmus passt hervorragend zu rohem Gemüse, wie z. B. Chicoreeblättern, Paprikastreifen und Karotten- oder Selleriestiften. Es schmeckt aber auch sehr gut zu heißem Fladenbrot, schwarzen Oliven und ganzen, gerösteten Knoblauchzehen.

• Alle Zutaten mit Ausnahme des Olivenöls in die Küchenmaschine oder den Mixer geben. Das Gerät einschalten, Öl in einem gleichmäßigen Strahl zugießen und alles zu einer glatten Creme verarbeiten. Den Hummus nach Wunsch mit etwas Dosen- bzw. Kochflüssigkeit verdünnen oder mit zusätzlichem Olivenöl noch cremiger rühren.

Sandwich-Füllungen

Im Folgenden finden Sie Anregungen für Sandwich-Füllungen, die nicht nur lecker, sondern auch nahrhaft und bekömmlich sind. Belegen bzw. füllen Sie damit Vollkornbrot, Vollkornbrötchen, Vollkorn-Pitabrote oder Ciabatta-Brötchen.

• Hummus (siehe oben), Alfalfasprossen, gewürfelte Tomaten und frisches Basilikum oder Koriander.
• Erdnussbutter, Banane und etwas Honig.
• Brunnenkresse, fein geriebene Karotte, dünne Gurkenscheiben und Mayonnaise.
• Stangensellerie und rote Paprika, fein gehackt, mit Tunfisch und Mayonnaise.
• Klein geschnittenes, gegartes Hähnchenfleisch, Salatstreifen, gewürfelte Tomate, einige Bohnensprossen und Basilikumblätter mit etwas Dressing aus nativem Olivenöl extra, Zitronensaft, 1 Prise Meersalz und schwarzem Pfeffer mischen. In Pitabrote füllen.
• Lachs oder Tunfisch aus der Dose, gut abgetropft, mit Frühlingszwiebelringen, etwas frisch gehackter Petersilie, Mayonnaise, ½ zerdrückten, reifen Avocado und 1 Spritzer frisch gepresstem Zitronensaft mischen.
• Zerdrückte Ölsardinen mit hauchdünnen Gurkenscheiben und gehacktem Schnittlauch.
• Fein gehackter Apfel gemischt mit Erdnussbutter.
• Frischkäse, Salatstreifen und gehackte Walnüsse.

Käsebrezeln

Ergibt
ca. 20 Stück

1 Päckchen (7 g) Trockenhefe
1 TL Zucker
300 ml warmes Wasser
500 g Mehl
★ 175 g Gouda oder Cheddar, gerieben
1 Prise Salz
★ 1 Ei, verquirlt
★ Sesam- und Mohnsamen, gemischt, zum Bestreuen

• Hefe und Zucker im Wasser auflösen. Mehl, Käse und Salz in die Küchenmaschine oder in eine Schüssel geben. Das Wasser zugießen und mit den Knethaken bzw. von Hand gründlich verrühren.
• Den Teig in der Maschine oder auf einer leicht bemehlten Arbeitsfläche 5–10 Minuten glatt kneten. Mit einem feuchten Tuch abgedeckt an einem warmen Ort ca. 1 Stunde auf die doppelte Größe aufgehen lassen.
• Den Teig nochmals kurz kneten. In etwa 20 Stücke teilen, diese zu Strängen rollen und dann zu Brezeln formen (schleifenförmig übereinander schlagen und die Enden verdrehen). Auf Backbleche legen und 20–30 Minuten gehen lassen. Unterdessen den Backofen auf 200 °C vorheizen.
• Die Brezeln mit Ei bestreichen und mit Sesam und Mohn bestreuen. 20 Minuten goldbraun backen. Auf Drahtgittern abkühlen lassen.

Müsliriegel

★ Fitmacher

Ergibt 12 Stück

300 g Müsli ohne Zuckerzusatz (bevorzugt ohne Nüsse)
★ 1 Prise Muskat
★ 1 TL gemahlener Zimt
60 g flüssiger Honig
125 g brauner Rohrzucker
★ 125 g Butter
★ 3 reife Bananen, in dünne Scheiben geschnitten
★ 175 g frische oder halbgetrocknete Datteln, entsteint und gehackt
★ Saft von 1 Zitrone

• Backofen auf 180 °C vorheizen. Eine rechteckige Backform (ca. 33 cm x 25 cm) leicht einfetten.
• Müsli, Muskat und Zimt in eine große Schüssel geben. Honig, Zucker und Butter in einem kleinen Topf auf kleiner Stufe erhitzen, bis sich der Zucker aufgelöst hat. Zum Müsli zufügen und gut untermischen.
• Die Hälfte der Müslimasse in die vorbereitete Form geben. Bananen, Datteln und Zitronensaft mischen und auf der Müslischicht verteilen. Die restliche Müslimasse darüber geben und glatt streichen.
• Im Backofen 25-30 Minuten goldbraun backen. In der Form abkühlen lassen, dann längs halbieren und jede Hälfte in 6 breite Riegel teilen.

Haferecken

Ergibt 16 Stück

★ 150 g mittelfeines Hafermehl
1 TL Butter
1 kräftige Prise Meersalz
125 ml kochendes Wasser

Damit dieses Rezept gut gelingt, muss das Hafermehl sehr frisch sein — lassen Sie es am besten im Bioladen frisch mahlen oder stellen Sie es aus Haferflocken in der Küchenmaschine selbst her.
• Backofen auf 180 °C vorheizen. Hafermehl in eine Schüssel geben. Butter und Salz in eine kleine Schüssel geben und das kochende Wasser zufügen. Diese Mischung zum Hafermehl gießen und gut unterrühren. 5 Minuten ruhen lassen.
• Den Teig auf ein gut bemehltes Brett legen und zu zwei Kugeln formen. Jede Kugel kreisförmig ausrollen und in 8 keilförmige Stücke schneiden.
• Die Keile nacheinander dünn ausrollen und auf ein sehr leicht eingefettetes Backblech legen. Im Ofen 8-10 Minuten backen, bis die Ränder zartbraun sind. Auf einem Drahtgitter abkühlen lassen und in einem luftdichten Behälter aufbewahren.

Apfelrührkuchen

Ergibt 1 Kuchen

- ★ 175 g Vollkornmehl
- 125 g brauner Zucker
- 1 TL Backpulver
- ★ 1 TL Zimt
- ★ ½ TL gemahlene Nelken
- ★ ¼ TL gemahlener Muskat
- ★ 125 g Butter, zerlassen
- 150 ml kalter Tee
- ★ 1 Ei, verquirlt
- ★ 175 g Äpfel, mit Schale gerieben
- ★ 75 g Sultaninen
- ★ 75 g Walnüsse oder Pekannüsse, grob gehackt

• Backofen auf 180 °C vorheizen. Eine große Kastenform leicht einfetten und mit Backpapier auslegen.
• Mehl, Zucker, Backpulver und Gewürze in einer großen Schüssel mischen. In einer anderen Schüssel Butter, Tee und Ei verrühren. Zu der Mehlmischung geben und glatt rühren. Anschließend Äpfel, Sultaninen und Nüsse unterheben.
• Den Teig in die vorbereitete Form geben und im Ofen 1 Stunde backen, bis bei der Garprobe ein in die Mitte gesteckter Spieß herausgezogen werden kann, ohne dass noch Teigreste daran haften.

Aprikosen-Scones

Ergibt 16 Stück

- ★ 500 g Vollkornmehl
- 1 Päckchen + 2 TL Backpulver
- ★ 90 g Butter oder Margarine, gewürfelt
- 60 g dunkelbrauner Zucker
- ★ 125 g getrocknete Aprikosen, gewaschen, getrocknet und in rosinengroße Stücke geschnitten
- ★ 60 g Sultaninen, gewaschen und getrocknet
- ★ 60 g Sonnenblumenkerne
- ★ 150 ml Milch und 150 ml Wasser, gemischt

• Backofen auf 180 °C vorheizen. Ein Backblech leicht einfetten oder mit Backpapier auslegen.
• Mehl und Backpulver in eine Schüssel sieben, die Kleie aus dem Sieb ebenfalls zugeben. Butter zugeben und mit den Fingerspitzen einarbeiten. Zucker zufügen. (Alternativ Mehl, Backpulver, Butter und Zucker in der Küchenmaschine mischen.) Aprikosen, Sultaninen und Sonnenblumenkerne unterrühren. Ausreichend Flüssigkeit zugießen, bis der Teig zusammenhält, ohne zu kleben.
• Den Teig auf einer leicht bemehlten Arbeitsfläche ca. 4 cm dick ausrollen. Mit runden Ausstechern acht 6 cm große und acht 7 cm große Kreise ausstechen.
• Die Kreise auf das vorbereitete Blech setzen und im Ofen ca. 15 Minuten goldgelb backen. Die noch warmen Scones aufschneiden und gebuttert verzehren. Eventuell anfallende Reste nach Wunsch aufschneiden und toasten.

Gewürzbrötchen

Ergibt 12 Stück

Diese Brötchen schmecken auch hervorragend zum Frühstück, etwa aufgeschnitten und aufgetoastet.

- Hefe in eine Schüssel geben. 125 g Mehl und Zucker mischen und über die Hefe streuen. Milch und Wasser unterrühren. An einem warmen Ort 20–30 Minuten schaumig werden lassen.
- Unterdessen das restliche Mehl, Gewürzmischung und Salz mischen. Zucker, Korinthen, Zitronat und Orangeat zufügen. Butter und Ei unter den schaumigen Vorteig rühren. Nach und nach die Mehlmischung zugeben und glatt rühren.
- Den Teig auf einer leicht bemehlten Arbeitsfläche glatt und geschmeidig kneten. In 12 Stücke teilen, diese zu kleinen runden Brötchen formen und die Oberseite kreuzförmig einschneiden. Die Brötchen mit Abstand auf ein eingefettetes und bemehltes Backblech setzen und an einem warmen Ort 30 Minuten auf die doppelte Größe aufgehen lassen.
- Unterdessen den Backofen auf 190 °C vorheizen. Die Brötchen 15–20 Minuten goldbraun backen.

Abbildung links

1 EL Trockenhefe
★ 500 g Vollkornmehl
1 TL Zucker
★ 150 ml lauwarme Milch
★ 4 EL warmes Wasser
1 TL Plätzchen-Gewürzmischung
1 TL feinkörniges Salz
60 g brauner Zucker
★ 30 g Korinthen
je 15 g Zitronat und Orangeat
★ 60 g Butter, zerlassen
★ 1 Ei, verquirlt

Grünteekuchen

Ergibt 1 Kuchen

- Rosinen, Sultaninen, Tee und Zucker in einer großen Schüssel mischen. Abgedeckt über Nacht einweichen.
- Am nächsten Tag den Backofen auf 180 °C vorheizen. Eine große Kastenform leicht einfetten.
- Die restlichen Zutaten zu der Rosinenmischung zufügen und gut unterrühren. Den Teig in die vorbereitete Form geben und glatt streichen.
- Im Backofen 1 Stunde 15 Minuten backen, bis bei der Garprobe ein in die Mitte gesteckter Spieß herausgezogen werden kann, ohne dass noch Teigreste daran haften. Aus der Form stürzen und auf einem Drahtgitter abkühlen lassen.

★ 375 g Rosinen und Sultaninen, gemischt
300 ml grüner Tee (oder Ihre Lieblingsteesorte)
175 g brauner Zucker
★ 250 g Vollkornmehl
2 TL Backpulver
★ 1 Ei
1 TL Plätzchen-Gewürzmischung
★ geriebene Schale von 1 Zitrone
★ 90 g Nussmischung (Mandeln, Walnüsse und Haselnüsse), gehackt

Heidelbeer-Muffins

★ Fitmacher

Ergibt 12 Stück

- Backofen auf 180 °C vorheizen. Ein Muffinblech mit 12 Papierförmchen auslegen.
- Beide Mehlsorten, Backpulver und Gewürzmischung in eine Schüssel sieben, die Kleie aus dem Sieb ebenfalls zufügen. Milch, Butter, Ei, Zitronensaft und Zucker in einer Schüssel verrühren. In die Mitte der Mehlmischung eine Vertiefung drücken und die Hälfte der Milch hineingeben. Vorsichtig verrühren, dann die restliche Milch untermischen. Zuletzt die Heidelbeeren unterheben.
- Den Teig in die Förmchen geben. Im Backofen ca. 20 Minuten goldbraun backen. Die Muffins aus dem Blech nehmen und auf einem Drahtgitter abkühlen lassen.

100 g Weißmehl
★ 60 g Vollkornmehl
2 TL Backpulver
1 TL Plätzchen-Gewürzmischung
★ 125 ml Milch
★ 60 g Butter, zerlassen
★ 1 großes Ei
★ 2 TL Zitronensaft
90 g brauner Zucker
★ 90 g frische Heidelbeeren

Baumkekse

Ergibt 12 Stück

- Backofen auf 150 °C vorheizen. Butter, Zucker, Mehl und Reismehl in einer Schüssel mit den Fingerspitzen mischen. Dann mit den Händen zu einem glatten Teig verkneten.
- Den Teig auf einer dünn mit Puderzucker bestäubten Arbeitsfläche ca. 1 cm dick ausrollen. 12 »Bäume« ausstechen (große Dreiecke mit kurzem Stamm). Pinienkerne senkrecht in die Bäume drücken.
- Die Kekse auf einem Backblech 30 Minuten backen. Auf einem Drahtgitter vollständig abkühlen lassen. In einer luftdichten Keksdose aufbewahren.

★ 125 g weiche Butter
60 g Zucker
★ 125 g Vollkornmehl
★ 60 g Reismehl oder Speisestärke
★ 60 g Pinienkerne oder gehobelte Mandeln

Karottenkuchen

Ergibt 1 Kuchen

- Backofen auf 180 °C vorheizen. Eine kleine Springform (Ø 18 cm) einfetten und mit Backpapier auslegen.
- Eier und Zucker schaumig schlagen. Die restlichen Zutaten zufügen und alles zu einem Teig verrühren. In die vorbereitete Form geben.
- Im vorgeheizten Backofen 20–25 Minuten goldbraun backen. Zur Garprobe einen Spieß in die Mitte des Kuchens stecken: Bleibt der Spieß sauber, ist der Kuchen fertig gebacken.

★ 2 Eier
100 g brauner Rohzucker
★ 175 g Karotten, gerieben
★ 90 ml neutrales Pflanzenöl
★ 100 g Vollkornmehl
1 TL Backpulver
★ 1 TL gemahlener Zimt
★ ½ TL gemahlener Muskat
★ 60 g Rosinen
★ 60 g Walnüsse, gehackt

Bananen-Walnuss-Kuchen

Ergibt 1 Kuchen

- Backofen auf 180 °C vorheizen. Eine große Kastenform mit Backpapier oder eingefettetem Pergamentpapier auslegen.
- Hüttenkäse und Zucker gut verrühren. Nach und nach die Eier zugeben. Nüsse und Bananen untermischen. Mehl und Backpulver unterheben. Den Teig in die vorbereitete Form geben und glatt streichen.
- Im Backofen 40–45 Minuten backen, bis bei der Garprobe ein in die Mitte des Kuchens gesteckter Spieß herausgezogen werden kann ohne dass noch Teigreste daran haften.. Auf einem Drahtgitter abkühlen lassen. In Scheiben schneiden und nach Wunsch dünn gebuttert servieren.

★ 250 g Hüttenkäse, durch ein Sieb passiert
125 g brauner Zucker
★ 3 Eier, verquirlt
★ 60 g Walnüsse, gehackt
★ 2 Bananen, zerdrückt
★ 250 g Vollkornmehl
2 TL Backpulver

Bananen-Mandel-Muffins

Ergibt 12 Stück

- Backofen auf 200 °C vorheizen. Ein Muffinblech mit 12 Formen leicht einfetten.
- Mehl, Backpulver, Natron und Salz in einer großen Schüssel mischen. Eier, Bananen, Zucker, Öl, Buttermilch und Vanillearoma in einer anderen Schüssel verrühren und zur Mehlmischung geben. Kurz mischen (nicht zu stark rühren, da die Muffins sonst hart werden). Mandeln unterheben. Jede Muffinform bis zum Rand mit Teig füllen.
- 25–30 Minuten goldbraun backen. 2–3 Minuten abkühlen lassen. Heiß oder zimmerwarm servieren.

175 g Mehl
1½ TL Backpulver
1½ TL Natron
½ TL Salz
★ 2 Eier
★ 6 große reife Bananen, gut zerdrückt
250 g dunkelbrauner Zucker
★ 90 ml Sonnenblumenöl
★ 90 ml Buttermilch
2–3 Tropfen Vanillearoma
★ 100 g Mandeln, geröstet und gehackt

Abendessen

Die letzte Mahlzeit des Tages ist eine hervorragende Gelegenheit, Kindern ein gutes Essen anzubieten, das sie **gemeinsam** mit Ihnen **zubereiten** und in **entspannter Atmosphäre** genießen können.

Schellfisch-Moussaka

★ Fitmacher

Für 2 Personen

- Backofen auf 190 °C vorheizen. Eine Auflaufform leicht buttern.
- Fischfilet in sehr dünne Streifen schneiden, dabei sorgsam auch kleinste Gräten entfernen. Die Streifen in die Form geben und mit Zitronensaft beträufeln. Zucchinischeiben 1 Minute in kochendem Wasser blanchieren, dann abgießen, trocken tupfen und auf dem Fisch verteilen. Ei, Milch, Muskat und Dill verrühren und darüber gießen. Mit Weizenkeimen bestreuen.
- Die Auflaufform in einen Bräter stellen und diesen mit kaltem Wasser füllen, bis die Form halbhoch im Wasser steht. Im Ofen 45 Minuten goldbraun backen.

★ Butter, zum Einfetten
★ 175 g geräuchertes Schellfischfilet, ohne Haut
★ 1 TL Zitronensaft
2 kleine Zucchini, in dünne Scheiben geschnitten
★ 1 Ei
★ 150 ml warme Milch
★ 1 Prise Muskat
etwas frischer Dill
★ 1 EL Weizenkeime

Gemüsepfanne mit Garnelen

Abbildung rechts

Für 4 Personen

- Öl in einer Pfanne erhitzen. Garnelen und Knoblauch darin unter Rühren 2 Minuten anbraten, dann mit einem Schaumlöffel herausnehmen und beiseite stellen. Paprika, Karotte, grüne Bohnen und Mais in die Pfanne geben und 2–3 Minuten unter Rühren anbraten. Brühe zugießen, zum Kochen bringen, herunterschalten und 10 Minuten köcheln lassen.
- Unterdessen die Nudeln laut Packungsanweisung kochen und abgießen. Garnelen und Knoblauch zurück in die Pfanne geben, Nudeln zufügen und Chili- und Sojasauce unterrühren.

★ 3 EL Olivenöl
★ 250 g gekochte Garnelen, ggf. aufgetaut, trocken getupft
★ 1 Knoblauchzehe, gehackt
★ 1 rote Paprika, entkernt und gewürfelt
★ 1 große Karotte, fein gewürfelt
★ 1 Hand voll grüne Bohnen, klein geschnitten
★ 125 g Maiskörner
550 ml Gemüsebrühe
200 g asiatische Eiernudeln
1 TL süße Chilisauce
1 Spritzer Sojasauce

Pochiertes Hähnchen

★ Fitmacher

Für 4 Personen

Dieses Gericht ist auch für Babys geeignet: Pürieren Sie für die Kleinsten etwas Hähnchenbrustfilet mit ein wenig Gemüse.

• Butter mit Öl in einem gusseisernen Topf zerlassen. Das Hähnchen hineingeben und rundherum anbraten. Wasser bzw. Brühe, Lauch, Zwiebel, Karotten und Bouquet garni zufügen und zum Kochen bringen.

• Herunterschalten und abgedeckt 45–60 Minuten köcheln lassen, bis das Hähnchen gar ist. 20 Minuten vor Ende der Garzeit die Kartoffeln zugeben.

★ 1 Stück Butter
★ 1 EL Olivenöl
★ 1 mittelgroßes Hähnchen
300 ml Wasser oder Gemüsebrühe
★ 2 Lauchstangen (nur Weißes), in Ringe geschnitten
★ 1 große Zwiebel, gehackt
★ 2 Karotten, in Scheiben geschnitten
★ 1 Bouquet garni (1 Thymianzweig, 1 Lorbeerblatt und 1 Petersilienzweig)
★ 2 große Kartoffeln, geschält und grob gewürfelt

Kaninchen mit Backpflaumen

Für 4 Personen

In diesem beliebten toskanischen Rezept harmonieren die süßen, saftigen Pflaumen wunderbar mit dem Kaninchenfleisch, das manchmal ein wenig trocken sein kann. Kleinere Kinder mögen das Gericht vielleicht lieber mit Hähnchenfleisch.

• Öl in einem feuerfesten Topf erhitzen. Zwiebeln darin bei mittlerer Hitze glasig dünsten, dann mit einem Schaumlöffel herausnehmen. Kaninchenstücke in Mehl wenden und im heißen Öl rundherum anbraten (bei Bedarf noch etwas Öl zufügen).

• Zwiebeln, Wein, Pflaumen, Thymian, Lorbeerblatt, Salz und Pfeffer zugeben. Zum Kochen bringen, herunterschalten und abgedeckt ca. 1 Stunde schmoren lassen, bis das Fleisch weich ist.

★ 2 EL Olivenöl
★ 2 Zwiebeln, gehackt
★ 1 Kaninchen, in Stücke zerlegt
★ 1 EL Vollkornmehl
150 ml Rotwein
★ 12 Backpflaumen, gewaschen
★ einige Thymianzweige
1 Lorbeerblatt
Salz und schwarzer Pfeffer

Hausgemachte Fischstäbchen

Für 1 Person

• Fischfilet in breite Streifen schneiden, dabei sorgsam nach Gräten tasten und ggf. entfernen. Die Fischstreifen erst im Matzemehl und dann im Ei wenden. Pflanzenöl in einer Pfanne erhitzen. Die Fischstäbchen darin auf jeder Seite 2–3 Minuten braten.

★ 125 g Fischfilet (magere Sorten)
2–3 EL Matzemehl
★ 1 Ei, verquirlt
Pflanzenöl, zum Braten

Gemüsepüree mit Brathähnchen

Ergibt 1–2 Portionen

6-9 Monate

Diese überaus nahrhafte Babymahlzeit sollte im Idealfall ausschließlich mit Bio-Erzeugnissen zubereitet werden. Das Hähnchen muss unbedingt gut durchgebraten sein. Zur Garprobe in die dickste Stelle des Schenkels stechen: Der austretende Fleischsaft muss klar sein. Verwenden Sie für dieses Gericht keine Erbsen oder Maiskörner aus der Dose.

• Haut von der Hähnchenbrust entfernen und das Fleisch fein würfeln. Beiseite stellen. Kürbis, Erbsen und Mais in ungesalzenem Wasser weich kochen. Abgießen, dabei etwas Gemüsewasser auffangen, um das Püree ggf. etwas zu verdünnen. Hähnchenfleisch und Gemüse mit der groben Scheibe des Passiergeräts zu einem Brei pürieren.

★ 1 kleines Stück Brustfleisch von einem Brathähnchen
★ 60 g Kürbisfleisch, gewürfelt
1 EL Erbsen, frisch oder tiefgekühlt
★ 1 EL Maiskörner, frisch oder tiefgekühlt

Fischauflauf mit Kartoffelkruste

Für 4 Personen

• Backofen auf 200 °C vorheizen. Beide Fischsorten in einen Topf geben, Milch zugießen und zum Köcheln bringen. Bei abgeschaltetem Herd abgedeckt 10 Minuten ziehen lassen.

• Unterdessen die Kartoffeln schälen und grob reiben. Den Fisch aus der Milch nehmen und in Stücke zerteilen, dabei Haut und Gräten entfernen. Die Milch in einen Messbecher geben.

• 30 g Butter in einem kleinen Topf zerlassen. Mehl unterrühren. Bei schwacher Hitze langsam die Milch einrühren. Unter Rühren köcheln und eindicken lassen.

• Fischstücke, gehackte Eier und Petersilie unterziehen. Mit Pfeffer, Salz und Muskat abschmecken. Die Mischung in eine Auflaufform geben.

• Die restliche Butter zerlassen und mit den geriebenen Kartoffeln mischen. Über den Fisch geben. Im Ofen 15-20 Minuten knusprig und goldbraun backen.

★ 250 g magerer Fisch
★ 250 g ungefärbter Räucherfisch
★ 600 ml Milch
★ 500 g fest kochende Kartoffeln, in der Schale vorgegart
★ 60 g Butter
30 g Mehl
★ 2 Eier, hart gekocht, geschält und grob gehackt
★ 2 EL frisch gehackte Petersilie
schwarzer Pfeffer und etwas Meersalz
★ etwas geriebener Muskat

Lammschmortopf

★ Fitmacher

Für 2 Personen

Dieser köstliche Schmortopf reicht für einen Erwachsenen und ein Kleinkind.

- Möglichst viel sichtbares Fett vom Lammfleisch entfernen. Das Fleisch in einen gusseisernen Topf geben. Zwiebeln und Kartoffeln darauf verteilen. Thymian zugeben und Brühe angießen.
- Zum Kochen bringen, auf kleinste Stufe herunterschalten und abgedeckt mindestens 1½ Stunden schmoren lassen, bis das Fleisch sehr weich ist und die Kartoffeln und Zwiebeln zerfallen sind.
- Das Fleisch von den Knochen lösen (bei Verwendung von Koteletts) und mit dem Gemüse zerdrücken.

★ 3 Lammkoteletts oder 375 g Lammbraten
★ 2 kleine Zwiebeln, in dünne Ringe geschnitten
★ 2 Kartoffeln, in dicke Scheiben geschnitten
★ 1 frischer Thymianzweig
5 EL Gemüsebrühe

Chili mit schwarzen Bohnen

Für 6 Personen

Wenn Sie das Lammfleisch weglassen, erhalten Sie ein schmackhaftes vegetarisches Gericht.

- Etwas Olivenöl in einem gusseisernen Topf erhitzen. Karotten, Sellerie und Knoblauch darin unter Rühren goldgelb braten. Chilischoten, Kreuzkümmel und gemahlenen Koriander zufügen und einige Minuten anschwitzen. Lamm zugeben und unter Rühren anbraten.
- Tomaten und Bohnen zufügen und kräftig mit Salz und Pfeffer würzen. Abgedeckt 45 Minuten köcheln lassen, dabei gelegentlich umrühren. Falls das Chili zu trocken wird, noch etwas Brühe oder Wasser zugießen. Abschmecken und kurz vor Ende der Garzeit den frischen Koriander unterziehen (damit Farbe und Aroma erhalten bleiben).
- Das Chili in Schalen servieren, mit je 1 Esslöffel saurer Sahne, etwas Guacamole und warmen Tortillas bzw. Maisbrot, um die Sauce aufzustippen.

Olivenöl, zum Anbraten
★ 2 Karotten, sehr fein gewürfelt
★ 2 Selleriestangen, sehr fein gewürfelt
★ 6 Knoblauchzehen, fein gehackt
★ 1–2 rote Chilischoten, fein gehackt
★ 2 TL gemahlener Kreuzkümmel
★ 2 TL gemahlener Koriander
★ 500 g mageres Lammfleisch, durchgelassen
★ 1 große Dose (800 g) Flaschentomaten
★ 500 g schwarze Bohnen, über Nacht in viel kaltem Wasser eingeweicht, abgetropft
Meersalz und schwarzer Pfeffer
★ 1 Bund frischer Koriander, gehackt
saure Sahne, Guacamole und Tortillas oder Maisbrot, zum Servieren

Kräuterfrikadellenspieße

Für 4 Personen

- ★ 250 g mageres Lammfleisch, durchgelassen
- ★ 1 TL gemahlener Koriander
- ★ 1 TL gemahlener Kreuzkümmel
- ★ 2 TL frisch gehackte Minze, plus einige Blätter, zum Servieren
- ★ 2 TL frisch gehackter Koriander
- ★ 2 TL frisch gehackte Petersilie
- Meersalz und schwarzer Pfeffer
- ★ 1 EL Olivenöl
- ★ 1 rote Zwiebel, fein gehackt
- ★ 1 Knoblauchzehe, zerdrückt
- ★ probiotischer Naturjoghurt, zum Servieren

Vor der Zubereitung dieses Gerichts 8 hölzerne Schaschlikspieße 1 Stunde in Wasser einweichen.

• Lammfleisch, Gewürze und Kräuter in einer großen Schüssel mischen. Mit Salz und Pfeffer würzen. Olivenöl in einer Pfanne erhitzen. Zwiebel und Knoblauch darin glasig dünsten. Zum Fleisch geben und gut untermischen.

• Etwa 1 Esslöffel der Fleischmasse in der Hand oval formen und auf einen Spieß stecken. Mit der restlichen Masse ebenso verfahren. Die Spieße auf dem Gartengrill oder unter dem Backofengrill auf jeder Seite 5 Minuten grillen.

• Dazu Naturjoghurt mit etwas frisch gehackter Minze reichen. Ein Tabbouleh-Salat aus Bulgur (siehe S. 47) rundet das Essen wunderbar ab.

Mediterranes Omelett

Für 4 Personen

- ★ 2 EL Olivenöl
- ★ 2 reife Tomaten, gewürfelt
- ★ 1 kleine Aubergine, gewürfelt
- ★ 2 Knoblauchzehen, fein gehackt
- ★ 8 Eier
- ★ 2 TL frisch gehackte Petersilie
- ★ 2 TL frisch gehackter Schnittlauch
- 2 TL frisch gehackter Kerbel
- Salz und Pfeffer

Dieses sättigende Omelett ist nicht nur abends ein Genuss, sondern auch als herzhaftes Frühstück bestens geeignet. Variieren Sie das Gemüse nach Wahl: Sie können hierfür z. B. auch einen Rest Ratatouille oder Röstgemüse aufbrauchen. Als Beilage auf Wunsch einige kleine Kartoffeln mit Schale im Ofen rösten.

• 1 EL Olivenöl in einer Pfanne erhitzen. Tomaten, Aubergine und Knoblauch darin sehr weich dünsten.

• Eier, Kräuter, Salz und Pfeffer in einer Schüssel mit einer Gabel kurz verquirlen. Die Hälfte der Gemüsemischung unterrühren.

• Das restliche Olivenöl in einer Pfanne erhitzen. Die Eimischung gleichmäßig hineingeben und backen, bis die Unterseite fest und goldbraun ist. Die restliche Gemüsemischung in die Mitte geben und das Omelett zusammenfalten. Auf einen vorgewärmten Teller gleiten lassen und sofort servieren.

Blumenkohl-Brokkoli-Auflauf

★ Fitmacher

Für 4 Personen

- ★ 1 kleiner Blumenkohl, in kleine Röschen zerteilt
- ★ 1 kleiner Brokkoli, in kleine Röschen zerteilt
- ★ 500 ml Milch
- ★ 60 g Butter
- ★ 1 EL Vollkornmehl
- ★ 60 g geriebener Hartkäse, z. B. alter Gouda oder Cheddar
- 1 TL Dijon-Senf
- Salz und schwarzer Pfeffer

• Backofen auf 180 °C vorheizen. Eine Auflaufform gut buttern.
• Blumenkohl- und Brokkoliröschen in der Milch weich kochen. Abgießen (die Milch auffangen) und die Röschen in der Auflaufform verteilen.
• Butter in einem beschichteten Topf zerlassen. Mehl, 1 EL geriebenen Käse, Senf, Salz und Pfeffer unterrühren. Langsam die heiße Milch einrühren.
• Die Sauce kurz aufkochen lassen und über das Gemüse geben. Mit dem restlichen Käse bestreuen und im Ofen 15–20 Minuten backen. Für eine knusprige Käsekruste noch kurz unter dem Grill überbacken.

Kartoffelrösti mit gegrilltem Speck

Für 4 Personen

- ★ 500 g gekochte Kartoffeln
- ★ 1 Stück Butter
- Salz und Pfeffer
- ★ 2 EL Vollkornmehl, plus Mehl zum Formen
- ★ Olivenöl, zum Braten
- ★ 8 Scheiben magerer Frühstücksspeck
- ★ gegrillte Tomatenhälften, zum Servieren (nach Wunsch)

Dieses Rezept ist ideal, um ohne großen Aufwand gekochte Kartoffeln oder Kartoffelbrei aufzubrauchen. Die Rösti müssen zwischen den Händen gedrückt und geformt werden, bis sie glatt und kompakt aussehen, da sie sonst beim Braten auseinander fallen.
• Die noch warmen Kartoffeln mit Butter, Salz und Pfeffer gut zerdrücken. Mehl untermischen. Etwa 2 EL von der Masse abnehmen und mit bemehlten Händen zu flachen, glatt aussehenden Talern formen. Mit der restlichen Masse ebenso verfahren.
• Etwas Olivenöl in einer Pfanne erhitzen und die Rösti darin auf beiden Seiten goldbraun braten. Unterdessen den Speck unter dem Backofengrill knusprig grillen und auf Küchenpapier abtropfen lassen.
• Die Rösti mit dem Speck und nach Wunsch mit gegrillten Tomatenhälften servieren.

Abbildung links

Gemüse-Couscous

★ Fitmacher

Für 2 Personen

Falls Ihr Kind auf Fleisch besteht, braten Sie einfach einige Hähnchenstückchen mit der Zwiebel an.

• Etwas Olivenöl in einer Pfanne erhitzen. Zwiebel darin goldgelb braten. Karotten, Zucchini, Paprika und Kreuzkümmel zugeben und einige Minuten anbraten.

• Tomaten, Salz und Korianderblätter zufügen. 10 Minuten köcheln lassen. Dann die Kichererbsen zugeben und erhitzen.

• Während das Gemüse gart, den Couscous nach Packungsanweisungen dämpfen. Gemüse und Couscous zusammen servieren.

★ Olivenöl, zum Braten

★ 1 Zwiebel, fein gehackt

★ 2 Karotten, längs halbiert und in Scheiben geschnitten

1 kleine Zucchini, längs halbiert und in Scheiben geschnitten

★ ½ rote Paprika, entkernt und gewürfelt

★ 1 TL gemahlener Kreuzkümmel (oder mehr, nach Geschmack)

★ 2 Tomaten, gehäutet und gewürfelt

etwas Salz

★ 1–2 EL frische Korianderblätter

★ 1 Dose (400 g) Kichererbsen, abgetropft

★ 150 g Couscous

Gemüsetaschen

Ergibt ca. 16 Stück

• Kartoffeln in leicht gesalzenem Wasser ca. 10 Minuten weich kochen. Gemüse in einem anderen Topf knapp mit Wasser bedecken und bissfest garen. Gut abtropfen lassen.

• Kartoffeln, Gemüse, Currypulver bzw. -paste, Frischkäse, Salz und Pfeffer in einer Schüssel gut mischen. Backofen auf 190 °C vorheizen.

• Butter mit Olivenöl in einem kleinen Topf zerlassen. Eine Filloteigplatte mit der Ölbutter bestreichen. Eine zweite Platte darauf legen und ebenfalls bestreichen. Den Teig längs in zwei ca. 7 cm breite Streifen schneiden. Etwa 1 gehäuften TL Füllung auf das Ende eines Streifens setzen. Das Teigende diagonal über die Füllung falten, so dass ein Dreieck entsteht. Das Dreieck weiter über Eck bis zum Ende des Teigstreifens falten. Mit Ölbutter bestreichen und in Mohn oder Sesam wenden. Mit dem restlichen Teig und der übrigen Füllung ebenso verfahren.

• Die Gemüsetaschen auf ein Backblech legen und im Ofen 15–20 Minuten goldgelb backen. Warm servieren.

2 Kartoffeln, gewürfelt

★ 125 g fein gehacktes Gemüse (Mischung verschiedener Gemüsesorten, z. B. Karotten, Bohnen, Erbsen, Spinat, Mais, Blumenkohl oder Pastinaken)

1 TL mildes Currypulver oder Currypaste

★ 2 EL Frischkäse oder Hüttenkäse

Salz und schwarzer Pfeffer

★ 30 g Butter, zerlassen

★ 1 EL Olivenöl

8 Filloteigplatten (in Asia-Märkten erhältlich)

★ Mohnsamen oder schwarze Sesamkörner

Naturreis auf viererlei Art

Für 4 Personen

★ **250 g Naturreis**
Wasser (siehe Zubereitung)

Naturreis ist nicht nur eine nahrhafte Beilage, sondern ergibt auch einfache, wohlschmeckende Mahlzeiten. Unten finden Sie vier Anregungen, wie man den gekochten Reis servieren kann. Ihrer Fantasie sind aber keine Grenzen gesetzt.

• Backofen auf 160 °C vorheizen. Reis sehr gründlich waschen, dann gut abtropfen lassen. In einen feuerfesten Topf geben und einen Fingerbreit mit Wasser bedecken. Den Topf gut verschließen und im Ofen 40 Minuten backen. Wenn der Reis am Ende der Backzeit noch feucht ist, lassen Sie ihn einige Minuten ohne Deckel im Ofen abdampfen.

Bereiten Sie aus dem gekochten Reis z. B. folgende Gerichte zu. Sie können diese auch entsprechend Ihrem Geschmack variieren bzw. an die Vorlieben Ihrer Kinder anpassen.

• Ein Stück Butter, etwas geriebenen Käse und ein wenig frisch gehackte Minze unter den Reis mischen.
• Den Reis mit Röstgemüse (siehe S. 174) servieren.
• Für einen Reissalat 2–3 EL natives Olivenöl extra, 1 TL Zitronensaft, 1 Prise Meersalz, frisch gemahlenen schwarzen Pfeffer und eine fein gehackte Knoblauchzehe zum Reis geben. Im Sommer außerdem klein geschnittene reife Tomaten, Gurken, Frühlingszwiebeln, Avocado und frisches Basilikum zufügen; im Winter gewürfelten Stangensellerie, Fenchel, Rosinen, Sonnenblumen- oder Pinienkerne (mit etwas Öl gemischt) und frisch gehackte Petersilie oder frischen Koriander zugeben.
• Den Reis mit Apfelmus und etwas Zimt servieren. In Frankreich ist dies eine weit verbreitete Schonkost nach Unwohlsein oder Magenverstimmungen. Sie ist aber auch für Kerngesunde ein ideales Abendessen.

Röstgemüse

★ Fitmacher

Für 4 Personen

Servieren Sie dieses farbenfrohe Röstgemüse mit Naturreis (siehe S. 173), Couscous oder Bulgur als vegetarisches Abendessen. Es ist aber auch ausgezeichnet als Beilage zum Sonntagsbraten, zu gegrilltem Fisch oder Fleisch oder einem einfachen Omelett geeignet.

- Backofen auf 200 °C vorheizen. Gemüse und Knoblauch in einem flachen Bräter verteilen. Olivenöl zufügen und das Gemüse rundherum damit benetzen. Mit Salz und Pfeffer bestreuen.
- Im Ofen ca. 40 Minuten rösten, dabei ein oder zwei Mal wenden. Das Gemüse sollte weich sein und goldbraun zu werden beginnen. Mit frisch gehackten Kräutern bestreut servieren.

★ 1 rote Paprika, entkernt und in grobe Stücke geschnitten
★1 gelbe Paprika, entkernt und in grobe Stücke geschnitten
★ 2 Zwiebeln, geviertelt
2 mittelgroße oder 4 kleine Zucchini, in dicke Scheiben geschnitten
★ 8 Kirschtomaten
★ 4 Knoblauchzehen
★ 4 EL Olivenöl
etwas Salz und schwarzer Pfeffer
★ 1 frisches Bund Koriander, Basilikum oder Petersilie

Kohl-Kartoffelbratlinge

Für 4 Personen

Diese Bratlinge werden traditionell mit Weißkohlresten zubereitet, aber Sie können hierfür auch Rosenkohl, Brokkoli oder Erbsen verwenden: Die Begeisterung Ihres Nachwuchses ist Ihnen in jedem Fall gewiss! Die einzige Regel lautet, dass es mehr Kartoffeln als Gemüse sein müssen.

- Die gekochten Kartoffeln mit einer Gabel zerkleinern, Butter und etwas Milch zufügen und grob zerstampfen. Den gekochten Kohl untermischen. Die Masse zu einem großen oder vier kleineren Bratlingen formen und mit gewürztem Mehl bestäuben.
- Olivenöl in einer Pfanne erhitzen. Die Bratlinge hineingeben, flach drücken und auf beiden Seiten goldbraun braten.

★ 500 g gekochte Kartoffeln
★ 1 Stück Butter
★ Milch, zum Zerstampfen
★ 300 g gekochter Weißkohl, klein geschnitten
Mehl, mit etwas Salz und Pfeffer gewürzt, zum Bestäuben
★ 2–3 EL Olivenöl

Nudeln mit Brokkoli und Sardellen

Für 4 Personen

★ 1 mittelgroßer Brokkoli, in kleine Röschen zerteilt
★ 375 g kurze Nudeln, z. B. Muscheln, Hörnchen oder Farfalle
★ 5 EL Olivenöl
★ 2 Knoblauchzehen, fein gehackt
★ 3–4 Sardellenfilets, fein gehackt, oder 1–2 EL Sardellenpaste
frisch gemahlener schwarzer Pfeffer
★ 3 EL frisch geriebener Parmesan

• Leicht gesalzenes Wasser mit einem Schuss Pflanzenöl in einem großen Topf zum Kochen bringen. Brokkoliröschen darin gerade weich kochen. Abgießen, das Wasser auffangen, um anschließend die Nudeln darin zu kochen.

• Das Gemüsewasser ggf. mit Leitungswasser auffüllen, da Nudeln viel Wasser brauchen. Zum Kochen bringen, Nudeln hineingeben und *al dente* kochen (d. h. weich, aber noch leicht bissfest).

• Unterdessen Öl in einer Pfanne erhitzen. Knoblauch darin glasig dünsten. Sardellen bzw. Sardellenpaste und den Brokkoli zufügen und gut mischen. Mit Pfeffer würzen und heiß halten. Die gekochten Nudeln abgießen, zurück in den Topf geben, die Brokkolimischung zufügen und gut umrühren. Parmesan untermischen und sofort servieren.

Nudeln mit Avocadosauce

Für 4 Personen

★ 2 reife Avocados
★ Saft von 1 Zitrone
★ 1 dicke Knoblauchzehe, zerdrückt
★ 1 EL Olivenöl
Salz und schwarzer Pfeffer
★ 375 g Nudeln, bevorzugt Tagliatelle (Bandnudeln)

Der Geschmack dieses köstlichen Gerichts hängt maßgeblich von der Frische und Qualität der Zutaten ab. Auf Grund der delikaten, cremigen Konsistenz findet es selbst bei kleinen Kindern großen Anklang.

• Fruchtfleisch der Avocados aushöhlen (es sollte richtig reif, kräftig gelb und makellos sein) und in die Schüssel geben, in der Sie die Nudeln servieren möchten. Zu einer Creme zerdrücken. Zitronensaft und Knoblauch untermischen. Olivenöl, Salz und Pfeffer nach Geschmack zugeben und alles zu einer cremigen Sauce verarbeiten.

• Nudeln in viel Wasser *al dente* kochen. Kurz vor Ende der Garzeit 1–2 EL Nudelwasser zur Avocadosauce geben und unterrühren. Die fertigen Nudeln gut abgießen. Zur Sauce geben und gründlich umrühren.
Hinweis: Je nach Vorliebe Ihrer Familie können Sie mehr oder weniger Zitronensaft, Knoblauch oder Olivenöl verwenden.

Nudelsauceen

★ Fitmacher

Nudeln sind sozusagen gesundes »Fast Food«, das mit einer guten Sauce für Kinder die leckersten (und zudem besonders nahrhafte!) Mahlzeiten ergibt. Im Folgenden finden Sie einige schnell gemachte Saucen, die zu jeder Nudelsorte passen. Wenn Sie die Pasta als Hauptmahlzeit servieren, sollten Sie für vier Personen etwa 500 g Nudeln rechnen.

Ungekochte Tomatensauce

Für 4 Personen

- ★ 375 g reife Tomaten, gehäutet und geviertelt
- ★ 8–10 Basilikumblätter
- ★ 1 Hand voll frische Petersilie
- ★ 2 Knoblauchzehen, leicht zerdrückt
- Salz und schwarzer Pfeffer
- ★ frisch geriebener Parmesan (nach Wunsch)

• Tomatenviertel, Basilikum, Petersilie, Knoblauch, Salz und Pfeffer in der Küchenmaschine zu einer dicken Sauce verarbeiten. Die Sauce in die Schüssel geben, in der Sie die Nudeln servieren möchten.

• Nudelsorte Ihrer Wahl *al dente* kochen (siehe S. 175). Gut abgießen und zur Sauce geben. Schnell umrühren und ggf. mit Parmesan bestreuen. Sofort servieren.

Ungekochte Tomaten-Paprika-Sauce

Für 4 Personen

- ★ 150 g reife Tomaten, gehäutet und geviertelt
- ★ 1 große rote Paprika oder 1 kleine rote und 1 kleine gelbe Paprika, entkernt und geviertelt
- ★ 1 EL frische Petersilie
- ★ 2 EL frisch geriebener Parmesan
- ★ 4–5 EL Olivenöl

• Tomaten, Paprika, Petersilie, Parmesan und 2–3 EL Olivenöl in der Küchenmaschine zu einer dicken Sauce verarbeiten, dabei nach Bedarf noch mehr Öl durch die Deckelöffnung zugießen.

• Nudelsorte Ihrer Wahl *al dente* kochen (siehe S. 175) und gut abgießen. Die Sauce zugeben und umrühren. Sofort servieren.

Mozzarella-Tomatensauce

Für 4 Personen

- ★ 375 g reife Tomaten
- ★ 6 EL Olivenöl
- ★ 1 Hand voll frische Basilikumblätter, grob zerzupft
- ★ 1 Zweig frischer Oregano
- ★ 3 EL frisch geriebener Parmesan
- ★ 150 g Mozzarella, gewürfelt

• Tomaten einige Stunden vor dem Essen häuten, fein würfeln und in eine Schüssel geben. Olivenöl, Basilikumblätter, Oregano und Parmesan zufügen und 2 Stunden ziehen lassen.

• Mozzarella in die Schüssel geben, in der Sie die Nudeln servieren möchten.

• Nudelsorte Ihrer Wahl *al dente* kochen (siehe S. 175). Gut abgießen und über den Mozzarella geben. Schnell umrühren, so dass sich der schmelzende Käse mit den Nudeln mischt.

• Die Tomatensauce zufügen, nochmals umrühren und sofort servieren.

Für 4 Personen

Tomatensauce mit Sardellen

Ältere Kinder essen diesen italienischer Klassiker meist sehr gern. Wenn Sie das Gericht jedoch zum ersten Mal kochen, sollten Sie zunächst nur wenig Sardellen verwenden, z. B. etwas Sardellenpaste aus der Tube. Die Sauce kann im Voraus zubereitet und aufgewärmt werden.

• Öl in einem kleinen Topf erhitzen. Knoblauch darin 2–3 Minuten andünsten. Tomaten, Oliven und Oregano zufügen. Einige Minuten köcheln lassen, dann die gehackten Sardellen unterrühren. Nochmals einige Minuten köcheln lassen, bis die Sardellenstücke weich sind und zerfallen.

• Petersilie und Pfeffer zugeben. Nicht salzen, da die Sardellen ausreichend Salz enthalten.

★ 100 ml Olivenöl
★ 3 Knoblauchzehen, fein gehackt
★ 1 kleine Dose (200 g) Tomatenstücke
60 g entsteinte Oliven, gehackt
1 Prise getrockneter Oregano
★ 3–4 Sardellenfilets, gut abgespült, trocken getupft und fein gehackt
★ 2 EL frische fein gehackte Petersilie
frisch gemahlener schwarzer Pfeffer

Für 4 Personen

Schinken-Pilzsauce

• Butter in einem kleinen Topf zerlassen. Zwiebel und Knoblauch darin glasig dünsten. Pilze zufügen und bei mittlerer Hitze leicht bräunen. Schinken zugeben und ebenfalls leicht bräunen. Mit Wein ablöschen. Muskat, Salz und Pfeffer unterrühren.

• Bei schwacher Hitze 5–10 Minuten köcheln lassen (falls die Sauce zu trocken wird, noch etwas kochendes Wasser zugeben).

• Nudelsorte Ihrer Wahl *al dente* kochen (siehe S. 175). Abgießen und die Sauce unterrühren. Sofort servieren.

★ 60 g Butter
★ 1 Zwiebel, fein gehackt
★ 1 Knoblauchzehe, fein gehackt
90 g frische Champignons, in feine Scheiben geschnitten
★ 125 g Kochschinken, gewürfelt
125 ml Weißwein
★ 1 Prise Muskat
Salz und schwarzer Pfeffer

Für 4 Personen

Bologneser Sauce

• Butter mit Öl in einem Topf zerlassen. Gemüse darin weich dünsten. Hackfleisch zugeben und bei mittlerer Hitze leicht bräunen. Wein zugießen und weitgehend verkochen lassen. Tomaten und Kräuter zugeben, hochschalten und einige Minuten sprudelnd kochen.

• Herunterschalten und ca. 1 Stunde köcheln lassen. Falls die Sauce während der Garzeit zu trocken wird, noch ab und zu etwas Brühe zugeben (die Sauce sollte jedoch nicht dünnflüssig sein).

• Diese Sauce wird traditionell mit Tagliatelle serviert. Die Nudeln *al dente* kochen (siehe S. 175) und gut abgießen. Unter die Sauce rühren. Den Parmesan getrennt dazu reichen.

★ 60 g Butter
★ 1 EL Olivenöl
★ 1 Zwiebel, fein gehackt
★ 1 Karotte, gerieben
★ 1 Selleriestange, fein gehackt
★ 200 g mageres Rinderhackfleisch
125 ml Rotwein
★ 1 kleine Dose (200 g) Tomatenstücke
★ 1 EL frisch gehackte Petersilie
★ 1 frischer Thymianzweig oder 1 Prise getrockneter Thymian
★ 1 Lorbeerblatt
etwas Gemüsebrühe
Salz und schwarzer Pfeffer
★ 4 EL frisch geriebener Parmesan

Indonesischer Gemüseeintopf

★ Fitmacher

Für 2 Personen

Dies ist eines der Lieblingsgerichte der vierjährigen Sophie, die pikante Speisen isst, seit sie Obst- und Gemüsebrei hinter sich gelassen hat — ein Beleg, dass fade Gerichte nicht zwingend das Beste für Babys bzw. Kleinkinder sein müssen. Das Limettenblatt (in Asia-Märkten erhältlich) verleiht dem Eintopf sein besonderes Aroma.

• Etwas Sonnenblumenöl in einer Pfanne erhitzen. Tofu darin goldgelb braten. Abtropfen lassen und beiseite stellen. Bei Bedarf noch etwas Öl in die Pfanne geben und dann Zwiebel und Knoblauch darin glasig dünsten. Limettenblatt, Kohl, Paprika, Karotten und Bohnen zufügen und 3–4 Minuten anbraten. Kokosmilch und den Tofu zugeben. Nach Geschmack salzen. Köcheln lassen, bis das Gemüse weich ist. Mais zufügen und erhitzen. Den Eintopf mit Basmati-Reis servieren.

★ Sonnenblumenöl, zum Anbraten
★ 125 g Tofu, gewürfelt
★ 1 Zwiebel, gehackt
★ 1 Knoblauchzehe, gehackt
1 Limettenblatt
★ 1 kleines Stück Weißkohl, gehackt
★ ½ rote Paprika, entkernt und gewürfelt
★ 2 Karotten, in Scheiben geschnitten
★ 10 grüne Bohnen
½–¾ l Kokosmilch
Salz
★ 150 g Maiskörner, frisch oder tiefgekühlt
Basmati-Reis, zum Servieren

Hähnchenfrikadellen in Tortilla

Für 4 Personen

• Alle Zutaten mit Ausnahme des Mehls und Olivenöls in einer großen Schüssel sehr gründlich mischen. Einige Minuten ruhen lassen, damit sich die Aromen entfalten. Die Masse zu 4 Frikadellen formen und im gewürzten Mehl wenden.

• Etwas Olivenöl in einer Pfanne erhitzen und die Frikadellen darin auf jeder Seite 3–4 Minuten braten. Alternativ die Frikadellen mit Öl bestreichen und unter dem Grill oder bei 200 °C im Backofen gut durchbraten (einmal wenden).

• Die fertigen Frikadellen mit Mayonnaise, knackigen Salatstreifen und Avocadoscheiben in Tortillas servieren. Als Variation statt Tortillas warme Vollkorn-Hamburgerbrötchen und statt Mayonnaise saure Sahne verwenden.

★ 500 g Hähnchenfleisch, ohne Haut und Knochen, fein gehackt oder durchgelassen
★ 1 EL dunkle Sojasauce oder Tamarisauce
★ 1 TL frischer geriebener Ingwer
★ 1 Knoblauchzehe, zerdrückt
★ 1 EL frischer fein gehackter Koriander
½ TL Meersalz
schwarzer Pfeffer
★ Vollkornmehl, mit etwas Salz und Pfeffer gewürzt, zum Wenden
★ Olivenöl, zum Braten
4 Tortillas, Mayonnaise, grüner Salat und Avocado, zum Servieren

Abbildung rechts

Sellerie-Kartoffelpüree

★ Fitmacher

Für 4 Personen

- ★ 1 EL Zitronensaft oder Weißweinessig
- ★ 1 großer Knollensellerie
- ★ 4–5 Kartoffeln, grob gewürfelt
- ★ 1 großes Stück Butter
- ★ 2 EL Olivenöl
- ★ 1 kleine Zwiebel, sehr fein gehackt

Dieses aromatische Püree passt beispielsweise ausgezeichnet zu Frikadellen, Würstchen, Brathähnchen oder Fischgerichten.

• Zitronensaft bzw. Essig in einen großen Topf mit Wasser geben. Das Wasser zum Kochen bringen. Knollensellerie großzügig schälen, in grobe Würfel schneiden und in das kochende Wasser geben.

• Kartoffelwürfel zufügen. Wieder zum Kochen bringen, herunterschalten und 15–20 Minuten weich kochen. Abgießen, das Kochwasser auffangen.

• Kartoffeln und Sellerie mit der Butter zurück in den Topf geben und zerstampfen, dabei ausreichend Kochwasser für ein cremiges Püree zufügen. (Sie können hierfür auch die Küchenmaschine benutzen — aber nicht zu stark pürieren, sonst leidet die Konsistenz.)

• Öl in einem kleinen Topf erhitzen. Zwiebel darin bei schwacher Hitze goldgelb dünsten. Mit dem Öl unter das Püree ziehen.

Brokkoli mit Spinat

Für 4 Personen

- ★ 375 g Spinat, gut gewaschen und geputzt
- ★ 375 g Brokkoliröschen (jeweils mit etwas Stiel)
- ★ 4 EL Olivenöl
- ★ 30 g Zwiebel, fein gehackt
- ★ 1 Knoblauchzehe, sehr fein gehackt
- ★ 2 dünne Scheiben frischer Ingwer, geschält und sehr fein gehackt
- ★ ½–1 frische rote Chilischote, entkernt (nach Wunsch) und sehr fein gehackt
- ★ 4 TL gemahlener Kreuzkümmel

Dieses pikant-scharfe Gericht, das dem Kochbuch *World Vegetarian* von Madhur Jaffrey (Ebury Press) entnommen ist, schmeckt meist auch Kindern und Erwachsenen, die sonst nicht gern Brokkoli essen. Lassen Sie für kleinere Kinder die Chilischote weg und nehmen Sie nur wenig Ingwer. Das Gericht schmeckt auch kalt sehr gut.

• Einen großen Topf mit Wasser zum Kochen bringen. Spinat und Brokkoli hineingeben, erneut zum Kochen bringen und 3–4 Minuten sprudelnd kochen. In ein Sieb geben, das Kochwasser für eine andere Verwendung auffangen. Das Gemüse mit kaltem Wasser abspülen, gut abtropfen lassen und dann fein hacken.

• Öl in einer großen beschichteten Pfanne oder einem Wok auf hoher Stufe erhitzen. Zwiebel, Knoblauch, Ingwer und Chili in das heiße Öl geben und unter Rühren anbraten, bis die Zwiebel zu bräunen beginnt. Kreuzkümmel zufügen. Einmal umrühren, dann den Brokkoli und Spinat zugeben. Auf mittlere Hitze herunterschalten und kurz unter Rühren erhitzen.

Gemüsecurry mit Dal

Für 4 Personen

★ 750 g gemischtes Gemüse, z. B. Brokkoli, Blumenkohl, Kartoffeln, Karotten und grüne Bohnen
★ 3 EL Erdnussöl
2 TL mittelscharfes Currypulver
★ 1 Zwiebel, gehackt
★ 3 Knoblauchzehen, gehackt
★ 1 kleine Dose (200 g) Kichererbsen, abgegossen und abgespült
★ Saft von 1 Zitrone
★ frischer Koriander, gehackt
★ 1 Apfel, geschält und gewürfelt
30 g Kokoscreme

Für den Dal:

★ 175 g Mungobohnen, verlesen, gewaschen und abgetropft
1 l Wasser
½ TL Kurkuma
1 kräftige Prise Salz
★ 2 EL Pflanzenöl
★ 1 TL Kreuzkümmelsamen
★ 2 Knoblauchzehen, gehackt
★ Cayennepfeffer oder zerstoßene Chilischoten, nach Geschmack
★ frischer Koriander, zum Garnieren

• Zunächst den Dal zubereiten. Mungobohnen und das Wasser in einen gusseisernen Topf geben, zum Kochen bringen, herunterschalten und leicht köcheln lassen, dabei den Schaum abschöpfen. Wenn kein Schaum mehr entsteht, Kurkuma unterrühren. Nicht ganz abgedeckt 1 Stunde köcheln lassen. Die weichen Bohnen abgießen, nach Geschmack salzen und in eine Servierschale geben. Öl in einer kleinen Pfanne erhitzen und Kreuzkümmel darin einige Minuten anrösten. Knoblauch mit Cayennepfeffer zufügen und glasig dünsten. Die Mischung über die Bohnen geben und gut unterrühren. Mit Koriander garniert servieren.

• Während die Bohnen kochen, das Gemüse vorbereiten: Brokkoli oder Blumenkohl in Röschen teilen, Kartoffeln oder Karotten schälen und in kleine Würfel schneiden. 1 Minute in kochendem Wasser blanchieren.

• Öl in einem Wok oder einer Pfanne erhitzen. Currypulver darin 1 Minute unter Rühren anschwitzen. Zwiebel und Knoblauch zufügen und 1 Minute anbraten. Das Gemüse zugeben und unter Rühren 5–10 Minuten braten, bis es weich ist. Kichererbsen, Zitronensaft, Koriander, Apfel und Kokoscreme untermischen. 2–3 Minuten erhitzen. Curry mit Dal servieren.

Rotkohl mit Apfel und Maronen

Für 4 Personen

★ ½ großer Rotkohl
★ 250 g Maronen
★ 30 g Butter
★ 2 dicke Scheiben durchwachsener Bauchspeck, gewürfelt
★ 1 großer Apfel, z. B. Cox Orange, geschält, entkernt und gerieben
1–2 EL Weißweinessig
2–3 TL brauner Zucker
Salz und schwarzer Pfeffer

• Die äußeren Blätter und den harten Strunk vom Rotkohl entfernen. Den Kohl in feine Streifen schneiden.

• Maronen an der breiten Seite einschneiden und in einen Topf mit Wasser geben. Zum Kochen bringen und 10 Minuten kochen lassen. Maronen herausnehmen, schälen, in Stücke brechen und beiseite stellen.

• Butter in einem großen Topf zerlassen. Speck und Kohl hineingeben. Abgedeckt bei mittlerer Hitze unter gelegentlichem Umwenden schmoren lassen.

• Wenn der Kohl weich zu werden beginnt, Apfel, Essig und Zucker zufügen. Das Gemüse etwa 45 Minuten dünsten — oder länger, wenn Sie den Kohl lieber weicher essen. Kurz vor Ende der Garzeit die Maronen zufügen und erhitzen. Vor dem Servieren mit Salz und Pfeffer abschmecken.

Kichererbsen-Gemüsebratlinge

★ Fitmacher

Ergibt 6 große oder 8 mittelgroße Bratlinge

- ★ 1 kleine Dose (250 g) gelbe Schälerbsen, abgegossen und abgespült
- ★ 1 Dose (500 g) Kichererbsen, abgegossen und abgespült
- ★ 2 EL Olivenöl
- ★ 1 große Zwiebel, fein gehackt
- ★ 3–4 innere Selleriestangen, fein gehackt
- ★ 1 knackiger Apfel, fein gehackt
- ★ 60 g gemahlene Mandeln
- ★ 1 EL Sonnenblumenkerne
- Meersalz und schwarzer Pfeffer
- ★ 1 kleines Ei, verquirlt
- frische oder getrocknete Vollkornsemmelbrösel, zum Panieren
- ★ Sonnenblumenöl, zum Braten
- Vollkorn-Hamburgerbrötchen, Brunnenkresse oder grüner Salat und Mayonnaise, zum Servieren

• Schälerbsen und Kichererbsen in der Küchenmaschine sehr fein hacken, jedoch nicht zu einem Brei pürieren. Öl in einem gusseisernen Topf erhitzen. Zwiebel darin glasig dünsten.
• Die fein gehackten Schälerbsen und Kichererbsen mit Sellerie, Apfel, Mandeln, Sonnenblumenkernen und der gedünsteten Zwiebel in einer großen Schüssel gut mischen. Mit Salz und Pfeffer würzen.
• Die Masse zu 6 bzw. 8 Bratlingen formen und jeden gut zusammendrücken. In das verquirlte Ei tauchen und dann in Semmelbröseln panieren.
• Etwas Sonnenblumenöl in einer Pfanne erhitzen und die Bratlinge darin auf jeder Seite 7 Minuten braten. In Vollkorn-Hamburgerbrötchen mit Brunnenkresse oder Salat und 1 EL Mayonnaise servieren.

Gemüsebratlinge mit Spinat-Käsekruste

Ergibt 6 Stück

- ★ 2 EL Sonnenblumenöl
- ★ 1 rote Zwiebel, fein gehackt
- ★ 2 Knoblauchzehen, zerdrückt
- 250 g Champignons, fein gehackt
- ★ 125 g Mandeln, gehackt
- ★ 125 g gekochter Naturreis oder eingeweichter Bulgur
- ★ 175 g Karotten, gerieben
- 1 EL Gemüsebrühpulver
- ★ 1 Hand voll frische Petersilie, gehackt
- ★ 1 EL dunkle Sojasauce
- Meersalz und schwarzer Pfeffer
- ★ 1 Ei, verquirlt
- ★ Vollkornmehl, zum Wenden
- ★ Pflanzenöl, zum Braten

Für die Spinat-Käsekruste:

- ★ blanchierte Spinatblätter
- ★ Käsescheiben
- Vollkorn-Hamburgerbrötchen und Mayonnaise, zum Servieren

• Sonnenblumenöl in einer Pfanne erhitzen. Zwiebel darin glasig dünsten. Knoblauch und Champignons zufügen. Unter gelegentlichem Rühren anbraten, bis die Feuchtigkeit verdampft ist und die Pilze goldbraun werden. Die Pfanne vom Herd nehmen. Die restlichen Zutaten außer dem Ei unterrühren. Mit Salz und Pfeffer würzen, dann das Ei untermischen.
• Die Masse zu 6 runden Bratlingen formen und jeden gut zusammendrücken. In Vollkornmehl wenden. Etwas Pflanzenöl in einer Pfanne erhitzen und die Bratlinge darin auf jeder Seite 3–4 Minuten braten. Alternativ die Bratlinge mit Pflanzenöl bestreichen und unter dem Grill oder bei 200 °C im Backofen braten.
• Auf jeden Bratling einige blanchierte Spinatblätter und darauf eine Scheibe Käse legen. Unter dem Grill überbacken, bis der Käse zerläuft und knusprig ist.
• In Vollkorn-Hamburgerbrötchen mit Mayonnaise und nach Wunsch einigen Zwiebelringen servieren.

Nussfrikadellen

Ergibt 4 Stück

- Nüsse und Semmelbrösel in der Küchenmaschine oder im Mixer fein hacken.
- Olivenöl in einem gusseisernen Topf erhitzen. Zwiebel darin glasig dünsten.
- Vom Herd nehmen und die heiße Brühe zugießen. Dann die Nussmischung, Kräuter sowie Salz und Pfeffer nach Geschmack zufügen und gut untermischen. Falls die Masse zu trocken aussieht, noch etwas Brühe zugeben.
- Die Masse zu 4 Frikadellen formen und in Mehl wenden. Etwas Öl in einer Pfanne erhitzen und die Frikadellen darin auf jeder Seite 3–5 Minuten goldbraun braten.
- In Vollkorn-Hamburgerbrötchen mit etwas Mayonnaise und Salatstreifen oder Brunnenkresse servieren. Die Frikadellen schmecken heiß und kalt.

★ 250 g gemischte Nusskerne, z. B. Walnüsse, Haselnüsse, Cashewnüsse und Erdnüsse

125 g Vollkornsemmelbrösel

★ 1 EL Olivenöl

★ 1 Zwiebel, sehr fein gehackt

300 ml heiße Gemüsebrühe (aus Gemüsebrühpulver)

★ 1 EL frisch gehackte Petersilie

★ 2–3 frische Salbeiblätter, in kleine Stücke gezupft

Meersalz und schwarzer Pfeffer

★ Vollkornmehl, zum Wenden

★ Pflanzenöl, zum Braten

Vollkorn-Hamburgerbrötchen, Mayonnaise und grüner Salat oder Brunnenkresse, zum Servieren

Reisfrikadellen

Ergibt 4 Stück

- Reis gründlich waschen und abtropfen lassen. Brühe in einem großen Topf zum Kochen bringen. Reis hineingeben und bei schwacher Hitze abgedeckt 30 Minuten leicht köcheln und ausquellen lassen.
- Unterdessen Brot und Erdnüsse in der Küchenmaschine oder im Mixer fein hacken.
- Öl in einer großen Pfanne erhitzen. Zwiebel darin goldbraun braten. Herunterschalten, Pastinake und Karotte zugeben und einige Minuten andünsten. Sojasauce und Hefeextrakt unterrühren. Die Brot-Erdnuss-Mischung zufügen. Mit Salz und Pfeffer abschmecken.
- In eine Schüssel geben. Den gekochten Reis zufügen und alles gut mischen. Die Masse etwas abkühlen lassen, dann auf ein bemehltes Brett geben und zu 4 dicken Frikadellen formen. Mindestens 1 Stunde oder über Nacht kalt stellen.
- Die Frikadellen in das verquirlte Ei tauchen und in Semmelbröseln panieren. Etwas Pflanzenöl in einer Pfanne erhitzen. Die Frikadellen darin auf jeder Seite 5–7 Minuten goldbraun braten.

★ Basmati-Naturreis, einen Messbecher bis zum 125-ml-Strich gefüllt

300 ml Gemüsebrühe, auf derselben Skala abgemessen wie der Reis

1 Scheibe Vollkornbrot

★ 60 g trocken geröstete Erdnüsse

★ 2 EL Olivenöl

★ 1 Zwiebel, fein gehackt

1 Pastinake (harte Mitte entfernt), fein gerieben

★ 1 Karotte, fein gerieben

★ 1 Schuss Sojasauce

½ TL Hefeextrakt

Salz und schwarzer Pfeffer

★ 1 Ei, verquirlt

Semmelbrösel, zum Panieren

★ Pflanzenöl, zum Braten

Bohnenfrikadellen

★ Fitmacher

Ergibt 6 Stück

• Öl in einer großen Pfanne erhitzen. Zwiebel darin bei mittlerer Hitze glasig dünsten. Karotten, Kartoffel und die zerdrückten Bohnen zufügen und unter gelegentlichem Rühren 7 Minuten anbraten. Tomatenmark, Ketchup, Knoblauch, Kräuter, Sojasauce, Salz und Pfeffer zugeben und alles zu einer Masse zerdrücken.
• Die Masse auf ein bemehltes Brett geben und mit bemehlten Händen zu 6 Frikadellen formen. 1–2 Stunden im Kühlschrank fest werden lassen. Die Frikadellen in verquirltes Ei tauchen und in Semmelbröseln panieren.
• Etwas Olivenöl in einer Pfanne erhitzen und die Frikadellen darin bei mittlerer Hitze auf jeder Seite 5 Minuten braten. In Vollkorn-Hamburgerbrötchen mit Chutney, Zwiebelringen und Salat servieren.

★ 2 EL Olivenöl
★ 1 große Zwiebel, fein gehackt
★ 2 Karotten, fein gerieben
★ 1 Kartoffel, fein gerieben
★ 1 kleine Dose (250 g) Kidneybohnen, abgegossen, abgespült und zerdrückt
★ 1 EL Tomatenmark
★ 1 EL Tomatenketchup
★ 1 Knoblauchzehe, fein gehackt
1 Prise Kräuter der Provence
★ 1 TL Sojasauce
1 Prise Salz
schwarzer Pfeffer
★ 1 Ei, verquirlt
★ 2 EL Vollkornsemmelbrösel

Kartoffelbratlinge mit Frühlingszwiebeln

Ergibt 6 Stück

• Frühlingszwiebeln waschen und in kochendem Wasser weich kochen. Abgießen und fein hacken. Eier, Muskat, Brotkrümel, Kartoffelpüree, Salz und Pfeffer gründlich mischen. Die Frühlingszwiebeln unterrühren. Zu 6 Bratlingen formen.
• Etwas Öl in einer großen Pfanne erhitzen. Die Bratlinge darin auf jeder Seite 3–5 Minuten goldbraun braten. Mit Eisbergsalat, Zwiebelringen, Tomatenscheiben und Chutney servieren.

★ 12 Frühlingszwiebeln
★ 2 Eier, leicht verquirlt
★ 1 kräftige Prise geriebener Muskat
2 Scheiben Vollkornbrot, ohne Rinde, zerkrümelt
★ 375 g kaltes Kartoffelpüree
Meersalz und schwarzer Pfeffer
★ Sonnenblumenöl, zum Braten

Rinderfrikadellen

Ergibt 4 große oder 6 mittelgroße Frikadellen

• Etwas Öl in einer Pfanne erhitzen. Zwiebel darin glasig dünsten. Hackfleisch, Karotten, Semmelbrösel und Kräuter in eine Schüssel geben. Die Zwiebel zufügen und alles gut mischen. Zu 4 bzw. 6 Frikadellen formen.
• Die Frikadellen leicht mit Mehl bestäuben und in derselben Pfanne wie die Zwiebeln (bei Bedarf etwas mehr Öl hineingeben) auf jeder Seite 3–4 Minuten braten.
• Die Frikadellen schmecken warm und kalt. Mit einem Salat als Beilage oder in einem Hamburgerbrötchen mit Zwiebelringen, knackigem Eisbergsalat und Ketchup servieren.

★ Pflanzenöl, zum Braten
★ 1 große Zwiebel, fein gehackt
★ 375 g Kamm- oder Schulterfleisch vom Rind, ohne Fettränder, durchgelassen
★ 250 g Karotten, fein gerieben
1 EL Vollkorn-Semmelbrösel
★ 1 EL frisch gehackte Minze
★ 1 EL frisch gehackte Petersilie
Mehl, zum Bestäuben

Kidneybohnen auf indische Art

Für 2 Personen

Dieses köstliche Gericht schmeckt besonders gut mit Basmati-Reis. Man kann es natürlich auch mit getrockneten Bohnen zubereiten: Diese über Nacht einweichen, dann 10 Minuten sprudelnd kochen und weitere 20 Minuten köcheln lassen — was für berufstätige Eltern aus Zeitgründen problematisch sein könnte.

• Butter in einer gusseisernen Pfanne zerlassen. Zwiebel darin glasig dünsten. Knoblauch und Paprika zufügen und bei mittlerer Hitze braten, bis die Paprika weich ist (aufpassen, dass der Knoblauch nicht verbrennt). Bohnen mit der Hälfte ihrer Flüssigkeit, Koriander, Garam Masala und Salz zufügen. Abgedeckt 5 Minuten köcheln lassen.

★ 3 EL Butter
★ 1 Zwiebel, gehackt
★ 1 Knoblauchzehe, gehackt
★ 1 grüne Paprika, entkernt und gewürfelt
★ 1 Dose (400 g) Kidneybohnen
★ 1–2 EL frisch gehackter Koriander
1 TL Garam Masala
Salz

Mozzarella-Pizza

Ergibt 2 Stück

Zum Tiefkühlen die Pizza zunächst kurz unverpackt einfrieren und erst dann einwickeln und tiefkühlen — der Belag klebt so nicht an der Folie. Sie können die Pizza direkt aus dem Gefrierschrank backen, in diesem Fall die Backzeit aber um 7 Minuten verlängern.

• Für den Boden beide Mehlsorten, Salz und Hefe in einer trockenen, vorgewärmten Schüssel mischen. In die Mitte eine Vertiefung drücken, Wasser und Olivenöl hineingeben und zu einem Teig verarbeiten. Den Teig auf einer leicht bemehlten Arbeitsfläche 3 Minuten kneten. In eine saubere, vorgewärmte Schüssel legen und mit Klarsichtfolie oder einem Geschirrtuch abgedeckt an einem warmen Ort 2 Stunden gehen lassen.

• Unterdessen die Tomatensauce für den Belag zubereiten. Öl in einem Topf erhitzen. Zwiebel und Knoblauch darin bei schwacher Hitze glasig dünsten. Tomaten und Majoran bzw. Oregano zufügen. Die Tomaten mit der Rückseite eines Holzlöffels grob zerdrücken. Die Sauce leicht einkochen lassen.

• Backofen auf 190 °C vorheizen. Den Teig aus der Schüssel nehmen, halbieren und beide Teile zu 30 cm großen Kreisen ausrollen. Auf zwei eingeölte Pizzableche legen und mit Öl bestreichen. Mozzarellascheiben darauf verteilen und die Tomatensauce darüber geben. Mit geriebenem Käse bestreuen. Ca. 20 Minuten backen.

Für den Boden:

250 g Weißmehl
★ 250 g Vollkornmehl
2 TL Salz
2 Päckchen (je 7 g) Trockenhefe
300 ml lauwarmes Wasser (100 ml kochend, 200 ml kalt)
★ 4 EL Olivenöl

Für den Belag:

★ 2 EL Olivenöl
★ 1 Zwiebel, fein gehackt
★ 1 Knoblauchzehe, zerdrückt
★ 1 kleine Dose (250 g) Tomaten
★ frischer Majoran oder 1 kräftige Prise getrockneter Oregano
★ 100 g Mozzarella oder anderer schnittfester Weichkäse, in Scheiben geschnitten
★ 2 EL geriebener Cheddar oder anderer Hartkäse

Desserts

Zu **Süßspeisen** braucht man kein Kind zu überreden. Und wenn Sie eines dieser **verlockenden** Rezepte auswählen, erhalten Ihre Kinder ein Dessert, das ihnen schmeckt und zugleich **gesunde Nährstoffe** enthält.

Schokoladenfondue

★ Fitmacher

Für 4 Personen

Verwenden Sie für dieses Fondue die Lieblingsobstsorten Ihrer Kinder — z. B. Äpfel, Birnen, Weintrauben, Erdbeeren, Pfirsiche, Mandarinen, Ananas, Bananen oder Melone und möglichst Bio-Schokolade. Sie benötigen Fonduegabeln oder Holzspieße.

- Obst ggf. in Stücke schneiden und in einer Schale oder auf einer großen Platte anrichten.
- Schokolade in Stücke brechen und im Wasserbad schmelzen. Die flüssige Schokolade in einem Fonduetopf oder über einem Teelicht warm halten und die Kinder Obststücke nach Wahl hineintauchen lassen.

★ frisches Obst, gewaschen und 2–3 Stunden kalt gestellt

250–300 g Edelbitterschokolade (mindestens 70 % Kakaoanteil)

Abbildung rechts

Französischer Obstkuchen

Für 6 Personen

- Backofen auf 220 °C vorheizen. Eine Quicheform mit herausnehmbarem Boden (Ø 32 cm oder 25 cm x 33 cm) leicht einfetten. Die Früchte waschen, trocken tupfen, halbieren und entsteinen.
- Den Teig auf einer leicht bemehlten Arbeitsfläche ausrollen und die Form damit auslegen. Die vorbereiteten Früchte mit der Schnittfläche nach unten auf den Teig legen.
- Eier in einer Schüssel verquirlen. Crème fraîche und Zucker unterrühren. Die Mischung über das Obst geben. Mit zusätzlichem Vanillezucker bestreuen.
- Im Ofen ca. 30 Minuten goldgelb backen.

★ 8 große reife Pflaumen, Aprikosen, Renekloden oder kleine Pfirsiche

250 g Blätterteig, ggf. aufgetaut

★ 2 Eier

★ 200 ml Crème fraîche

2 EL Vanillezucker, plus zusätzlich zum Bestreuen

Sommerdessert

★ Fitmacher

Für 4 Personen

Im Original wird dieses Dessert mit Weißbrot und viel Raffinadezucker zubereitet. Doch es schmeckt ebenso gut mit Vollkornbrot, und das fruchtige Aroma der Beeren kommt noch besser zur Geltung, wenn es nicht von Zucker übertrumpft wird. Nach Wunsch können Sie sogar noch weniger Zucker verwenden. Das Dessert mindestens 6 Stunden im Voraus zubereiten.

- Beeren waschen und Johannisbeeren von den Stielen lösen. Alle Beeren mit Zucker in einem großen Topf auf kleiner Stufe 2–3 Minuten erhitzen, bis der Zucker schmilzt und sich Saft bildet. Beiseite stellen.
- Eine mittelgroße kugelförmige Schüssel (z. B. für Eisbomben) mit 5 Brotscheiben auslegen, so dass keine Lücken bleiben. Die Beerenmischung hineingeben, dabei ca. 125 ml Saft zurückbehalten. Mit der letzten Brotscheibe abdecken. Einen Teller darauf legen, beschweren und mindestens 6 Stunden kalt stellen.
- Das Dessert vor dem Servieren auf eine Platte stürzen. Den restlichen Saft darüber geben und mit etwas Crème fraîche oder Sahne-Naturjoghurt servieren.

★ 375 g Himbeeren
★ 175 g rote Johannisbeeren
★ 60 g schwarze Johannisbeeren
60 g brauner Zucker
★ 6 dünne Scheiben Vollkornbrot, ohne Rinde
★ Crème fraîche oder Sahne-Naturjoghurt, zum Servieren

Gestürzter Obstkuchen

Für 4 Personen

- Backofen auf 180 °C vorheizen. Eine runde Kuchenform (Ø 23 cm) leicht buttern.
- 125 g Butter und Zucker schaumig schlagen. Eier einzeln zufügen und gut unterrühren. Mehl und Backpulver unterheben.
- Die restliche Butter zerlassen und in die vorbereitete Form geben. Gleichmäßig den braunen Zucker darüber streuen. Die Obststücke in einem Blumenmuster darauf anordnen und mit Kirschen verzieren, dabei möglichst keine Lücken lassen.
- Den Teig über das Obst geben und glatt streichen. Im Ofen 45 Minuten backen, bis ein in die Mitte gesteckter Spieß herausgezogen werden kann, ohne dass noch Teigreste daran haften. Den Kuchen auf eine Platte stürzen. Noch warm mit Schlagsahne, Quark oder Vanilleeis servieren.

★ 150 g weiche Butter
125 g Zucker
★ 2 Eier
125 g Mehl, gesiebt
1 TL Backpulver
60 g brauner Zucker
★ 400 g frisches Obst, z. B. Ananas, Aprikosen oder Birnen, nach dem Schälen gewogen, in Stücke geschnitten
★ einige Kirschen
★ Schlagsahne, Quark oder Vanilleeiscreme, zum Servieren

Gewürzkuchen

Für 4 Personen

• Backofen auf 180 °C vorheizen. Eine hohe Auflaufform (1¼ l Fassungsvermögen) leicht buttern.
• Mehl, Backpulver, Zimt, Muskat, Ingwer, Natron und Zucker in eine Schüssel sieben, die Kleie aus dem Sieb ebenfalls zufügen. Ei unterrühren.
• Butter in einem kleinen Topf zerlassen. Sirup zufügen und erwärmen. Zur Mehlmischung geben, Milch zufügen und mit einem Schneebesen gründlich verrühren. Sultaninen und Ingwer unterziehen.
• Den Teig in die vorbereitete Form geben. Im Ofen 30-35 Minuten backen. Der Kuchen darf ruhig in der Mitte leicht zusammenfallen — das Kernstück wird so besonders saftig.
• Heiß mit kalter Schlagsahne servieren. Nach Wunsch etwas Sirup von dem eingelegten Ingwer unter die Schlagsahne ziehen.

★ 125 g Vollkornmehl
1 TL Backpulver
★ 2 TL Zimt
★ ½ TL geriebener Muskat
★ 1 TL gemahlener Ingwer
1 TL Natron
125 g dunkelbrauner Zucker
★ 1 Ei
★ 60 g Butter
★ 90 g Sirup
★ 300 ml Milch
★ 60 g Sultaninen
★ 4 Stücke eingelegter Ingwer, gehackt (nach Wunsch mehr)
★ Schlagsahne, zum Servieren

Brombeer-Apfelauflauf

Für 4 Personen

• Backofen auf 180 °C vorheizen. Eine Auflaufform gut buttern.
• Äpfel schälen, entkernen und in Scheiben schneiden. Brombeeren waschen. Beide Obstsorten in die Auflaufform geben. Mit Zucker bestreuen und mit Zitronensaft beträufeln.
• Für die Streusel Mehl und Zucker in eine Schüssel geben. Butter zufügen und mit den Fingerspitzen einarbeiten. Nüsse untermischen. Die Streusel über das Obst streuen.
• Auf einem Backblech im Ofen 45-60 Minuten backen, bis die Streusel leicht knusprig sind.

★ 500 g Äpfel
★ 500 g Brombeeren
1 EL brauner Zucker
★ 1 TL Zitronensaft

Für die Streusel:

★ 175 g Vollkornmehl
90 g brauner Zucker
★ 90 g Butter, gewürfelt
★ 90 g gemischte Nüsse, gehackt

Pfannkuchen

★ Fitmacher

Ergibt ca. 8 Stück

Pfannkuchen sind ein Spaß für die ganze Familie: Das Wenden durch Hochwerfen gehört zu den lustigsten Küchenaktivitäten. Schon kleine Kinder können erfolgreich Pfannkuchenteig rühren und backen.

- Eier leicht verquirlen. Mehl, Zucker und Milch unterrühren. Im Kühlschrank mindestens 30 Minuten (oder bis zu 24 Stunden) ruhen lassen.
- Zum Backen etwas Butter in einer kleinen Omelettpfanne zerlassen. Wenn die Butter schäumt, etwa 4 EL Teig in die Pfanne geben und ca. 1 Minute backen, bis an der ganzen Oberseite Bläschen zu sehen sind. Wenden und die andere Seite ebenfalls 1 Minute backen. Die Pfannkuchen im Ofen warm halten, bis alle gebacken sind, oder direkt aus der Pfanne verteilen.
- Mit verschiedenen Beigaben servieren, z. B. Zitronensaft, Zucker, Apfelmus, Erdbeeren oder Himbeeren (einige Minuten gedünstet, bis sich Saft bildet), zuckerfreiem Fruchtmus oder Eiscreme.

★ 3 Eier
★ 150 g Vollkornmehl
1 TL brauner Zucker
★ 250 ml Milch
★ Butter, zum Backen

Milchreis

Für 4 Personen

Dieser Milchreis ist bei allen Kindern beliebt — und kein Vergleich zu Fertigprodukten aus der Tüte oder dem Kühlregal. Er liefert gute Kalorien und ist eine exzellente Kalziumquelle. Servieren Sie ihn z. B. mit Kompott, Apfelmus oder Johannisbeergelee.

- Backofen auf 150 °C vorheizen. Eine Auflaufform mit ein wenig Butter einfetten.
- Reis, Milch und Zucker in die Form geben und gut verrühren. Die restliche Butter in Flöckchen darauf setzen. Mit Muskat bestreuen.
- Im Ofen 15 Minuten backen, dann vorsichtig umrühren. Nochmals 15 Minuten backen und erneut umrühren. Weitere 1½ Stunden backen, bis sich eine knusprig braune Haut gebildet hat.

★ 50 g Butter
★ 3 EL Milchreis
★ 600 ml Vollmilch
2 EL brauner Zucker
★ 1 Prise frisch geriebener Muskat

Apfelmus mit Mascarpone

Für 4 Personen

Diese köstliche Variante des klassischen Apfelmuses enthält dank des Mascarpones auch eine gute Portion Eiweiß und Kalzium. Je nach Geschmack Ihrer Kinder können Sie auch einen Zweig Minze, einige Nelken oder beides mit den Äpfeln mitdünsten.

- Wasser und Zucker in einem Topf erhitzen, bis sich der Zucker aufgelöst hat.
- Apfelscheiben zufügen und bei schwacher Hitze köcheln lassen. Wenn sie zu einem Mus zerfallen sind, den Mascarpone unterziehen.
- In Portionsschalen füllen und kalt stellen.

4 EL Wasser
30 g Zucker
★ 500 g Kochäpfel, z. B. Boskoop, geschält, entkernt und in Scheiben geschnitten
★ 250 g Mascarpone

Backpflaumenschnee

Für 4 Personen

Dieses einfache Dessert ist reich an Antioxidanzien und Ballaststoffen und enthält auch etwas Eisen.

- Backpflaumen in eine Schüssel geben, mit kochendem Wasser bedecken und über Nacht einweichen. Dann die Pflaumen entsteinen und grob hacken.
- Die restlichen Zutaten in einer Schüssel steif schlagen. Die Pflaumen unterziehen und 2 Stunden kalt stellen. Probiotischen Naturjoghurt mit Piment und nach Wunsch etwas Schale von der zweiten Zitrone verrühren und zum Pflaumenschnee reichen.

★ 500 g Backpflaumen
★ Saft von 2 unbehandelten Zitronen
★ Schale von 1 Zitrone
50 g brauner Zucker
★ 3 Eiweiß von garantiert salmonellenfreien Eiern aus Freilandhaltung (da sie nicht erhitzt werden)
★ Joghurt und Piment, zum Servieren

Getränke

Kinder müssen viel trinken. Flüssigkeit beugt Mangelerscheinungen und Problemen wie Verstopfung vor. Vermeiden Sie aber zucker- und koffeinhaltige Erfrischungsgetränke. Bereiten Sie stattdessen mit einem Entsafter oder Mixer folgende köstliche Getränke zu.

Karotten-Kiwi-Saft

Für 1–2 Personen

Abbildung oben

Kinder lieben diesen Saft. Schon ein Glas stärkt die Abwehrkräfte und verbessert die Leistung des Gehirns.

• Alle Zutaten mit dem Entsafter zu einem aromatischen Saft verarbeiten.

★ 4 Karotten
★ 1 Apfel, geviertelt
★ 1 Kiwi

Beerenwonne

Für 1–2 Personen

Abbildung Mitte

Dieses energiereiche Getränk versorgt Ihre Kinder mit viel Vitamin C und zahlreichen pflanzlichen Schutzstoffen, die das Immunsystem stärken und Krebs vorbeugen.

• Alle Zutaten im Mixer zu einem glatten Getränk verquirlen.

★ 150 g probiotischer Naturjoghurt
★ 300 ml Milch (Vollmilch für Kinder unter 5 Jahren)
★ frische oder tiefgekühlte Beeren — eine Mischung oder nur eine Sorte, z. B. Erdbeeren, Heidelbeeren, Himbeeren, schwarze Johannisbeeren
1 Hand voll Eiswürfel

Kokostraum

Für 2 Personen

Abbildung unten

Ältere Kinder lieben das tropische Aroma dieses nahrhaften Getränks. Auf Grund seines hohen Kalziumgehalts und der östrogenähnlichen Stoffe in der Sojamilch ist es besonders für Mädchen wertvoll.

• Alle Zutaten im Mixer zu einem glatten Getränk verquirlen.

★ 300 ml Sojamilch
150 ml Kokosmilch
★ 150 g probiotischer Naturjoghurt, tiefgekühlt
★ ½ TL gemahlener Zimt
★ ¼ TL gemahlene Nelken
1 Hand voll Eiswürfel

Birnen-Power

Für 1–2 Personen

Der Nährwert einer reifen Birne ist unschlagbar. Dieses Getränk enthält viel natürlichen Zucker — eine ideale Quelle für sofort verfügbare Energie.
• Alle Zutaten mit dem Entsafter zu einem aromatischen Saft verarbeiten.

★ 4 Birnen, geviertelt
★ 2 Scheiben frische Ananas
★ 2 Äpfel, geviertelt
★ 12 Weintrauben, blau oder weiß

Gemüsesaft

Für 1–2 Personen

Dieser gesunde Saft belebt mit seinen vielen Mineralstoffen erschöpfte Muskeln und erfrischt mit seinem hohen Gehalt ätherischer Basilikumöle müde Geister.
• Tomaten, Karotte, Sellerie und Basilikum mit dem Entsafter zu Saft verarbeiten. Zitronensaft, Worcestersauce und Pfeffer unterrühren.

★ 4 große reife Flaschentomaten
★ 1 Karotte, grob zerkleinert
★ 1 Selleriestange
★ 1 Hand voll Basilikumblätter
★ Saft von ½ Zitrone
1 Spritzer Worcestersauce
etwas schwarzer Pfeffer

Erdnuss-Apfelsaft

Für 1–2 Personen

Dieser bei Kindern sehr beliebte Saft ist ein wertvoller Energiespender, insbesondere vor länger andauernder körperlicher Aktivität: Denn der Fruchtzucker aus den Äpfeln liefert sofort verfügbare Kalorien, während die Energie aus den Bananen erst nach und nach freigesetzt wird. Verwenden Sie eine Erdnussbutter ohne Zuckerzusatz und mit möglichst wenig Salz.
• Äpfel mit dem Entsafter zu Saft verarbeiten. Apfelsaft, Bananen und Erdnussbutter im Mixer verquirlen.

★ 6 Äpfel, geviertelt
★ 2 Bananen
★ 1 EL Erdnussbutter ohne Stückchen

Dschungelshake

Für 1–2 Personen

• Mango und Passionsfrüchte mit dem Entsafter zu Saft verarbeiten. Im Mixer mit Naturjoghurt und Vollmilch verquirlen.

1 Mango, geschält und entsteint
2 Passionsfrüchte, Fruchtfleisch und Kerne aus der Schale gelöst
★ 150 g probiotischer Naturjoghurt, tiefgekühlt
★ 300 ml Vollmilch

Schwarzer Trunk

Für 1–2 Personen

Backpflaumen sind vor allem für ihre sanfte abführende Wirkung bekannt, doch auf Grund ihres hohen Kaliumgehalts sind sie auch gut für den Blutdruck.
• Äpfel und Birnen mit dem Entsafter zu Saft verarbeiten. Pflaumen im Mixer pürieren, dann Apfel-Birnensaft, Lecithin und Sirup zufügen und alles verquirlen.

★ 4 Äpfel, geviertelt
★ 4 reife Birnen, geviertelt
★ 6 Backpflaumen, eingeweicht und entsteint
2 TL Lecithin-Granulat
2 TL Sirup

Limonade

Für 4–6 Personen

★ 6 unbehandelte Zitronen
500 g Zucker
1,2 l Wasser

Vermeiden Sie die Zusatz-, Aroma- und Farbstoffe der kommerziellen Erfrischungsgetränke, indem Sie Ihre eigene Limonade herstellen.

- Zitronen dünn schälen. Die geschälten Früchte auspressen. Zucker und Saft in eine Schüssel geben.
- Die Zitronenschale und das Wasser in einem Topf zum Kochen bringen und 3 Minuten köcheln lassen. Die Flüssigkeit (ohne Schale) zum Saft zufügen und verrühren, bis sich der Zucker aufgelöst hat.
- In eine gut schließende Flasche füllen und im Kühlschrank aufbewahren. Zum Trinken den Sirup nach Geschmack mit eiskaltem Wasser verdünnen.

Sesam-Joghurtshake

Für 1–2 Personen

★ 300 g probiotischer Naturjoghurt
★ 1 EL Tahini (Sesampaste)
1 Hand voll Eiswürfel
★ 1 TL Sesamkörner

Dieser kalzium- und energiereiche Shake ist eine ausgezeichnete Stärkung nach einem langen Schultag.

- Joghurt, Tahini und Eiswürfel im Mixer zu einem glatten Getränk verquirlen. In Gläser füllen und mit Sesamkörnern bestreut servieren.

Tropenwonne

Für 1–2 Personen

1 Mango, geschält und entsteint
★ 1 Ananas, Blätter entfernt, in Stücke geschnitten
★ 1 Stück (2½ cm) frischer Ingwer
★ 1 Limette, geschält und in Scheiben geschnitten
★ 150 g probiotischer Naturjoghurt
1 Hand voll Eiswürfel

- Mango, Ananas, Ingwer und Limette mit dem Entsafter zu Saft verarbeiten. Saft mit Joghurt und Eiswürfeln im Mixer verquirlen.

Vitamin-B-Cocktail

Für 1–2 Personen

★ 6 Tomaten, geviertelt
★ 2 Selleriestangen, klein geschnitten
★ 1 Hand voll Petersilie, mit Stielen
★ 150 g probiotischer Naturjoghurt
★ 125 g Hüttenkäse
2 TL Bierhefe
Worcestersauce, nach Geschmack

Dieses köstliche Getränk versorgt Ihre Kinder mit einer guten Portion B-Vitamine.

- Tomaten, Sellerie und Petersilie mit dem Entsafter zu Saft verarbeiten, dann mit den übrigen Zutaten im Mixer verquirlen.

Gesund und schnell

Sie haben sich **verspätet** und die Zeit reicht nicht mehr für das geplante Essen? Ihre Kinder sind gerade überraschend mit **hungrigen Freunden** aufgetaucht? Die Pizzeria war **voll?** Oder die ganze Familie kommt **ausgehungert** vom Tagesausflug zurück? Kühlschrank, Vorratsregal und Gefrierschrank sind gut gefüllt, aber es fehlt an spontanen Ideen?

Im Folgenden finden Sie zahlreiche Vorschläge für derartige Situationen. Sie reichen von einfachen Snacks bis hin zu vollständigen Mahlzeiten, inklusive einiger rascher Desserts. Alle Gerichte sind unkompliziert, für manche ist noch nicht einmal ein Rezept erforderlich. Andere sind im Rezeptteil beschrieben — ein Verweis bringt Sie schnell auf die richtige Seite. Tiefgekühlte Kräuter zeigen in solchen Situationen ihre wahre Stärke: 1 TL Schnittlauch oder Petersilie aus dem Eisfach macht oft optisch und geschmacklich einen Riesenunterschied. Wenn Sie zudem Erbsen, Brokkoli, Bohnen oder Spinat im Gefrierschrank haben, können Sie im Handumdrehen aus einem Snack eine gesunde Mahlzeit machen.

Weiße Bohnen in Tomatensauce: Auf Toast mit frischen Tomatenscheiben belegt.

Überbackene Bohnen: Backofen auf 200 °C vorheizen. 1 Dose weiße Bohnen oder Kidneybohnen gut abspülen. Etwas Öl in einem Topf erhitzen. Bohnen hineingeben und auf kleinster Stufe abgedeckt 5 Minuten erhitzen. Dicke Vollkornbrotscheiben oder aufgeschnittene Vollkornbrötchen auf ein Blech legen, mit etwas nativem Olivenöl beträufeln und mit ein wenig Senf bestreichen. Die Bohnen darüber geben, mit Tomatenscheiben belegen und mit geriebenem Käse bestreuen. 10 Minuten im Ofen überbacken.

Bohnen mit Zwiebeln: 1 Stück Butter in einem Topf zerlassen. 1 Zwiebel in Spalten schneiden und darin glasig dünsten. 1 Spritzer Zitronensaft und 1 Dose Bohnen in Tomatensauce zugeben. Umrühren, herunterschalten und abgedeckt erhitzen. Schwarzen Pfeffer und Petersilie unterrühren und auf gebuttertem Vollkorntoast servieren.

Tunfisch-Bohnensalat: Tunfisch aus der Dose in Stücke teilen und mit gut abgespülten weißen Bohnen (oder Wachtel- oder Kidneybohnen) mischen. Mit reichlich Olivenöl, Zitronensaft, Pfeffer und etwas Salz anmachen. Den Salat mit Zwiebelringen, Tomatenscheiben und Petersilie oder Schnittlauch garnieren.

Tunfisch-Kartoffelsalat: Kleine neue Kartoffeln kochen, schälen und in eine Schüssel geben. Zerteilten Tunfisch aus der Dose, Zwiebelringe und nach Wunsch einige schwarze Oliven zufügen. Olivenöl, Zitronensaft, schwarzen Pfeffer, gehackten Knoblauch, Mayonnaise und etwas Sardellenpaste gut verrühren und über die noch heißen Kartoffeln geben. Vorsichtig umrühren.

Tunfisch-Eier: Pro Person 1 Ei hart kochen. Die geschälten und halbierten Eier auf eine Platte legen. 1 Dose Tunfisch gut abtropfen lassen, mit Mayonnaise mischen und über die Eier geben. Mit knusprigem Brot servieren.

Tunfisch-Maissalat: Tiefgekühlten Mais in einem Topf mit Wasser bedecken, zum Kochen bringen, 2–3 Minuten köcheln lassen, dann abgießen. Klein geschnittene Tomaten, Rote Beten, gehackte Frühlingszwiebeln und etwas Tunfisch aus der Dose untermischen. Olivenöl, Zitronensaft, Salz, Pfeffer, 1 TL Senf und 1 EL Mayonnaise verrühren. Über den Salat geben und umrühren.

Italienisches Vollkornbrötchen: Brötchen halbieren, toasten und die Schnittflächen mit etwas Olivenöl beträufeln. Mit leicht gesalzenen, gepfefferten Fleischtomatenscheiben und mit Mozzarellascheiben belegen. Mit etwas Pesto bestreichen.

Pizzabrot: Aufgeschnittene Vollkornbrötchen, dicke Vollkornbrotscheiben, Vollkorn-Pitabrote oder Mehrkornbaguettes auf einer Seite toasten. Die nicht getoastete Seite mit Olivenöl beträufeln, mit Tomatenscheiben belegen und mit Oregano und etwas Pfeffer würzen. Gouda darüber reiben und unter dem Grill überbacken.

Überbackener Pilztoast: Mit Champignons, Hartkäse und Frühstücksspeck (siehe S. 153).

Überbackener Pilztoast mit Apfelspalten: Mit pikantem Käse, Crème fraîche und Äpfeln (siehe S. 155).

Brotauflauf: Backofen auf 220 °C vorheizen. Für 4 Personen 4 Scheiben Vollkornbrot buttern und in Quadrate schneiden. 1 Zwiebel fein hacken. 175 g Hartkäse reiben. Eine Auflaufform buttern, eine Schicht Brot auf den Boden legen und je die Hälfte Zwiebel und Käse darüber streuen. Den Schichtvorgang wiederholen. 4 Eier und 600 ml Milch verquirlen, mit Salz und Pfeffer würzen und über den Auflauf geben. Ca. 30 Minuten goldbraun backen.

Kohlsalat: 1 Stück Weißkohl, einige Karotten und 1 knackigen Apfel in feine Streifen schneiden. Mayonnaise mit etwas Olivenöl und 1 Spritzer Zitronensaft verdünnen. Den Salat damit anmachen und mit Petersilie oder Schnittlauch garnieren.

Milde Käsewürfel (z. B. Gouda, Butterkäse, Emmentaler oder Cheddar): Ergeben zusammen mit Haferecken (siehe S. 158), einem Glas Milch und einem Apfel ein schnelles Abendessen, das auch kleinen Kindern schmeckt.

Eier: Eine gute Grundlage für viele nahrhafte Snacks. Man kann damit Spiegeleier, Rühreier oder Omeletts bereiten oder sie einfach kochen und Toaststreifen hineintauchen — besonders bei Kindern beliebt.

Gemüseomelett: Ein ausgezeichnetes Schnellgericht, das zusammen mit einem gemischten grünen Salat eine vollwertige Mahlzeit ergibt (Rezept siehe S. 145).

Eier-Spinat-Auflauf: Backofen auf 200 °C vorheizen. Pro Person 1 Ei hart kochen. 1 Paket Tiefkühlspinat auftauen, 1 Stück Butter und 1 kräftige Prise Muskat unterrühren. In eine Auflaufform geben. Eier längs halbieren und auf den Spinat setzen. Mit weißer Sauce (siehe unten) übergießen, mit geriebenem Käse bestreuen und 10–15 Minuten backen.

Für eine weiße Sauce für 4 Personen 300 ml Milch erhitzen. 2 EL Butter in einem beschichteten Topf zerlassen und 2 EL Vollkornmehl (oder halb Vollkornmehl, halb Weißmehl) darin anschwitzen. Milch nach und nach zugießen und jeweils glatt rühren. 2 EL geriebenen Hartkäse, 1 gehäuften TL Dijon-Senf und etwas Pfeffer unterziehen. Herunterschalten und unter gelegentlichem Rühren 5–10 Minuten köcheln lassen.

Kartoffelomelett: Eine einfachere Version der spanischen Tortilla. 2–3 Kartoffeln schälen, reiben, abspülen und gut trocken tupfen. 3–4 Eier verquirlen. 1 EL Milch, die geriebenen Kartoffeln, gehackte Petersilie oder Schnittlauch sowie Salz und Pfeffer unterrühren. Etwas Butter in einer beschichteten Pfanne zerlassen. Die Eimischung hineingeben, herunterschalten und abgedeckt 10 Minuten backen. Das Omelett wenden und die andere Seite kurz backen. Mit einem gemischten Salat oder grünem Gemüse servieren.

Ofenkartoffeln: Wenn die Zeit nicht drängt, für je 2 Personen 1 große Kartoffel rundherum mit einer Gabel einstechen und bei 220 °C im Ofen bis zu 1 Stunde backen (sollte sich auf Druck weich anfühlen). Die Kartoffel längs halbieren und aushöhlen. Das Innere mit etwas Butter, Milch oder Frischkäse zerdrücken und zurück in die Schale füllen. In die Mitte jeder Hälfte eine Vertiefung drücken, 1 Ei hineinschlagen, mit geriebenem Käse bestreuen und im Ofen backen, bis der Käse goldbraun und das Ei gestockt ist.

Gekochter Reis: Gut für Pfannengerichte. In Scheiben bzw. Würfel geschnittenes Gemüse wie z. B. Karotten, Zwiebeln, Lauch, Kohl, Zucchini oder Tomaten in einem Wok anbraten. Den kalten gekochten Reis und 250 ml heiße Gemüsebrühe zugeben und abgedeckt 20 Minuten köcheln lassen.

Reiskroketten: Gekochten Reis, geriebenen Käse, gehackte Petersilie und 1 verquirltes Ei mischen. Die Masse zu Kroketten formen, in Mehl wenden und goldbraun braten.

Würstchen mit Kartoffeln: Einige geschälte Kartoffeln in Salzwasser weich kochen. Unterdessen die Bratwürstchen grillen. In einer Pfanne etwas Olivenöl erhitzen. Einige Zwiebeln in dicke Ringe schneiden und darin goldgelb braten. Die Kartoffeln und Würstchen in Stücke schneiden und mit den Zwiebelringen in einer Schüssel mischen. Noch etwas Öl in die Pfanne geben, 1 TL Senf und 1 Schuss Essig zufügen, in der Pfanne schwenken und dann über die Kartoffeln und Würstchen geben. Klein geschnittener Stangensellerie würde ebenfalls gut dazu passen.

Hüttenkäse: Eine gute Grundlage für Abendessen an heißen Sommertagen. Als Variante des griechischen Bauernsalats Gurken-, Tomaten- und Paprikastücke, Zwiebelringe und schwarze Oliven mit Hüttenkäse mischen und mit reichlich Olivenöl, Zitronensaft, frischen Kräutern, Salz und Pfeffer anmachen. Mit **Fetakäse** erhalten Sie die griechische Originalversion.

Nudeln: Der Klassiker des gesunden »Fast Food« erfreut sich unverminderter Beliebtheit. Auf den Seiten 176–177 finden Sie eine Auswahl exzellenter Nudelsaucen, u. a. eine schnelle Tomatensauce, die auch im Voraus zubereitet und mehrere Tage im Kühlschrank aufbewahrt werden kann.

Sahne-Naturjoghurt: Für gesunde Desserts ohne großen Aufwand. Beispielweise gehobelte Mandeln oder gehackte Nüsse und etwas flüssigen Honig unterrühren. Oder etwas püriertes Obst, einige zerdrückte Erdbeeren bzw. Himbeeren oder 1 EL zuckerfreien Fruchtaufstrich unterziehen. Oder 1 Paket Waldbeeren auftauen, erhitzen, einige Pfirsich- oder Nektarinenstücke (oder anderes Obst der Saison) zufügen und mit je 1–2 EL Joghurt servieren.

Im Sommer ergibt **Hüttenkäse** erfrischende Desserts: Mit etwas fein geriebener Orangenschale und Orangensaft mischen und mit frischem Obst wie z. B. Pfirsich- oder Nektarinenstücken, einigen Erdbeeren oder Weintrauben servieren.

Pfannkuchen: Nicht nur ein köstliches Dessert, sondern oftmals auch ein lebhaftes Familienereignis. Auf S. 190 finden Sie ein gutes Grundrezept und verschiedene Serviervorschläge.

Bratapfelringe: Bei Groß und Klein gleichermaßen beliebt. Äpfel entkernen, in Ringe schneiden und in einer dicken Schicht in eine große gebutterte Form legen. Mit dem Saft einiger Zitronen beträufeln, mit etwas braunem Zucker bestreuen und einige Butterflöckchen darauf setzen. 1 EL Apfelsaft, Weißwein oder Wasser zugeben und bei 220 °C backen, bis die Apfelringe weich und goldgelb sind. Die Apfelringe mit probiotischem Naturjoghurt oder frischer Sahne servieren.

Spezielle Probleme

Die Qualität der Ernährung sollte zur Gesundheit beitragen, kann leider aber auch zu einer Anfälligkeit für nahrungsbedingte Funktionsstörungen führen. Während ungeeignete Lebensmittel Ursache für Ess-Störungen sein können, bringt eine Umstellung auf eine gesündere Ernährung oftmals Linderung.

Ernährung & Krankheit

Die Zutaten für eine **gesunde** und **wohlschmeckende** Ernährung waren für Familien noch nie so **leicht erhältlich** wie heutzutage. In jedem Supermarkt gibt es eine Fülle **exzellenter Fitmacher** aus aller Herren Länder. Trotzdem nehmen ernährungsbedingte Probleme bei Kindern kontinuierlich zu.

Dies liegt u. a. daran, dass Millionen von Kindern in der westlichen Welt eine zu einseitige Ernährung erhalten, die vorwiegend aus fett- und zuckerreichen Fertiglebensmitteln besteht. Diese liefern reichlich Kalorien, aber viel zu geringe Mengen der Nährstoffe, die heranwachsende Kinder benötigen. Ein Mangel an B-Vitaminen und Mineralstoffen wie Zink, Magnesium und Eisen kann nicht nur das normale Wachstum, sondern auch das Nervensystem und wichtige Gehirnfunktionen beeinträchtigen.

Diese Mangelerscheinungen werden bei Kindern immer häufiger, wobei insbesondere in den unteren Einkommensschichten eine deutliche Zunahme von Anämie (verursacht durch Eisenmangel), Skorbut (durch Vitamin-C-Mangel) und Rachitis (durch Vitamin-D-Mangel) zu verzeichnen ist.

Ernährungsbedingte Funktionsstörungen

Eltern sehen sich heute einer Vielzahl durch die Ernährung bedingter neuer Funktionsstörungen gegenüber, für die es keine schnelle medizinische Hilfe und oftmals auch kein wirkliches ärztliches Verständnis gibt.

Allergische Probleme sind weit verbreitet. Die Zahl der Kinder mit Asthma oder Ekzemen steigt unaufhaltsam an. Immer mehr Jugendliche, und zwar sowohl Mädchen als auch Jungen, leiden an Ess-Störungen wie Magersucht. Und nur zu viele Kinder sind von Aufmerksamkeitsdefizit-/Hyperaktivitätsstörungen (ADHS) betroffen. Viele Faktoren tragen zur Zunahme dieser und anderer Probleme bei, u. a. Umweltverschmutzung und Stress. Zahlreiche Studien deuten darauf hin, dass auch die Ernährung von Kindern hierbei eine maßgebliche Rolle spielt.

Vorteile von Bio-Lebensmitteln

Ein großes Problem sind die zahlreichen Pestizide, die in der Lebensmittelerzeugung eingesetzt werden und in vielen Nahrungsmitteln noch in Spuren enthalten sind. Ihre Auswirkungen auf die kindliche Gesundheit sind bisher nicht bekannt. Dr. Vyvyan Howard, Experte für Fetus- und Säuglingstoxikologie an der Universität Liverpool, empfiehlt mit Nachdruck: »Das Beste, was wir tun können, ist der Verzehr von Bio-Lebensmitteln. Denn dadurch wird die Schadstoffbelastung von Eltern und Kindern erheblich reduziert.«

Eine ausgewogene Ernährung mit vielen Produkten aus ökologischem Landbau wird zweifellos nicht alle Probleme lösen. Aber wenn Sie Ihren Kindern von Anfang an gutes und gesundes Essen anbieten und ihnen die Grundlagen einer sinnvollen Ernährung nahe bringen, können Sie zweifellos die schlimmsten Probleme vermeiden.

Falls es trotz Ihrer Bemühungen zu Problemen kommt und Ihr Arzt Ihnen nicht helfen kann, sollten Sie erwägen, einen qualifizierten Alternativmediziner wie z. B. einen Homöopathen oder Naturheilpraktiker zu Rate zu ziehen (siehe »Adressen«, S. 214).

Allergien

Eine Allergie ist eine zu heftige Reaktion des **Immunsystems** auf einen normalerweise unschädlichen Stoff. Das Immunsystem ist ein **komplexer Mechanismus**, der zur Bekämpfung von Infektionen dient. Sobald das Immunsystem Fremdkörper erkennt, **mobilisiert** es die **weißen Blutkörperchen** zur Zerstörung der »Eindringlinge«.

Manchmal hält das Immunsystem einen harmlosen Stoff fälschlicherweise für einen Eindringling, wobei die weißen Blutkörperchen überreagieren. Es werden große Mengen Histamin ausgeschüttet, und es kommt zu den Symptomen von Asthma, Heuschnupfen, Ekzemen und anderen Allergien.

Mit dem zunehmenden Wohlstand unserer Gesellschaft ist auch die Anzahl der Allergiker gestiegen. Unsere Luft wird durch Abgase verschmutzt. Unsere Wohnungen haben Zentralheizung, Doppelverglasung und Teppiche — zur Freude der Hausstaubmilben. An vielen Arbeitsplätzen kann man kein Fenster öffnen, und die luftdicht verschlossenen Räume sind im Winter zu heiß und im Sommer klimatisiert.

Allergische Reaktionen erkennen

Das weltweite Netzwerk von Lebensmittelproduzenten macht es heutzutage möglich, dass Kinder das ganze Jahr über und in immer größeren Mengen ihr Lieblingsessen konsumieren. Doch je mehr sie von einem Lebensmittel verzehren, umso wahrscheinlicher wird eine Allergiebildung. So sind in Ländern mit hohem Fischkonsum Fischallergien besonders häufig, während in Ländern, in denen Milchprodukte einen Hauptbestandteil der Ernährung bilden, Milchallergien weit verbreitet sind.

Die so genannten Sofortreaktionen, bei denen große Mengen Histamin ausgeschüttet werden, verursachen unmittelbar sichtbare Symptome, wie z. B. fleckige Haut, Nesselsucht, Schwellungen von Mund und Hals, tränende Augen oder Niesanfälle. Allergische Reaktionen können aber auch bis zu 48 Stunden verzögert auftreten, wenn die zum Immunsystem gehörenden Killerzellen auf Nicht-Protein-Stoffe reagieren, wie z. B. Nickel oder andere Schwermetalle, Kosmetika, Duftstoffe oder Lebensmittelzusätze. Allergieauslöser sind deshalb schwer zu erkennen. Häufige Allergene sind Zitrusfrüchte, Knoblauch, Mangos, Sellerie und Karotten sowie künstliche Farb-, Aroma- und Konservierungsstoffe.

Die Zöliakie zählt ebenfalls zu den nicht-akuten Lebensmittelallergien. Betroffene reagieren allergisch auf das Gluten in Weizen und anderen Getreidesorten. Eine beeinträchtigte Nährstoffaufnahme, Gewichtsverlust und Unwohlsein sind die Folge.

Allergie oder Unverträglichkeit?

Es ist oft schwierig zu entscheiden, ob ein Kind an einer Allergie (einer Reaktion auf Allergene) oder an einer Unverträglichkeit leidet (die nicht mit allergischen Antikörpern zusammenhängt). In den letzten Jahren ist viel über Lebensmittelallergien berichtet worden. Zweifelhafte Allergiekliniken und Testverfahren sind wie Pilze aus dem Boden geschossen. Eine Fülle von pseudowissenschaftlichen Theorien hat dazu geführt, dass viele Menschen geradezu zwanghaft darauf achten, was sie essen, trinken, atmen, anziehen und wo sie leben.

Etwa der Hälfte der Weltbevölkerung fehlt das für die Verdauung von Milch erforderliche Enzym (siehe S. 204). Eine Milchunverträglichkeit ist deshalb weit verbreitet, speziell bei Kindern. Auch Kaffee, Tee, Kakao, Schokolade, Käse, Bier, Würstchen, Konservennahrung, Rotwein, Weizen und Tomaten sind für manche Menschen unverträglich.

Migräne, Asthma, Ekzeme, Nesselsucht, Reizdarm, Darmentzündungen, Crohnsche Krankheit, Heuschnupfen und rheumatoide Arthritis sind nur einige der Krankheiten, bei denen eine Lebensmittelallergie bzw. -unverträglichkeit eine Rolle spielen kann. Eine Nahrungsumstellung kann hier oftmals echte Linderung bringen. Allerdings ist zur Bestimmung der geeigneten Änderungen im Speiseplan eine längere und recht aufwendige Ausschlussdiät (siehe S. 205) unumgänglich.

Größere Ernährungsumstellungen sollten insbesondere bei Kindern von einem Arzt oder Ernährungsberater begleitet werden. Denn manche Allergie-»Experten« empfehlen derart restriktive Diäten, dass ihre Patienten mangelernährt, schwach oder ernstlich krank werden. Wenn Ihr Kind eine schwere anaphylaktische Allergie hat, erhalten Sie von Ihrem Arzt ein Notfallset mit einer Spritze für den Fall, dass Ihr Kind unwissentlich etwas von dem betreffenden Allergen (etwa eine Erdnuss) verzehrt oder von einer Biene oder Wespe gestochen wird.

Ernährung und Allergien

Umfassende wissenschaftliche Beweise stehen zwar noch aus, aber vieles deutet schon heute darauf hin, dass man durch einen erhöhten Konsum bestimmter Nährstoffe (über Lebensmittel oder Präparate) allergische Reaktionen verringern kann. B-Vitamine, insbesondere Niacin und Pantothensäure, können demnach bei laufender und verstopfter Nase und bei Heuschnupfen helfen. Vitamin B_6 scheint die Empfindlichkeit gegenüber Natriumglutamat und Vitamin B_{12} jene gegenüber Sulfitkonservierungsstoffen zu verringern. Essenzielle Fettsäuren und Omega-3-Fettsäuren in Nachtkerzenöl und Fischölen tragen zusammen mit Magnesium nachweislich zur Linderung der allergischen Reaktion bei Neurodermitis bei.

Allergieauslösende Lebensmittel

Bestimmte Lebensmittel sind als häufige Auslöser allergischer Reaktionen bei Kindern bekannt. Manche dieser Lebensmittel, wie z. B. Beeren, haben nur kurz Saison, während andere als Grundnahrungsmittel das ganze Jahr über verzehrt werden.

Wenn ein Kind gelegentlich ohne erkenntlichen Grund rote, juckende Flecken oder Quaddeln bekommt, die nach einigen Stunden wieder verschwinden, sollten Sie eine Lebensmittelallergie vermuten und überlegen, was es den letzten Tag über gegessen hat. Eine häufige Ursache solcher Reaktionen sind insbesondere im Sommer Beeren, wobei Erdbeeren ganz oben auf der Liste stehen.

Schwere Reaktionen werden meist durch Nahrungsmittel wie Nüsse, Samen, Fisch, Schalentiere und Eier ausgelöst. Leichtere, chronische Symptome sind normalerweise auf Milchprodukte, Sojaprodukte, Zusatzstoffe (Asthmatiker reagieren hierauf teilweise auch stark) oder glutenhaltige Getreide wie Weizen, Hafer und Gerste zurückzuführen. Weitere häufige Allergene bei Kindern sind Colagetränke, Ananas, Kirschen und Pflaumen.

Wenn Ihr Kind auf bestimmte Lebensmittel stark allergisch reagiert, werden Sie das bald bemerken und Gewissheit haben. Leichte Reaktionen bleiben dagegen oft unerkannt.

Im Folgenden sind die häufigsten allergieauslösenden Lebensmittel mit Ursachen und Symptomen zusammenfassend dargestellt.

Kuhmilch und Kuhmilchprodukte stehen an erster Stelle der potenziellen Allergieauslöser bei Kindern. Die allergische Reaktion wird durch ein bestimmtes Eiweiß in der Milch ausgelöst. Symptome sind Durchfall, Erbrechen und Koliken bei Babys bzw. Bauchschmerzen bei älteren Kindern sowie Ekzeme und Atemwegsprobleme.

Bei einer Kuhmilchallergie sollte ein Arzt oder ein Ernährungsberater konsultiert werden. Betroffenen Babys, die nicht gestillt werden können, wird meist ein hypoallergenes oder sojabasiertes Säuglingsmilchprodukt verordnet, während ältere Kinder oft auf eine ganz milchproduktfreie Kost umgestellt werden müssen.

Eine Laktose-Unverträglichkeit entsteht durch das Fehlen eines bestimmten Enzyms (Laktase), das für den Abbau der Laktose, d. h. des Milchzuckers, im Darm zuständig ist. Da die meisten Menschen in der westlichen Welt dieses Enzym besitzen, sind hier Laktose-Unverträglichkeiten in der Regel nur vorübergehender Natur und werden meist durch Magen-Darm-Bakterien oder Viren verursacht.

Weizen ist eine recht häufige Problemquelle bei kleinen Kindern, vermutlich wegen unserer stark weizenorientierten Kost. Wenn Ihr Kind an Verdauungsbeschwerden, unregelmäßigem Stuhlgang, Lethargie oder allgemeinem Unwohlsein leidet und dies nicht anderweitig zu erklären ist, lohnt sich der Versuch, eine oder zwei Wochen auf jede Form von Weizen zu verzichten. Weichen Sie auf Reiswaffeln, Roggenknäckebrot, Pumpernickel, Produkte aus Buchweizen-, Kichererbsen-, Reis- oder Kartoffelmehl und sonstige weizenfreie Lebensmittel aus.

Im Fall einer Glutenallergie, wie z. B. bei Zöliakie, sind alle glutenhaltigen Getreide zu meiden, u. a. Weizen, Hafer, Gerste und Roggen. Babys sollten grundsätzlich erst ab dem sechsten Monat glutenhaltige Nahrung erhalten bzw. sogar erst ab einem Jahr, wenn in ihrer Familie Weizen- oder Glutenunverträglichkeiten bekannt sind.

Nüsse und Samen, speziell Erdnüsse, aber auch Walnüsse, Pekannüsse und Cashewnüsse, können Ausschlag, Asthma und Ekzeme verursachen. In schweren — glücklicherweise sehr seltenen — Fällen können Nüsse einen potenziell tödlichen anaphylaktischen Schock auslösen. Kinder, in deren Familien bereits Lebensmittelallergien aufgetreten sind, sollten in ihren ersten fünf Lebensjahren keine Nüsse konsumieren. Liegt dagegen keine familiäre Vorbelastung vor, können schon Kleinkinder Nüsse in Cremeform verzehren, wie z. B. Erdnussbutter. Geben Sie Kindern unter 3 Jahren aber niemals ganze Nüsse, da sie daran ersticken können.

Eier können Ausschläge, Schwellungen, Magenverstimmungen, Asthma und Neurodermitis verursachen. Da die allergische Reaktion oft durch das Eiweiß ausgelöst wird, sollten neben Kuchen, Mayonnaise und Eiscreme u. a. auch Desserts wie Mousses und Baisers gemieden werden.

Fisch kann sowohl frisch als auch geräuchert Hautausschläge, Magenverstimmungen, Übelkeit und Migräne auslösen. Auch Krusten- und Weichtiere können ernstliche und langwierige Magenverstimmungen sowie Migräne und Übelkeit verursachen.

Umgang mit Allergieauslösern

Die einzige Behandlung für eine Lebensmittelallergie bei Kindern besteht darin, die entsprechenden Lebensmittel zu meiden. Mit Hilfe einer Ausschlussdiät (siehe S. 205) können Sie herausfinden, auf welche Nahrungsmittel Ihr Kind verzichten sollte.

Diese Diät mag aufwendig aussehen, doch sie muss nur zwei Wochen strikt eingehalten werden. Danach können Sie schon wieder einzelne Lebensmittel in den Speiseplan aufnehmen, wobei aber sorgsam Buch zu führen ist. So wissen Sie schon bald, welche Nahrungsmittel Ihr Kind verträgt.

Halten Sie die Diät 14 Tage lang strikt ein und erfassen Sie alle Reaktionen. Nach dieser Zeit sollte sich eine Besserung einstellen. Ist nicht der Fall, liegt das Problem wahrscheinlich nicht in einer Lebensmittelallergie bzw. -unverträglichkeit begründet. Ziehen Sie in diesem Fall einen Arzt zu Rate.

Ausschlussdiät für Allergien

Die Lebensmittel sind für die Diät in zwei Spalten aufgeteilt. In der linken Spalte stehen alle Lebensmittel, die Ihr Kind in den ersten beiden Diätwochen in keiner Form konsumieren darf. Die Liste sieht vielleicht recht lang aus, aber es sind noch immer so viele Lebensmittel erlaubt (siehe rechte Spalte), dass Ihr Kind bei umsichtiger Planung gar nicht merken muss, dass es auf etwas verzichtet.

Lebensmittel für die ersten beiden Diätwochen

Lebensmittel	nicht erlaubt	erlaubt
Fleisch	konserviertes Fleisch/Fertiggerichte, Speck, Räucherschinken, Würstchen	sonstiges Fleisch
Fisch	Räucherfisch, Schalentiere	magere Fischsorten
Gemüse	Kartoffeln, Zwiebeln, Mais, Auberginen, Chilischoten, Gemüsepaprika, Tomaten	alle sonstigen Gemüsesorten, Salate, Hülsenfrüchte, Pastinaken und Steckrüben
Obst	Zitrusfrüchte, z. B. Orangen, Grapefruits	alle sonstigen Obstsorten, z. B. Äpfel, Bananen
Getreide	Weizen, Hafer, Gerste, Roggen, Mais	(gemahlener) Reis, Reiswaffeln, Reisflocken, Sago, Tapioka, Hirse, Buchweizen
Öle	Maisöl, Pflanzenöl	Sonnenblumenöl, Sojaöl, Distelöl, Olivenöl
Milchprodukte	Kuhmilch, Joghurt, Butter, Eier, die meisten Margarine- und Käsesorten	Ziegen-, Schaf- und Sojamilch sowie daraus hergestellte Produkte, Margarinen ohne Transfettsäuren oder Milchbestandteile
Getränke	Tee, Kaffee (auch entkoffeiniert), Limonaden, Orangen- und Grapefruitsaft, Alkohol, Leitungswasser	Kräutertee, frisch gepresste Fruchtsäfte, reiner Tomatensaft (ohne Zusatzstoffe), Mineralwasser und destilliertes Wasser
Verschiedenes	Schokolade, Hefe/Hefeextrakte, Konservierungs-, Farb- und Aromastoffe, Essig, Nüsse, Natriumglutamat, künstliche Süßstoffe	Karob, Meersalz, Kräuter, Gewürze und kleine Mengen Zucker oder Honig

Führen Sie die Lebensmittel nach diesen zwei Wochen in folgender Reihenfolge wieder ein: Leitungswasser, Kartoffeln, Kuhmilch, Hefe, Tee, Roggen, Butter, Zwiebeln, Eier, Haferflocken, Kaffee, Schokolade, Gerste, Zitrusfrüchte, Mais, Kuhmilchkäse, Weißwein, Schalentiere, Kuhmilch-Naturjoghurt, Essig, Weizen und Nüsse.

Setzen Sie nur jeden zweiten Tag ein neues Lebensmittel auf den Speiseplan. Falls es zu einer allergischen Reaktion kommt, dürfen Sie das Nahrungsmittel frühestens nach einem Monat erneut anbieten. Fahren Sie erst mit der Liste fort, wenn evtl. Symptome ganz aufgehört haben. Jede stark restriktive Diät ist potenziell gesundheitsgefährdend. Obwohl es vertretbar ist, einige Wochen lang selbst zu experimentieren, darf ein langfristiger Verzicht auf wichtige Lebensmittelgruppen ausschließlich unter Aufsicht eines Arztes oder Ernährungsberaters erfolgen.

Hyperaktivität

Die Symptome von **Hyperaktivität** sind vielen hilflosen Eltern und Lehrern nur zu bekannt. Hyperaktive Kinder sind ständig **überaktiv**, leiden an Koordinationsstörungen, beeinträchtiger Daueraufmerksamkeit und Konzentrationsschwäche. Sie sind **emotional instabil**, neigen zu heftigen Ausbrüchen und sind oftmals von Einschlafschwierigkeiten betroffen.

In den letzten Jahren hat es eine große Kontroverse über Kinder mit Aufmerksamkeitsdefizit-/Hyperaktivitätsstörungen (ADHS) gegeben. Damit sind nicht Kinder gemeint, die einfach schwierig sind. Der Begriff bezeichnet vielmehr Kinder, die sich hochgradig störend verhalten, destruktiv gegen sich und Eigentum handeln und starke Lernschwierigkeiten haben.

Diese Kinder wurden lange Zeit ausschließlich als verhaltensgestört behandelt. Ende der sechziger Jahre des letzten Jahrhunderts stieß dann der Allergologe Dr. Ben Feingold während eines Projekts über Flohstichallergien eher zufällig auf eine mögliche chemische Ursache für Hyperaktivität. Da Flöhe Substanzen produzieren, die den Salicylaten — einem Stoff, der mit dem Schmerzstiller im Aspirin verwandt ist — ähneln, entwickelte er eine spezielle, salicylatfreie Diät. Eine Reihe von Kindern, die extrem allergisch auf Flohstiche waren, wurden auf diese Diät gesetzt. Feingold stellte fest, dass die Kinder nicht nur weniger stark auf Flohstiche reagierten, sondern dass sich auch deren Verhalten besserte.

Er begann darauf eine umfassende Studie über hyperaktive Kinder, die so schwer kontrollierbar waren, dass sie in Heimen lebten. Ein erheblicher Teil dieser Kinder sprach gut auf die Diät an: Ihr Verhalten änderte sich schon nach wenigen Tagen. Wenn sie aber eine Marmelade mit künstlichen Farb- oder Aromastoffen konsumierten, verschlechterte sich ihr Betragen innerhalb von Stunden. Dr. Feingold fand heraus, dass viele der in Nahrungsmitteln verwendeten Zusatzstoffe zur Familie der Salicylate gehören und dass diese Stoffe in Kombination mit dem natürlichen Salicylatgehalt bestimmter Lebensmittel bei manchen Kindern die Ursache des Problems sind.

Bedenkliche chemische Zusatzstoffe

Bei Kindern mit ADHS kann eine Empfindlichkeit gegenüber bestimmten Lebensmittelzusätzen vorliegen. Zu den schlimmsten Zusätzen zählt der gelbe Farbstoff Tartratzin (E 102), der insbesondere in vielen Getränken, Süßigkeiten und Keksen Verwendung findet, die speziell für Kinder angeboten werden. Durch eine Vermeidung dieser Zusatzstoffe konnten in vielen Fällen die Verhaltens- und Schlafprobleme auf ein vertretbares Maß reduziert werden. Zusatzstoffe können übrigens auch Asthmaanfälle, Ekzeme, Nesselsucht und andere Hautreizungen verursachen.

Phosphorsäure (E 338-341), die u. a. Sprudelgetränke stärker prickeln lässt, kann ein besonderes Problem sein. Sie ist auch in vielen anderen Fertiglebensmitteln enthalten, wie z. B. in Würstchen oder Aufschnitt. Phosphorsäure galt lange als unbedenklicher Zusatzstoff ohne Nebenwirkungen. Doch die Pharmazeutin Hertha Hafer weist darauf hin, dass sich der Phosphateinsatz in der Lebensmittelindustrie seit 1960 verdreifacht hat. Sie ist fest davon überzeugt, dass Phosphate zu der starken Zunahme von Hyperaktivität unter Kindern beitragen.

Frau Hafers Sohn Michael war hyperaktiv. Eine Zeit lang waren seine Eltern und Lehrer über die offensichtliche Besserung erfreut, die er mit Ritalin erzielte — dem Medikament, das heutzutage Millionen von »Problemkindern« in der westlichen Welt erhalten (siehe S. 210).

Nachdem Frau Hafer von Feingolds Erkenntnissen erfahren und sie umgesetzt hatte, vermutete sie auch negative Wirkungen bei Phosphaten. In ihrem Buch *Die heimliche Droge Nahrungsphosphat* beschreibt sie Fälle, in denen Verhaltensauffälligkeiten aufhörten, sobald eine phosphatfreie Ernährung erfolgte. Auch schlägt sie ein einfaches Hausmittel gegen Hyperaktivität vor, das fast genauso wirksam sei wie eine Tablette Ritalin: 1 TL Apfelessig in ein Glas Wasser eingerührt.

Kinder sollten auch noch aus anderen Gründen Phosphate möglichst nicht in größeren Mengen zu sich nehmen. Phosphate können z. B. die Kalziumaufnahme stören, was die Knochenbildung beeinträchtigt und im späteren Leben sogar zu Osteoporose-Erkrankungen führen kann.

In vielen Fällen trägt auch ein durch schlechte Ernährung bedingter Nährstoffmangel zur Hyperaktivität bei. Eine Unterversorgung mit Zink ist eine der möglichen Ursachen: Die Britische Selbsthilfegruppe für Hyperaktive Kinder stellte 1997 bei 183 der 190 getesteten Kinder mit ADHS einen Mangel an Zink fest. Die Gruppe beobachtete auch eine deutliche Besserung der ADHS bei Kindern, die täglich 2000–3000 mg Nachtkerzenöl erhielten.

Weitere wichtige Nährstoffe bei ADHS sind der Vitamin-B-Komplex (in Fleisch und Vollkornprodukten), Magnesium (in Bananen, Trockenfrüchten, Cashew- und Erdnüssen, Vollkornmehl, Naturreis und grünem Gemüse) sowie die gesunden Fettsäuren aus fettigen Fischsorten wie Sardine, Makrele, Lachs und Tunfisch.

Die ADHS-Diät

Diese Diät wirkt für viele hyperaktive Kinder wie das Umlegen eines Schalters — von der Dunkelheit ins Licht. Manche Kinder sind einfach nur ungezogen und brauchen eine strengere Hand. Andere leiden an psychologischen Problemen, die gar nichts mit der Ernährung zu tun haben. Doch unabhängig davon profitiert jedes Kind von den gesünderen Essgewohnheiten, die Sie mit dieser Diät erzielen.

Der Plan muss nicht unter ärztlicher Aufsicht umgesetzt werden, da Sie keine ganzen Lebensmittelgruppen aus dem Speiseplan streichen und Ihr Kind auch weiterhin ausgewogen und vielseitig ernähren können. Das Programm ist gut für Kinder ab 2 Jahren geeignet, bei denen Sie eine Verhaltensstörung vermuten, die mit Nahrungszusätzen zusammenhängen könnte.

1. Führen Sie Buch über alles, was Ihr Kind isst. Setzen Sie Ihre Notizen auch nach einer Besserung fort. Tragen Sie außerdem das allgemeine Verhalten und schulische Fortschritte ein. Wenn die Diät anschlägt, aber plötzlich eine Verschlechterung des Verhaltens eintritt, hat sich vermutlich wieder einer der »Übeltäter« eingeschlichen — versehentlich oder durch Mogeln.
2. Alle Obst- und Gemüsesorten, die nicht zur Gruppe 1 gehören (siehe S. 208), sind erlaubt, es sei denn, Sie vermuten, dass sie Probleme verursachen.
3. Lesen Sie sorgsam die Verpackungen und kaufen Sie nur Produkte, die 100% frei von künstlichen Zusatzstoffen sind (vgl. die Lebensmittellisten der Gruppe 2 auf S. 209).
4. Alle Kinder lieben süße Leckereien. Bereiten Sie aber alle Kuchen, Kekse, Desserts, Eiscremes und sogar Süßigkeiten selbst zu, um künstliche Zusatzstoffe zu vermeiden.
5. Der beste Weg zum Erfolg ist, wenn die ganze Familie mitmacht — denn niemand sieht gern zu, wenn alle anderen für einen selbst verbotene Speisen genießen. Die Einschränkungen beim Obst und Gemüse können nach 4–6 Wochen gelockert werden. Probieren Sie aber innerhalb von 48 Stunden höchstens ein neues Lebensmittel aus, da-

mit Sie sehen, welche Produkte noch immer Probleme bereiten.

6. Die Diät erfordert 100%igen Einsatz. Wenn ein betroffenes Kind am Sonntag und am Mittwoch nur je einen tartrazinhaltigen Bissen verzehrt, kann das eine ganze Woche Hyperaktivität zur Folge haben.
7. Eine Reaktion auf die Diät wird meist nach 7–21 Tagen deutlich. Bei manchen Kindern sind schon nach zwei oder drei Tagen Besserungen im Verhalten zu beobachten, bei anderen kann es bis zu sieben Wochen dauern. Doch wenn Ihr Kind empfindlich bzw. allergisch auf diese Zusatzstoffe reagiert, sehen Sie alle Mühen belohnt. Halten Sie nur durch!
8. Stark hyperaktive Kinder bekommen oft verhaltensverändernde Medikamente. Nehmen Sie auf keinen Fall Änderungen der Medikation ohne Rücksprache mit dem behandelnden Arzt vor.

Gruppe 1

Die Obst- und Gemüsesorten in der folgenden Liste enthalten natürliche Salicylate, die nachweislich eine Ursache von Hyperaktivität bei Kindern sein können. Das genannte Obst und Gemüse ist in jeder Form zu vermeiden: frisch, tiefgekühlt, aus der Dose, getrocknet, als Saft oder als Zutat in Fertiglebensmitteln.

Lebensmittel mit natürlichen Salicylaten

Äpfel
Aprikosen
Beeren: Brombeeren, Erdbeeren, Himbeeren, Johannisbeeren, Stachelbeeren
Gurken (eingelegt)
Kirschen
Mandeln
Nektarinen
Orangen (Grapefruits, Limetten, Zitronen erlaubt)
Pfirsiche
Pflaumen und Backpflaumen
Tomaten und alle Tomatenprodukte
Weintrauben und Rosinen sowie aus Weintrauben hergestellte Produkte (Wein, Weinessig, Gelees usw.)

Nachdem Sie diese Lebensmittel 4–6 Wochen ganz gemieden haben, setzen Sie eines davon 3–4 Tage lang wieder auf den Speiseplan. Tritt keine negative Reaktion ein, kann ein weiteres Produkt hinzugefügt werden. Testen Sie die ganze Liste in derselben Weise und nehmen Sie alle Produkte, die keine nachteiligen Reaktionen bewirken, wieder in die Ernährung auf.

Gruppe 2

Alle Lebensmittel, die künstliche Farb- und Aromastoffe enthalten, sind verboten. Die Liste auf der nächsten Seite ist als grober Leitfaden beim Einkauf und beim Kochen gedacht. Es sind jedoch aus ersichtlichen Platzgründen nicht alle Lebensmittel mit Farb- und Aromastoffen aufgeführt.

Der sicherste Weg besteht darin, stets aufmerksam die Verpackungen zu lesen und keine Produkte zu kaufen bzw. zu verwenden, die künstliche Farb- oder Aromastoffe enthalten. Es gibt heutzutage eine zunehmende Auswahl von Produkten, die diese Voraussetzung erfüllen, insbesondere in Bioläden.

Einige Lebensmittel in der Liste sind zwar im Prinzip erlaubt, müssen jedoch selbst hergestellt werden, um künstliche Zusätze zu vermeiden.

Hinweis: Es sollte erwähnt werden, dass bei dieser Diät keine Konservierungsmittel berücksichtigt worden sind, mit Ausnahme von Butylhydroxytoluol (BHT), auf das manche Kinder mit unerwünschten Nebenwirkungen reagieren.

Lebensmittel, die künstliche Farb- und Aromastoffe enthalten

	nicht erlaubt	erlaubt
Cerealien	alle Cerealien mit künstlichen Farb- oder Aromastoffen	Cerealien ohne künstliche Farb- oder Aromastoffe
Backwaren	alle küchenfertigen Kuchen, Plunderstücke, Krapfen, Kekse usw., tiefgekühlte Backwaren, Fertigteige, viele Backmischungen, alle industriell hergestellten Brote außer reinem Weizenvollkornbrot	Produkte ohne künstliche Farb- oder Aromastoffe — die meisten Backwaren müssen selbst gebacken werden Vollkornbrot aus 100% Weizen
Fleisch	Mortadella, Salami, Frankfurter, sonstige Würstchen, Fleischkäse, Koch- und Räucherschinken, Speck, mariniertes Fleisch, Schweinefleisch	naturbelassenes Fleisch sonstiger Art
Geflügel	küchenfertiges Grillgeflügel jeder Art, mariniertes Geflügelfleisch	naturbelassenes Geflügelfleisch
Fisch	Tiefkühl-Fischfilets mit Farb- oder Aromastoffen, Fischstäbchen, die Farb- oder Aromastoffe enthalten	frischer Fisch jeder Art
Desserts	gekaufte Eiscreme, ausgenommen Produkte, die laut Etikett keine künstlichen Farb- oder Aromastoffe enthalten; dasselbe gilt für Sorbets, Wassereis, Götter-, Quark- und sonstige Süßspeisen; alle Dessertmischungen; aromatisierte Joghurts	selbst hergestellte Eiscreme ohne künstliche Farb- oder Aromastoffe; selbst hergestellte Götterspeise mit reiner Gelatine und erlaubtem Obst/Fruchtsaft; selbst hergestellte Puddings und Süßspeisen; Naturjoghurt, nach Wunsch mit frischem Obst
Süßigkeiten	alle industriell hergestellten Sorten	selbst hergestellte Süßigkeiten (allerdings ohne Mandeln)
Getränke	Apfelwein, Wein, Bier, Diätsäfte, Erfrischungsgetränke, alle Milchmix- und Instant-Getränkepulver, Tee, Kaffee	Grapefruit- und Ananassaft, Birnen- und Guavennektar, selbst hergestellte Limonade aus frischen Zitronen oder Limetten, Milch
Verschiedenes	Margarine mit künstlichen Zusatzstoffen, Senf, Apfelessig, Weinessig, alle Produkte mit Minzearoma, Sojasauce, sofern aromatisiert oder gefärbt, gekaufter Schokoladensirup, künstlich aromatisierte Kartoffelchips, Nelken, Ketchup, Chilisauce, alle gefärbten Käsesorten	alle Kochöle und -fette, selbst hergestellter Senf aus reinem Senfpulver und destilliertem Essig, Honig und Marmelade aus erlaubten Früchten ohne künstliche Farb- oder Aromastoffe, selbst hergestellte Mayonnaise, destillierter Weißweinessig, selbst hergestellter Schokoladensirup, alle naturbelassenen Käsesorten
Sonstiges	alle Zahnpasten und Zahnpulver, alle Mundwasser, Hustenbonbons, Halsschmerzpastillen, Parfums	anstelle von Zahnpasta eine Mischung aus Salz und Natron verwenden

Ernährungsumstellung oder Ritalin?

Weitere Indizien für einen Zusammenhang zwischen Lebensmittelzusatzstoffen und ADHS ergaben sich aus der Arbeit von Prof. Steven Schoenthaler, einem Kriminologen an der California State University im US-amerikanischen Turlock. Schoenthaler untersuchte den Zusammenhang zwischen Nahrungszusätzen und dem Verhalten jugendlicher Straftäter. Bei speziell abgestimmter Ernährung waren innerhalb weniger Wochen dramatische Verhaltensverbesserungen bei den Jugendlichen zu verzeichnen.

Schoenthaler führte daraufhin weitere Studien durch und kam zu der Schlussfolgerung, dass sich die Intelligenz und das Verhalten straffälliger Jugendlicher durch eine Kombination von verbesserter Ernährung und einem einfachen Multivitamin-/Mineralstoffpräparat beeinflussen lassen.

Viele Strafanstalten in den USA haben seine Erkenntnisse umgesetzt: Junk Food mit seinen vielen Zusatzstoffen wurde durch verträglicheres Essen ersetzt, Lebensmittel mit hohem Fett- und Zuckergehalt machten gesünderen Optionen Platz, und Nahrungsergänzungspräparate wurden eingeführt. Auch US-amerikanische Schulen sind dem Beispiel gefolgt. Als Vorreiter führte das gesamte New Yorker Schulsystem die Umstellung auf eine gesündere Kost durch. Bei den Schülern waren praktisch sofort Verbesserungen der Lernfähigkeit, des Verhaltens und der Leistungen zu beobachten.

Ein besonders beunruhigender Aspekt im Zusammenhang mit ADHS ist die derzeitige Popularität des Medikaments Ritalin. Man geht davon aus, dass Ritalin in den USA von etwa 1 Million Kinder eingenommen wird, u. a. von 12% der Jungen im Alter von 6–14 Jahren. In Großbritannien, wo vermutlich knapp 70 000 Kinder an der schwersten Form von ADHS leiden, wurde Ritalin vor kurzem von der Gesundheitsbehörde NICE für den Einsatz bei jenen Kindern gebilligt, die an besonders schweren Aufmerksamkeitsstörungen leiden.

In der klinischen Empfehlung heißt es, dass Ritalin nur bei Kindern eingesetzt werden sollte, bei denen eine Psychotherapie fehlgeschlagen ist. Unter »Vorsichtsmaßnahmen« ist zudem vorgesehen, dass das Medikament ausschließlich unter Aufsicht eines Spezialisten für Verhaltensstörungen verabreicht werden darf. Jedoch wird vielerorts befürchtet, u. a. von besorgten Eltern, dass Ritalin auf Drängen verzweifelter Eltern routinemäßig verschrieben wird — schon lange bevor andere Behandlungen ausprobiert wurden und ohne die im Grunde unerlässliche fachärztliche Aufsicht.

Kinder nehmen Ritalin oftmals über einen langen Zeitraum ein, Nebenwirkungen treten häufig auf, und das Absetzen des Medikaments gestaltet sich oft schwierig. Ritalin fällt unter das Betäubungsmittelgesetz und steht mit anderen hochgradig suchtgefährdenden Wirkstoffen in einer Klasse. Bevor Sie zustimmen, dass Ihr Kind dieses Medikament möglicherweise für lange Zeit einnimmt, ist es zweifellos lohnend, einige Wochen Ihrer Zeit und etwas zusätzliche Mühe zu investieren und erst die in diesem Buch vorgeschlagene Diät auszuprobieren.

Ess-Störungen

Britische Forscher haben jüngst festgestellt, dass heute schon **eines von 100 jungen Mädchen** in Großbritannien an Magersucht leidet. Auch die Zahl der betroffenen Jungen steigt — **eines von 10 Kindern**, die in der Londoner Kinderklinik in der Great Ormond Street wegen **Magersucht** behandelt werden, ist inzwischen ein **Junge**.

Magersucht war früher eine Krankheit der späten Teenagerjahre. Heute sind die Betroffenen oft kaum älter als 9 oder 10 Jahre. Eine Magersucht-Erkrankung ist einer Studie zufolge bei Kindern, die häufig Mahlzeiten auslassen, 18 Mal wahrscheinlicher, als bei Kindern, die daran gewöhnt sind, regelmäßige Mahlzeiten einzunehmen. Auch ständige Einschränkungen bei der verzehrten Menge erhöhen das Risiko noch um das Fünffache.

Die Eltern sind oft der wichtigste Einflussfaktor auf die Einstellungen ihrer Kinder zum Essen. Wenn Kinder sehen, wie ihre Eltern ständig neue Diäten beginnen, überall Kalorien zählen, auf jedem Etikett den Fettgehalt prüfen, zwanghaft ihr eigenes Gewicht oder das der übrigen Familienmitglieder kontrollieren, dann wird diesen Kindern sehr eindringlich die Botschaft vermittelt, dass Dünnsein positiv, Essen hingegen negativ zu bewerten sei.

Andererseits werden aus übergewichtigen Kindern oft auch übergewichtige Erwachsene — und das ist auch keinesfalls gut für die Gesundheit. Manche Kinder nehmen nachweislich rascher zu als andere. Doch die Lösung für solche Kinder sind in keinem Fall Diäten, sondern sollte stets in einer Kombination aus gesünderer Ernährung und Bewegung gesucht werden.

Magersucht

Die Magersucht (Anorexia nervosa) ist eine ernsthafte Ess-Störung, die auf lange Sicht schwerwiegende gesundheitliche Folgen haben und sogar zum Tod führen kann. Schätzungen zufolge leiden 1-2% aller Schülerinnen an diesem Problem, das übrigens fast nur in westlichen Ländern auftritt. Der Großteil der Betroffenen sind zwar Mädchen, doch inzwischen sind schon bis zu 10% der Erkrankten Jungen.

Ein wesentlicher Faktor für die Zunahme von Magersucht sind die Medien. Die Körperideale, die von der Werbe- und Modebranche in allen Bereichen verbreitet werden, sowie die Schlankheitsindustrie mit ihren Diätbüchern und Diätpillen setzen Jugendliche unter massiven Druck, dünn sein zu müssen.

Magersucht ist eine hoch komplizierte Krankheit, bei der soziale, psychologische und biologische Faktoren zu berücksichtigen sind. Auch ein genetischer Faktor spielt neueren Studien zufolge eine Rolle. Magersüchtige wenden sich prinzipiell von Sexualität und den üblichen Pubertätserscheinungen ab. Bei Mädchen geht dem dramatischen Gewichtsverlust oft ein Aussetzen der Periode voraus.

Zeichen von Magersucht

Magersüchtige gehen (ähnlich wie Alkoholiker) ausgesprochen findig beim Vertuschen ihrer Spuren zu Werk. Schöpfen Sie Verdacht, wenn Ihr Kind anfängt, sehr weite Kleidung zu tragen, immer seltener mit der Familie isst oder nicht mehr mit Freunden in die Eisdiele oder Pizzeria geht. Manche Eltern machen unwissentlich gemeinsame Sache mit ihren Kindern, wenn sie deren Besorgnis wegen Lebensmittelallergien oder eine plötzliche Umstellung aus moralischen oder religiösen Gründen auf vegetarische oder Veganer-Kost akzeptieren.

Mehr als die Hälfte aller Magersüchtigen wird depressiv. Sie sind nur noch auf Essen und dessen Kaloriengehalt sowie auf ihr Körperbild fixiert. Magersüchtige scheinen gemeinhin ein Gewicht von maximal 45 kg für vertretbar zu halten, und ihr ganzes Leben dreht sich darum, unter dieser Grenze zu bleiben.

Osteoporose ist eine große Gefahr. Viele magersüchtige Mädchen zwischen 17 und 23 Jahren haben so dünne Knochen, dass es schon bei kleinsten Verletzungen zu Wirbelsäulen- oder Hüftbrüchen kommen kann. Bei Magersüchtigen kommt (wie bei Verhungernden) fast der gesamte Stoffwechsel zum Erliegen. Auch der Kreislauf leidet: Finger, Zehen und Lippen sind teilweise bläulich. Haarausfall, unreine Haut und niedriger Blutdruck sind weitere häufige Symptome.

Obwohl die Betroffenen offensichtlich stark abgemagert sind, halten sie sich selbst ernsthaft für dick. Dies ist oft eine Folge von Gruppendruck, übermäßiger Fokussierung der Eltern auf Gewichtsfragen sowie einer großen Angst vor dem Erwachsenwerden. Schwierige Mutter-Tochter-Beziehungen sind ebenfalls häufige Ursachen, wobei der Erkrankung oft emotionale Traumata vorausgehen. Auch Scheidung oder Tod eines Elternteils oder Geschwisters sind häufige Auslöser.

Ernsthaft Magersüchtige lehnen jede Form von Behandlung ab. Keine Überredungskunst kann sie von ihrer Wahrnehmung ihres Aussehens abbringen.

Behandlung von Magersucht

Eltern sollten in keinem Fall versuchen, Magersucht ohne ärztliche Hilfe zu behandeln. Es ist absurd zu glauben, man könne ernsthaft Betroffene einfach dazu bewegen, sich »gesund« zu ernähren. Auch Appelle, dass Ess-Störungen gefährlich sind, verhallen vollkommen wirkungslos.

Viele Eltern, speziell aus den oberen Einkommensschichten, wo Magersucht besonders häufig ist, sind derart besorgt, wie sie vor ihren Bekannten und Kollegen dastünden, wenn die Magersucht ihres Kindes bekannt würde, dass sie erst viel zu spät etwas unternehmen.

Oft bleibt dem Arzt keine andere Wahl als die Patienten in eine psychiatrische Klinik (im Idealfall mit einer Spezialabteilung für Ess-Störungen) einzuweisen. Neben einer medizinischen Behandlung mit massiver Kalorienzufuhr ist auch eine Psychotherapie unter Einbeziehung der ganzen Familie unerlässlich, sobald sich das Gewicht stabilisiert hat. Bei effektiver Therapie haben Magersüchtige eine gute Überlebenschance — 20 Jahre später sind 95% noch am Leben — ohne Hilfe sind 20% der Betroffenen bis dann vermutlich verstorben.

Bulimie

Bei der *Bulimia nervosa* wechseln sich Hungerphasen und so genannte »Fressattacken« ab. Betroffene verzehren auf einmal enorme Mengen, anschließend »reinigen« sie sich mit Abführmitteln oder selbst herbeigeführtem Erbrechen, bevor sie ihre Hungerdiät fortsetzen. Bulimiker sind nicht leicht zu erkennen. Sie sind in der Regel Mitte 20, unabhängig, leben allein und ihre normale »Ernährung« ist für ihre Umgebung gerade noch akzeptabel. Sie sind selten abgemagert: Manche sind zwar sehr schlank, doch gibt es auch übergewichtige Betroffene.

Bulimie wird durch dieselben Faktoren ausgelöst wie Magersucht: geringes Selbstwertgefühl, Druck ehrgeiziger Eltern, mangelnde Elternliebe und oftmals eine langfristige zugrunde liegende Verkettung von Stress, Angst und Depressionen.

Ernährungshilfe bei Ess-Störungen

Ein wichtiger Weg, Kindern und Jugendlichen mit Ess-Störungen zu helfen, führt über die Ernährung. Magersüchtige müssen ermutigt werden, alles zu essen, was Kalorien und Nährstoffe enthält, insbesondere zinkreiche Lebensmittel wie Schalentiere, Kürbiskerne, Leber, Käse, Rindfleisch und Sardinen, denn Zink regt den Appetit an. Für stark Untergewichtige sind alle Lebensmittel akzeptabel, außer kleiereichen Produkten, da diese die Zink- und Eisenaufnahme stören. Da Magersüchtige oft zwanghaft die Darmtätigkeit verbessern wollen, nutzen viele Kleie als Alternative zu Abführmitteln.

Die gesündesten Kalorien bieten komplexe Kohlenhydrate wie z. B. Vollkornbrot, Haferflocken, Kartoffeln, Nudeln, Reis und Bohnen. Da diese Speisen sehr ballaststoffreich sind, kann man davon nur eine begrenzte Menge auf einmal konsumieren. Sie sollten aber mindestens die Hälfte der Nahrungsaufnahme ausmachen.

Sorgen Sie mit Bananen, Nüssen (möglichst ungesalzene Sorten) und Trockenfrüchten für zusätzliche Kalorien. Rosinen, Sultaninen, Datteln und getrocknete Aprikosen sind exzellente Energie-, Vitamin- und Mineralstoffquellen und liefern zudem noch Ballaststoffe. Als Snacks und ganztägige Knabbereien bieten sie auch bei relativ kleinen Mengen insgesamt viele Kalorien. Eine weitere ausgezeichnete Quelle für gesunde Kalorien sind Samen sowie Aufstriche aus Nüssen und Samen. Sonnenblumenkerne und Sesam sind besonders nährstoffreich. Tahini (Sesampaste) und Erdnussbutter enthalten sehr viele Kalorien, aber nur wenig Ballaststoffe.

Häufige Zwischenmahlzeiten

Ermuntern Sie Ihr Kind, alle zwei Stunden etwas zu essen, angefangen vom Frühstück bis zu einem Gute-Nacht-Snack vor dem Einschlafen. Dips wie Guacamole (eine Creme aus Avocados und Olivenöl) oder Hummus (aus Kichererbsen und Tahini) mit Vollkorn-Pitabroten ergeben exzellente Zwischenmahlzeiten, die neben Kalorien auch viele gesunde Nährstoffe liefern.

Probieren Sie auch folgendes Rezept: 600 ml Vollmilch, 1 garantiert salmonellenfreies Ei, 1 Banane, je 2 TL Sirup, Honig, Tahini, Weizenkeime und Bierhefe sowie 4 getrocknete Aprikosen im Mixer verquirlen. Bereiten Sie den Shake morgens zu und geben Sie Ihrem Kind schon vor dem Frühstück ein Glas zu trinken. Stellen Sie den Rest kalt und achten Sie darauf, dass er abends ausgetrunken ist.

Die Bedeutung von Zink

Das Gehirn braucht Zink. Verwirrung, Depressionen und sogar Schizophrenie werden mit einem niedrigen Zinkspiegel in Verbindung gebracht. Da Zink für den Appetit und den Geschmackssinn sehr wichtig ist, kann ein Mangel an diesem Spurenelement eine Mitursache von Magersucht sein. Bei einigen Magersüchtigen wurden dramatische Verbesserungen beobachtet, sobald sie zusätzlich Zink einnahmen. Starker Stress, Wachstum und Pubertät machen Teenager anfällig für Zinkmangel, insbesondere wenn sie sich häufig Diäten unterziehen.

Wenn Ihr Kind magersüchtig ist, sollten Sie dessen Zinkspiegel prüfen. Kaufen Sie für einen einfachen Test eine Flasche destilliertes Wasser und eine Schachtel Zinkkapseln mit je 50 mg Zink. Öffnen Sie eine Kapsel und rühren Sie das Pulver in 225 ml destilliertes Wasser ein. Für Personen mit guter Zinkversorgung schmeckt das Wasser stark metallisch. Wenn es wie reines Wasser schmeckt, hat man dagegen einen gefährlich niedrigen Zinkspiegel.

Die Ergänzungsdosis beträgt 50 mg Zink pro Tag und sollte zum Essen oder zumindest mit einem Saft eingenommen werden, bis sich der Geschmackssinn wieder einstellt. Wiederholen Sie den Test. Die Dosis darf auf bis zu drei Gaben täglich erhöht werden (nicht mehr!) und sollte so bald wie möglich wieder reduziert werden.

Wenn der Appetit zurückkommt, kann sich eine gesunde, zinkreiche Ernährung als regelrecht lebensrettend erweisen. Gute Zinkquellen sind u. a. Leber, rotes Fleisch, Pute, Sardinen, Eier, Kidneybohnen, Kichererbsen und Vollkornbrot.

Adressen

Im Folgenden finden Sie eine Auswahl von Verbänden und Organisationen, die bei vielen Aspekten der Kinderernährung und bei Ernährungsproblemen Hilfestellung leisten können.

Allergien

Die nachfolgenden Vereinigungen bieten Informationen und Beratung über Allergien sowie Adressen von Selbsthilfegruppen in Ihrer Nähe.

Arbeitsgemeinschaft Allergiekrankes Kind e.V. (AAK)
Nassaustr. 32, D-35745 Herborn
Tel.: 0 27 72/92 87-0
Fax: 0 27 72/92 87-48
www.aak.de

Schweizerische Elternvereinigung
Asthma- und Allergiekranker Kinder (SEAAK)
Südbahnhofstr. 14 C, CH-3000 Bern 17
Tel.: 0 31/3 78 20 10
Fax: 0 31/3 78 20 11
www.seaak.ch

Bio-Lebensmittel

Die folgenden Organisationen garantieren für die ökologische Erzeugung ihrer Produkte. Nähere Informationen über die Qualitätsstandards sowie eine Liste mit Verkaufsstellen und Lieferdiensten (»Biokisten«) erhalten Sie auf Anfrage.

Bioland Bundesverband
Kaiserstr. 18, D-55116 Mainz
www.bioland.de
(Bei Anfragen bitte einen mit 2,20 DM frankierten Rückumschlag beilegen.)

Bio Suisse
Missionsstr. 60, CH-4055 Basel
Tel.: 0 61/3 85 96 10
www.bio-suisse.ch

Demeter-Bund e.V.
Brandschneise 2, D-64295 Darmstadt
Tel.: 0 61 55/8 46 90
Fax: 0 61 55/84 69 11
www.demeter.de

Ernte für das Leben
(u. a. *Ja!Natürlich, Natur*pur, Maximal Natur*)
Europaplatz 4, A-4020 Linz
Tel.: 07 32/ 65 48 84
www.ernte.at

Biobabynahrung

HiPP
Umfangreiches Sortiment von Bio-Nahrung für Babys und Kleinkinder jeden Alters. In Supermärkten erhältlich. Unter folgenden Telefonnummern des HiPP-Elternservices erhalten Sie Informationen:
Deutschland: Tel. 0 84 41/7 57-3 84
Österreich: Tel. 0 76 12/7 65 77-1 04
Schweiz: Tel. 0 56/2 66 56 66

Holle Baby Food
Bio-Säuglingsmilchnahrung und Babynahrung, die zu 99% biologisch-dynamisch ist (Demeter-zertifiziert) und weder Zucker noch künstliche Zusatzstoffe enthält. In Bioläden erhältlich.
Baselstr. 11, CH-4125 Riehen
Tel.: 0 61/6 45 96-00
Fax: 0 61/6 45 96-09

Bioprodukte im Internet

www.naturkost.de
Unter »Einkaufen« finden Sie über 1700 Naturkostläden, Biofleisch-Anbieter und Lieferdienste in Deutschland, Österreich und der Schweiz.

www.unitednature.net
Online-Shop mit über 4000 Produkten aus kontrolliert biologischem Anbau und artgerechter Tierhaltung. Das Angebot umfasst u. a. Fleisch, Gemüse, Obst, Milchprodukte, Babynahrung und Getränke.

Ess-Störungen

Der Aktionskreis bietet Interessierten und Betroffenen Informationen, Veranstaltungen und Beratungen sowie einen Rundbrief.

Cinderella Beratungsstelle für Essstörungen e.V.
Westendstr. 35, D-80339 München
Tel.: 0 89/5 02 12 12
www.cinderella-rat-bei-essstoerungen.de

Homöopathie

Bei folgenden Verbänden erhalten Sie nähere Informationen zu homöopathischen Heilverfahren sowie Therapeutenverzeichnisse.

Deutscher Zentralverein
Homöopathischer Ärzte e.V.
Am Hofgarten 5, D-53113 Bonn
Tel.: 02 28/2 42 53 30
Fax: 02 28/2 42 53 31
www.homoeopathy.de

Österreichische Gesellschaft für
Homöopathische Medizin
Mariahilferstr. 110, A-1070 Wien
Tel.: 01/5 26 75 75
Fax: 01/52 67 57 54
www.homoeopathie.at

Schweizer Verein Homöopathischer
Ärztinnen und Ärzte (SVHA)
Oberdorfstr., CH-8914 Äugst
Tel.: 01/7 61 11 28
Fax.: 01/7 61 12 07
www.swiss-homeopathy.ch

Hyperaktivität

Der AÜK bietet bei nahrungsmittelinduziertem Aufmerksamkeits Defizit Syndrom mit oder ohne Hyperaktivität (ADHS) Auskünfte zur oligoantigen Diät (3-wöchige Auslassphase) mit nachfolgender reintroduktiver Phase.

Arbeitskreis Überaktives Kind e.V.
Bundesgeschäftsstelle
Postfach 41 07 24, D-12117 Berlin
Tel.: 0 30/85 60 59 02
Fax: 0 30/85 60 59 70
www.auek.de

Naturheilkunde

Bei folgenden Organisationen erhalten Sie nähere Informationen sowie ein Therapeutenverzeichnis bzw. Auskunft über Ärzte in Ihrer Umgebung.

Zentralverband der Ärzte
für Naturheilverfahren
Am Promenadenplatz 1
D-72250 Freudenstadt
(Bei Anfragen bitte 5,- DM in Briefmarken beilegen.)
www.zaen.org

Wiener Internationale Akademie
für Ganzheitsmedizin
Sanatoriumstr. 2, A-1140 Wien
Tel.: 01/6 88 75 07-0
Fax: 01/6 88 75 07-15

Naturärzte-Vereinigung der Schweiz (NVS)
Postfach 127, CH-9101 Herisau
Tel.: 0 71/3 52 58 80
Fax: 0 71/3 52 58 81
www.naturaerzte.ch

Stillberatung

Die La Leche Liga bietet Informationen rund um das Stillen und kann Ihnen Stillberaterinnen und Stillgruppen in Ihrer Umgebung nennen.

La Leche Liga Deutschland e.V.
Postfach 65 00 96, D-81214 München
Info-Tel.: 0 68 51/25 24
www.lalecheliga.de

La Leche Liga Schweiz
Postfach 197, CH-8053 Zürich
Tel.: 0 81/9 43 33 00
www.stillberatung.ch

La Leche Liga Österreich
Zentagasse 6/13, A-1050 Wien
Tel.: 01/5 45 80 30
www.lalecheliga.at

Verbraucherberatung

Die nachfolgenden Stellen bieten u. a. Informationen zu Lebensmittelfragen und können Ihnen die nächste Verbraucherzentrale nennen.

Bundesverband der Verbraucherzentralen
und Verbraucherverbände e.V. (BVZV)
Markgrafenstr. 66, D-10969 Berlin
Tel.: 0 30/25 80 00
www.bvzv.de

Konsumentenschutz der Arbeiterkammer
Prinz Eugen Str. 20-22, A-1040 Wien
Tel.: 01/5 01 65-2 09
www.konsumentenschutz.at

Stiftung für Konsumentenschutz
Monbijoustr. 61, CH-3000 Bern 23
Tel.: 0 31/3 70 24 24
www.konsumentenschutz.ch

Literaturhinweise

Allergenfrei essen
Gisela G. Rauch-Petz
Südwest, München 2000

Die Fruchtbarkeitsdiät
Uta König
Südwest, München 2001

Die große GU Nährwert-Kalorien-Tabelle
Ibrahim Elmadfa, Waltraute Aign, Erich Muskat
Gräfe und Unzer, München 1999

Die heimliche Droge Nahrungsphosphat. Ursache für Verhaltensstörungen, Schulversagen und Jugendkriminalität
Hertha Hafer
Hüthig Medizin, Stuttgart 1998

E = eßbar
Maurice Hanssen
Goldmann, München 1988

Futter fürs Volk. Was die Lebensmittelindustrie uns auftischt
Volker Angres, Claus-Peter Hutter, Lutz Ribbe
Droemer Knaur, München 2001

Healing Food. Die Heilkräfte unserer Lebensmittel entdecken
Amanda Ursell
Dorling Kindersley, Starnberg 2000

Ist das Ihr Kind? Versteckte Allergien bei Kindern und Erwachsenen aufdecken und behandeln.
Doris Rapp
Promedico, Hamburg 1998

Nahrung ist die beste Medizin
Jean Carper
Econ Taschenbuch, München 1994

Natürliche Küche für Babys und Kleinkinder
Lizzie Vann
Dorling Kindersley, Starnberg 2001

Stillen. Rat und praktische Hilfe für alle Phasen der Stillzeit
Marta Guoth-Gumberger, Elizabeth Hormann
Gräfe und Unzer, München 2000

Super Juice. Gesünder leben mit Säften
Michael van Straten
Hädecke, Weil der Stadt 2000

Register

Fett gedruckte Seitenzahlen verweisen auf spezielle Fitmacher aus dem Kapitel »Empfehlenswerte Lebensmittel«. *Kursiv* gedruckte Seitenzahlen verweisen auf Rezepte sowie Ideen für die schnelle Küche..

A

B

Dank und Bildnachweis

Die Autoren danken Corinne Roberts für ihre Begeisterung und Unterstützung, Janice Anderson für ihre geduldige und unermüdliche Überarbeitung, Bildbetreuerin Glenda Fisher, die das Buch in ein wahres Kunstwerk verwandelt hat, und Fiona Linday von Limelight Management, unserer wunderbaren und effizienten Literaturagentin. Wir danken außerdem Victoria Heath für Rezepte, die sie in ihrer kinderfreundlichen Kochschule getestet hat, Mia Perren für Originalrezepte und das Ausprobieren von Rezepten, Aldo Zilli für »Kartoffelcremesuppe mit geräuchertem Schellfisch« aus *Zilli Fish* (Metro Publishing), Emily Sharman, Schülerin eines Krümelmonster-Kochkurses, für »Geflügelsalat mit Honig und Chili« und Lizzi Vann von Organix für »Bananen-Haferbrei«. »Brokkoli mit Spinat« © Madhur Jaffrey, 1998, wird mit Genehmigung des Autors abgedruckt, c/o Rogers Coleridge & White, Ltd, 20 Powis Mews, London W11 1JN.

Dorling Kindersley dankt Toni Kay für das Design und Helen Blanchard für die Designassistenz, Caroline Barty für das Food-Styling, Claire Cross für die Redaktionsassistenz, Jane Knott für das Korrekturlesen und Sue Bosanko für das Register.

Vielen Dank an die Modelle
Catherine Chambers, Eleanor Chambers, Laura Chambers, Adam Jogee, Kamilah Jogee, Alexander Kay, Charlotte Kay, Richard Kay und Eloise Newton.

Bildnachweis
Gettyone Stone Christopher Bissell Umschlagvorderseite u. r.; David Oliver S. 4 o. l., 79 u.
Rex Interstock Ltd S. 75 u. r.
Organic Picture Library S. 23 u. r.
Telegraph Colour Library Ed Horn S. 26–27, 28–29, 30
Masterfile S. 34–35, 36–37, 38–39, 40–41.